존 비비어의
영적 무기력 깨기

Killing Kryptonite

by John Bevere

Copyright © Originally published in English by Messenger International, Inc.
Palmer Lake, Colorado, USA, under the title *Killing Kryptonite*.
All rights reserved (2017).

Korean Translation Copyright © 2018 by Duranno Ministry
38, 65-gil, Seobinggo-ro, Yongsan-gu, Seoul, Republic of Korea

This Korean edition published by arrangement with Messenger International, Inc.

존 비비어의
영적 무기력 깨기

지은이 | 존 비비어
옮긴이 | 정성묵
초판 발행 | 2018. 1. 15
8쇄 발행 | 2023. 7. 5.
등록번호 | 제1988-000080호
등록된 곳 | 서울특별시 용산구 서빙고로65길 38
발행처 | 사단법인 두란노서원
영업부 | 2078-3333 FAX | 080-749-3705
출판부 | 2078-3332

책값은 뒤표지에 있습니다.
ISBN 978-89-531-3031-9 03230

독자의 의견을 기다립니다.
tpress@duranno.com   www.duranno.com

두란노서원은 바울 사도가 3차 전도 여행 때 에베소에서 성령 받은 제자들을 따로 세워 하나님의 말씀으로 양육
하던 장소입니다. 사도행전 19장 8-20절의 정신에 따라 첫째 목회자를 돕는 사역과 평신도를 훈련시키는 사역,
둘째 세계선교TM와 문서선교단행본·잡지 사역, 셋째 예수문화 및 경배와 찬양 사역, 그리고 가정·상담 사역 등을 감
당하고 있습니다. 1980년 12월 22일에 창립된 두란노서원은 주님 오실 때까지 이 사역들을 계속할 것입니다.

존 비비어의
영적 무기력 깨기

존 비비어 지음 | 정성묵 옮김

두란노

이 책에 관하여

이 책을 여느 책처럼 처음부터 끝까지 쭉 읽어도 좋다. 다만 각 장이 10-15분이 걸리지 않도록 일부러 짧게 구성했다. 각 장의 끝에는 그 안의 내용을 삶에 적용할 수 있도록 도와주는 '내 삶의 크립토나이트 제거하기'란 코너를 실었다. 이 책을 제대로 경험하기 위해서 꼭 필요한 코너이니 그냥 건너뛰지 않기를 간곡히 부탁한다. 이런 이유로 하루에 한 장씩만 읽기를 추천한다. 그렇게 하면 다음 장으로 넘어가기 전에 필요한 행동을 실천할 수 있다.

책의 맨 뒤에는 이 책을 소그룹에서 사용할 사람들을 위한 토론 자료가 실려 있다. 뿐만 아니라 이 책과 병행해서 사용할 수 있는 온라인 코스도 준비해 놓았다. 이 주제를 더 깊이 파헤치고 싶은 사람들에게 큰 도움이 되리라 믿는다(책 뒤에 이 코스에 관해 자세히 소개해 놓았다).

무엇보다 이 책을 그룹으로 모여 읽거나 각 주마다 영상을 시청한 뒤 책 뒤의 토론 질문에 답할 것을 추천한다. 궁금한 것이 있다면 언제라도 편하게 나와 메신저 인터내셔널(Messenger International)로 연락해 주길 바란다. 즐거운 여행이 되길 바란다.

_존 비비어

Contents

Part 1

영적 크립토나이트란 무엇인가
- 신앙을 무력화시키는 치명적 약점

Part 2

영적 크립토나이트는 어떻게 알아볼 수 있는가
- 정체를 감추고 숨어 있는 죄들

Part 4

영적 무기력을 깨고 온전한 신앙으로!
- 마침내 크립토나이트를 깨뜨리다

프롤로그

의외라고 생각할지 모르겠지만 책을 쓰면서 이렇게 여러 번 펜을 놓고 싶었던 적은 처음이다. 그 이유는 잠시 후에 설명하도록 하겠다. 먼저, *Killing Kryptonite*(영적 무기력 깨기)란 제목의 책이 그리스도의 제자들과 무슨 상관인가? 이 점을 간단히 설명해 보겠다.

대부분이 영화 슈퍼맨을 통해서 '크립토나이트'(Kryptonite)란 단어를 처음 들었을 것이다. 미국에서 거의 전설의 반열에까지 오른 이 영화는 고교 시절 친구 제리 시겔(Jerry Siegel)과 조 슈스터(Joe Shuster)가 쓴 만화책을 원작으로 한다. 이 만화책은 1938년 6월에 처음 출간되었다. 초능력을 소유한 착한 주인공의 이야기는 나치 독재 시대의 완벽한 해독제였다.

슈퍼맨의 인기는 하늘을 찔렀고 나중에는 만화책뿐 아니라 라디오와 텔레비전을 넘어 블록버스터 영화로까지 제작되었다.

그런데 시간이 지날수록 대중은 약점이 없는 슈퍼맨을 식상해하기 시작했다. 그로 인해 1940년대 작가들은 크립토나이트라고 하는 가상의 물질을 창조해 냈다. 이것은 슈퍼맨의 고향 행성에서 온 물질로, 슈퍼맨의 힘을 무력화시키는 효과가 있다. 크립토나이트의 영향력 아래로 들어가면 슈퍼맨은 평범한 인간처럼 약해진다.

크리스천들에게도 하나님이 주신 힘과 인격을 무력화시키는 '크립토나이트'가 있다. 그것이 무엇일까? 그것을 어떻게 알아볼 수 있는가? 그것이 크리스천 개개인에게나 교회 전체에 어떤 악영향을 미치는가? 그것이 불신자들을 전도하기 위한 우리의 능력을 어떻게 방해하는가? 그것의 영향력 아래서 우리는 무엇을 잃는가? 그것은 왜 그토록 쉽게 스스로를 위장하는가? 이것들이 이 책에서 다룰 여러 질문 중 몇 가지다.

이 책은 내가 성령의 도우심과 인도하심으로 쓴 스무 번째 책이다. 앞서 말했듯이 이 책을 쓰는 동안 그만둘까 진지하게 고민한 것이 대여섯 번이다. 이유는 한 가지였다. 이 책이 외면하고 싶은 내 삶 속의 문제들을 계속해서 밖으로 *끄집어냈기* 때문이다. 펜만 들면 스스로에게 부담스러운 질문을 던질 수밖에 없었다. 내가 하나님이 뜻하신 것보다 훨씬 못한 삶에 만족하고 있는가? 하나의 교회로서 우리가 주변 세상을 변화시키는 하나님의 임재와 경험을 진정으로 경험하고 있는가? 몇 번이나 자리에서 벌떡 일어나 하나님께 투정을 버렸는지 모른다. "하나님, 이 책을 계속 써야 하는 건지 정말 모르겠습니다. 당장이라도 그만두고 싶습니다."

그때마다 성령이 단호하게 고개를 젓는 것이 느껴졌다. 내가 너무 괴로워하자 결국 성령은 이 메시지가 전 세계적으로 건강한 개인과 가족, 교회를 일으키는 데 큰 역할을 할 것이라고 격려해 주셨다. 이 원칙들이 온 도시들을 변화시킬 것이라고 하셨다.

이 약속을 가슴에 품고 믿음으로 글을 적었다. 마지막 4부, 마지막 일곱 장에 이르렀을 때 유익이 분명히 눈에 들어오기 시작했다. 이 메시지의 지혜만이 아니라 절박성이 눈에 들어왔다. 지금은 이 책이 내 이름을 내건 책 중에서 가장 중요한 책이라고 자신 있게 말할 수 있다.

책의 클라이맥스가 끝에 있다고 하니까 지금 당장 4부로 넘어가고 싶은 마음이 들지도 모르겠다. 하지만 잠깐! 조금만 참아 주길 바란다. 처음 3부를 건너뛰면 4부의 효과가 크게 떨어진다. 그것은 마치 클라이맥스 장면만을 보기 위해 종영 20분을 남겨놓고 영화관에 들어가는 것과도 같다. 그렇게 하면 감동이 처음부터 보는 것만 못하다. 처음부터 본 사람은 감동의 눈물을 흘리고 환호성을 지르지만 마지막에 들어온 사람은 심지어 세기의 명작조차 지루한 졸작으로 취급할 수 있다.

이 책은 스물여덟 장이 일곱 장씩 네 부로 묶여 있다. 이것은 바쁜 현대인을 위한 나름의 배려다. 하루에 15분씩만 시간을 내어 한 장씩 읽으면 4주면 책거리를 할 수 있다. 일주일에 한 장씩 읽으면 대략 6개월이 걸린다. 아니면 평소 책을 읽던 습관대로 읽어도 좋다. 아무튼 최대한 각자의 사정에 맞게 읽을 수 있도록 책을 구성했다.

마지막으로, 이 메시지는 긴 여행으로 봐야 한다. 이 여행을 통해 크립토나이트로부터 자신을 보호하고 자신의 세상에 영향을 미칠 통찰을 얻게 될 것이다. 본격적으로 시작하기 전에, 먼저 성령께 우리의 눈을 열어 하늘의 지혜를 보게 해 달라고 기도하자. 그 지혜를 얻어야만 이 땅에서 우리의 운명을 이룰 수 있기 때문이다.

아버지, 예수 그리스도의 이름으로 기도합니다. 제 눈과 귀, 마음을 열어 제 인생을 향한 당신의 뜻을 보고 듣고 깨닫게 해 주십시오. 성령님, 이 책을 읽는 동안 예수 그리스도의 길을 분명하게 가르쳐 주십시오. 저의 선생님이 되어 주십시오. 이 책의 문장 하나마다 제게 말씀해 주십시오. 제 삶이 근본적으로 변하게 도와주십시오. 아멘.

KILLING KRYPTONITE

Part 1

영적 크립토나이트란 무엇인가

- 신앙을 무력화시키는 치명적 약점

1
회피하고 싶은
영적 무능력의 상태

크립토나이트 죽이기(Killing Kryptonite)라고? 혹시 슈퍼맨에 관한 책인가? 전혀 그렇지 않다. 다만 슈퍼맨의 이야기와 우리의 신앙생활은 놀랄 정도로 유사하다. 함께 공통점을 찾아보자.

슈퍼맨은 이 세상에서 오지 않았다. 하나님의 자녀도 이 세상에 속하지 않았다. 슈퍼맨은 보통 인간에게 없는 초자연적인 능력을 갖고 있다. 우리도 세상 사람들과 달리 초자연적인 능력으로 산다. 슈퍼맨은 악과 싸우고 우리도 악과 싸운다.

슈퍼맨은 악당에게 괴롭힘을 당하는 선량한 시민들을 보호하고 구해 준다. 우리도 약자를 보호하고 포로를 해방시킨다. 슈퍼맨은 태양(sun)에서 힘을 얻고 우리는 아들(Son)에게서 힘을 얻는다. 슈퍼맨을 저지시킬 수 있는 것은 하나뿐이다.

바로, 그의 고향 행성에서 가져왔다고 하는 가상의 방사성 물질 '크립토나이트'다. 이와 비슷하게, 하나님의 자녀를 무력화시킬 수 있는 '크립토나이트'도 존재한다. 이것도 우리의 고향 행성에서 왔다. 물론 지구에서 생긴 것은 아니고, 우리가 온 곳에서 형성되었다. 크립토나이트는 슈퍼맨의 초자연적인 능력을 없애는 정도가 아니라 오히려 그를 평범한 인간보다도 약하게 만든다. 우리의 크립토나이트도 같은 작용을 한다.

그렇다면 우리의 크립토나이트는 무엇인가? 그 정체를 밝히기 전에 먼저 배경 설명이 필요할 것 같다. 크립토나이트의 가장 무서운 점은 쉽게 알아볼 수 없다는 것이다. 그래서 슈퍼맨은 무방비 상태로 있다가 속수무책으로 크립토나이트에 당할 수밖에 없다. 크리스천의 크립토나이트는 개인과 그리스도의 몸 전체를 모두 약화시키며, 그것을 쉽게 알아보지 못한다. 이 책의 목적은 그 크립토나이트의 정체를 폭로하고, 나아가 그것과 그 효과를 제거하는 법을 알려 주는 것이다. 자, 한 가지 질문으로 시작해 보자.

가장 큰 소망

우리의 가장 큰 소망은 무엇인가? 여기서 '우리'라고 한 것은 내면 깊은 곳을 솔직히 들여다보면 우리 모두의 가장 큰 소망은 똑같기 때문이다. 우리의 가장 큰 소망은 성공하는 것인가? 자기 분야에서 최고의 자리에 오르는 것인가? 세상에 이름을 떨치는 것인가? 행복한 가정을 일구는 것인가? 건강하게 오래 사는 것인가? 돈을 많이 벌어 떵떵거리며 사는 것인가?

이 모두가 좋고 심지어 필요하기까지 하다. 다만 이런 것이 우리의 가장 큰 소망인가? 이 모든 것을 얻고도 여전히 공허함에 시달리는 사람이 많다는 것을 알지 않는가? 사회가 생각하는 성공의 정점에 이르고도 여전히 불만족에 시달리는 인기 배우와 성공한 기업인, 프로 운동선수, 정치인 등이 얽힌 스캔들이 하루가 멀다 하고 터지지 않는가? 허무함 속에서 많은 사람이 마약과 술, 변태적인 취향, 불륜에 빠져든다. 그런가 하면 요상한 종교나 뉴 에이지 영성, 신비주의로 내면 깊은 곳의 허전함을 달래려는 사람들도 많다.

아니라고 말해도 누구나 내면 깊은 곳에서는 뭔가가 더 있어야 한다고 생각한다. 스스로 인식하든 인식하지 못하든 모든 사람이 갈망하는 참된 만족은 오직 창조주와의 친밀한 관계 속에서만 발견된다. 하나님에 관해 어떻게 생각하든 상관없이 우리 모두의 가장 깊은 소망의 대상은 바로 그분이다. 모든 인간이 찾는 만족은 오직 창조주와 다시 연합할 때만 찾아온다.

실제로 성경은 하나님이 "사람들에게는 영원을 사모하는 마음을 주셨느니라"(전 3:11)고 말한다. 지독한 기만에 빠지지 않은 이상 우리는 본능적으로 "영원하신 왕"(딤전 1:17)을 사모하게 되어 있다. 성경은 모든 인간에 관해 다음과 같이 선포한다.

하나님을 알 만한 것이 그들 속에 보임이라 하나님께서 이를 그들에게 보이셨느니라…그의 영원하신 능력과 신성이 그가 만드신 만물에 분명히 보여 알려졌나니(롬 1:19-20).

따라서 하나님을 모르는 인간은 없다. 자신을 솔직하게 돌아보면 누구나 하나님을 알려는 깊은 갈망을 느낀 순간이 있었음을 인정할 수밖에 없다. 우리 모두는 하나님이 전지전능하시며 어디에나 계신다는 사실을 본능적으로 알고 있다.

하나님과 관계를 맺은 사람은 누구나 하나님의 임재와 능력, 영광, 위엄이 상상 초월이요 비교 불가라는 사실을 알고 있다. 하나님은 얼마나 강하신지, 우주에서 가장 강한 존재 중 하나인 스랍들이 하나님 앞에서 쉴 새 없이 감탄사를 연발할 정도다. 이 막강한 존재들이 하나님의 위대하심을 어찌나 열렬하게 찬양하는지, 수십억 명의 천사를 수용하고도 남을 방대한 천국 경기장의 문설주가 흔들릴 정도다.

하나님의 지혜와 이해력, 창의력, 천재성, 지식은 너무도 방대해서 감히 측량할 수조차 없을 정도다. 가장 똑똑하다는 과학자들이 수세기 동안 하나님의 피조세계를 구석구석 탐구하고 연구했지만 그 복잡성과 경이를 만분지일도 채 이해하지 못하고 있다.

그 어떤 인간도 하나님의 자비와 연민, 긍휼을 완벽히 이해하거나 경험하지 못했다. 하나님의 사랑은 그야말로 끝이 없다.

나는 거의 40년 가까이 하나님과 동행했다. 그런데 최근에 와서야 비로소 창조주가 우리를 자초한 형벌에서 구해 주신다는 사실이 얼마나 감격스러운지를 진정으로 절감했다. 하나님은 우리 인류에게 이 땅을 다스릴 모든 권한을 주셨다. 그런데 어리석게도 우리는 그 귀한 권한을 하나님의 대적 사탄과 그 졸개들에게 넘겨 주고 말았다. 하지만 하나님은 우리가 반역할 줄 미리 알고서 우리를 속박에서 구해내기 위해 막대한 대가를 치르기로 작정하고 구체적인 계획을 세우셨다. 하나님은 우리 스스로 들어간 노예 상태에서 우리를 해방시키기 위해 자신을 내어 주셨다. 단, 그러기 위해 자신의 말씀을 어기실 수는 없었다. 그래서 스스로 인간이 되실 수밖에 없었다.

하나님은 이 땅을 인간에게 주셨기 때문에 하나님으로서 그것을 되찾으실 수는 없었다. 그래서 이 땅을 되찾기 위해 인자가 필요했다. 이것이 예수님이 동정녀에게서 태어나신 이유다. 하나님은 100퍼센트 인간이 되셨다. 하지만 예수님은 하나님을 아버지로 두셨기 때문에 인류가 빠진 노예적인 본성에 오염되시지 않았다. 예수님은 육신을 입은 하나님이셨다. 예수님은 인간을 구하기 위해서는 끔찍한 고난을 당하셔야 함을 잘 알고 계셨지만 우리를 지독히 사랑하셔서 자유를 위한 대가를 기꺼이 치르기로 선택하셨다.

하나님의 선하심과 크신 사랑, 능력, 위엄이란 주제만으로도 이 책은 물론 책 몇 권을 가득 채워도 모자랄 것이다. 하지만 나로 하여금 이 책을 쓰게 만든 것은 다른 질문이다.

회피되는 질문

우리는 놀라우신 하나님의 자녀이므로 아들답게 비범한 삶을 살아야 마땅하다. 인간의 논리로 생각해도 그렇고, 성경을 읽어도 그렇다. 우리는 다음과 같은 것을 모두 약속받았다.

- 하나님의 신성한 성품
- 이타적인 인격
- 무조건적인 사랑과 용서
- 형언할 수 없는 기쁨과 평안
- 초자연적인 능력
- 행복
- 활력
- 건강
- 안전과 안정

모두 나열하자면 끝이 없다. 우리는 다음과 같은 것도 약속받았다.

- 하나님의 지혜
- 지식

- 이해

- 천재성

- 날카로운 통찰과 창의력

이 모든 것은 우리의 노력에 열매와 성공을 더해 주기 위해 마련되었다. 요컨대, 우리는 천국에 있는 속성들을 약속받았다. 하나님의 나라가 우리 안에 있다는 예수님의 선포를 기억하는가? 따라서 그분의 뜻이 하늘에서처럼 이 땅에서도 이루어져야 한다.

하지만 개인적인 차원이나 거시적인 차원에서 이런 속성은 좀처럼 현실로 나타나지 않는 듯하다. 우리 자신을 솔직히 평가해 보자. 과연 하나님의 사람들과 세상 사람들이 확연히 다른가? 예수님의 제자들인 우리가 확실히 눈에 띄는가? 우리가 어두운 세대의 한복판에서 환한 빛을 발하는가? 우리의 이혼율을 보라. 교회 안과 밖이 뚜렷하게 다른가? 교회 안에는 시기와 질투, 험담, 다툼, 분열이 없는가? 우리의 인격과 도덕성은 부패한 세상과 분명히 차별되는가? 건강과 행복 측면에서 신자와 불신자가 확실한 차이를 보이는가? 우리가 풍요롭게 살고 있는가? 우리에게 어려운 사람들을 도와주고 전 세계 모든 사람에게 복음을 전할 능력이 있는가?

이런 삶이 너무도 멀고 높아 보이지 않는가? 생각해 보라. 구약 시대에는 은이 땅바닥의 돌처럼 흔해서 별로 귀한 대접을 못 받던 시절도 있었다(왕상 10:21, 27절을 보라). 반면, 신약 이후를 사는 지금의 나는 배를 곯는 사역자들을 종종 만난다. 지역사회를 돕고 싶지만 인력과 자금 같은 자원이 부족해서 발만 동동 구르는 목회자를 심심치 않게 본다. 과연 이 것이 "하나님의 뜻이 하늘에서 이루어진 것 같이 이루어진" 모습인가?

예수님은 먼저 그분의 나라와 의를 구하면 필요한 모든 것이 주어진 다고 약속하셨다. 실제로 생전에 예수님은 자원이 부족해서 해야 할 일을 못하신 적이 단 한 번도 없었다. 그런데 안타깝게도 교회 안에서 부와 번 영에 관한 극단적인 가르침들이 존재한다. 그로 인해 많은 사람이 부는 나쁜 것이라고 믿게 되었다. 하지만 생각해 보라. 아무것도 없다면 어떻 게 줄 수 있겠는가?

하나님 나라를 추구하면 하나님이 이 땅에서 그분의 뜻을 이룰 수 있 도록 필요한 모든 것을 채워 주신다. 하나님은 필요한 장비도 주지 않고 무작정 일을 시키는 무책임한 리더가 아니시다. 무엇보다도 하나님은 좋 은 아버지시다. 다시 말해, 하나님은 자녀에게 복을 주길 원하신다. 단, 우리가 물질에 사로잡히기를 원치 않으신다. 악의 뿌리는 돈 자체가 아니 라 '돈에 대한 사랑'이다.

이스라엘 역사 속에는 온 나라에 가난한 사람이 단 한 명도 없던 시 절이 있었다. "유다와 이스라엘이 단에서부터 브엘세바에 이르기까지 각 기 포도나무 아래와 무화과나무 아래에서 평안히 살았더라"(왕상 4:25). 단 은 이스라엘 최북단의 도시였고 브엘세바는 최남단의 도시였다. 따라서 이스라엘 나라 전체에 가난한 사람이 단 한 명도 없었다는 말이다. 정부 보조금을 타야 하는 개인도 집단도 없었다. 도대체 어떻게 이런 풍요가 가능했을까?

게다가 이 시대에만 그랬던 것도 아니다. 구약을 읽어 보면 경제와 사회, 가정이 모두 놀랄 정도로 번영했던 세대가 여럿 등장한다. 돈과 음식, 자원이 넘쳐났다. 침입했던 적들은 매번 무참하게 패해서 돌아갔다. 이스라엘 백성들이 영위하는 삶의 질을 보고 열방이 감탄을 금치 못했다. 참, 당시는 신약보다 못한 구약 아래 있던 시절이다.

예수님은 더 좋은 약속 위에 세워진 더 좋은 언약의 중보자시다(히 8:6을 보라). 예수님의 삶을 보면 정치인에서 정부 관리(세리)와 귀족, 창녀, 강도, 부자와 가난한 사람까지 모든 부류의 사람들이 그분께 끌렸던 것을 알 수 있다. 예수님이 가시는 곳마다 놀라운 변화가 일어났다. 예수님께는 자원이 부족한 적이 없었다. 그 어떤 필요도 너끈히 채울 만큼 자원이 차고 넘쳤다. 그 어떤 거친 공격에도 예수님의 팀은 영구적인 피해를 입지 않았다. 언제나 다시 회복되고, 오히려 전화위복으로 끝나는 경우가 비일비재했다.

초대교회의 성도들은 "천하를 어지럽게 하던 이 사람들"로 불렸다(행 17:6). 그들도 부족함을 전혀 모르고 살았다. "무리가 큰 은혜를 받아 그 중에 가난한 사람이 없으니"(행 4:33-34). 그들이 얼마나 대단했느냐 하면, 자신들은 신이 아니니 숭배하지 말라고 장교들이나 마을 지도자들을 설득해야 했을 정도다. 당시 사람들은 그들을 슈퍼맨쯤으로 여겼다. 그들이 병을 고치고, 어두운 세대 한복판에서 밝은 빛을 발했기 때문이다.

그렇다면 다시 한 번 묻겠다. 우리의 삶이 세상 사람들과 확실히 다른가? 사람들이 분명한 하나님의 백성으로 여길 만큼 우리의 삶이 환히 빛나고 있는가? 혹시 우리가 이런 약속이 신약 시대에만 유효하고 지금은 끝났다는 식으로 변명을 하면서 우리의 신학을 성경에서 벗어나게 왜

곡시키고 있지는 않은가? 신약 기자들이 분명히 답을 주지만 우리는 이런 까다로운 질문들을 어떻게든 회피하려고 한다.

우리가 성경의 말씀에 진정으로 귀를 기울인다면 어떻게 될까?

누구를 손가락질하려는 것이 아니다. 단지 "나라가 임하시오며 뜻이 하늘에서 이루어진 것 같이 땅에서도 이루어지이다"가 우리의 현주소인지 솔직히 돌아보자는 것이다. "하나님의 나라는 너희 안에 있느니라"라는 예수님의 말씀을 무시해서는 안 된다. 하나님의 나라는 바로 여기, 바로 그리스도의 몸 안에 있다. 그렇다면 과연 우리가 예수님처럼 살고 있는가? 예수님은 분명 "그의 안에 산다고 하는 자는 그가 행하시는 대로 자기도 행할지니라"라고 말씀하셨다(요일 2:6).

우리의 전도가 초대교회 시대만한 열매를 맺고 있는가? 2년 만에 온 지역이 하나님의 말씀을 듣는 일이 지금도 일어나고 있는가?(행 19:10을 보라) 당연한 말이지만 초대교회 시대는 인터넷이나 SNS, 텔레비전은커녕 라디오도 없던 시대였다. 그런데도 한 도시나 한 국가만이 아니라 그 지역 전체의 모든 사람이 복음을 들었다.

지금 우리가 이런 기적을 경험하고 있는가? 우리 자신을 솔직하게 평가해 보자.

우리는 "하나님은 더 이상 그런 식으로 역사하시지 않는다"라는 변명으로 문제를 회피해왔다. 설상가상으로 우리의 현실에 맞게 복음을 왜곡시키는 일까지 벌어지는 듯하다. 우리는 힘과 능력, 성공, 풍요, 열매, 건강을 장려하는 메시지는 무조건 거부하고 심지어 경멸하기까지 했다. 우리는 이런 메시지를 균형에서 벗어난 극단적이고 이기적인 메시지로 취급한다. 그렇게 하면 부담스러운 질문들에 답하지 않아도 되고, 복음으로 세상을 물들이지 못하는 현실에 대한 변명도 되니 일석이조다.

이런 무력함에 관한 질문은 다는 아니더라도 많은 신자가 고민하는 질문이다. 하지만 왜 우리는 이 질문을 던지지 않는가? 왜 우리는 답을 찾지 않는가? 혹시 이 질문을 던지면 마주하고 싶지 않은 문제들이 불거질까봐 망설이는 것은 아닐까? 하지만 우리가 묻고 답에 따라 행동하지 않으면 우리가 약속을 받고 부름 받은 삶보다 훨씬 못한 수준에 머물 수밖에 없다.

35년이 넘게 목회를 하다가 예순이 다 된 지금에서야 비로소 나는 이 질문을 던지고 답할 용기를 냈다. 사실, 이 문제를 직면하라는 하나님의 촉구하심을 느끼고 있다. 나는 우리가 하나님의 말씀을 통해 이 질문을 솔직히 다루면 우리가 부름 받은 온전한 삶이 마침내 풀려나리라 확신한다.

혹시 나처럼 답을 알아내야 직성이 풀리는 부류인가? 그렇다면 나와 함께 성경을 따라가는 이 여행에 뛰어들어보자. 이 여행은 빨리 끝나지 않을 것이다. 그리고 때로는 숙련된 외과의에게 복잡한 수술을 받는 것처럼 고통스러울 것이다. 의사는 환자를 걱정하며 환자의 목숨을 구하기 위해 필요한 조치를 취한다.

성령은 개인적인 차원과 집단적인 차원 모두에서 그 어떤 의사보다도 우리를 걱정하신다. 이 책에서 힘들고 고통스러운 내용을 만날 때마다 이 사실을 기억하기를 바란다. 인내의 결과는 힘과 건강, 생명, 사랑, 활력이 될 것이다. 나는 이 답들이 우리의 인생과 공동체, 나아가 이 세대의 방향을 바꿔놓을 힘이 있다고 믿는다.

　나와 함께하겠다면 이제부터 가 보자!

○ 내 삶의 크립토나이트 제거하기 ○

　야고보서 1장 22절에서 하나님은 이렇게 경고하신다. "너희는 말씀을 행하는 자가 되고 듣기만 하여 자신을 속이는 자가 되지 말라." (성경이나 성령, 올바른 가르침을 펴는 사람을 통해)하나님의 말씀을 듣고서 실천하지 않으면 스스로를 속이는 것이라는 뜻이다.

　누군가의 가르침을 진정으로 믿는다는 증거는 고개를 끄덕이는 것이 아니라 그 가르침대로 행하는 것이다. 이것이 각 장의 끝에 나오는 이 실천 활동이 그토록 중요한 이유다. 이 활동은 각 장에서 밝혀준 진리를 즉시 실천할 수 있도록 시동을 걸어주는 역할을 한다. 각 활동은 짧게 구성되어 있기 때문에 많은 시간을 요하지 않는다.

　시간을 내서 이 활동을 해보면 이 책에서 더 많은 유익을 얻고 더 깊은 인생 변화의 기적을 맛보게 될 것이다.

★★★

　회피되는 질문을 던지는 것은 치과를 찾아가 충치 치료를 받는 것과도 같다. 당장은 고통스럽겠지만 용기를 내서 질문을 마주하면 두고두고 유익하다.

당신의 삶은 세상 사람들과 확연히 다른가? 주변에서 예수님처럼 산다는 말을 듣는가? 질문을 회피하지 말고 용기를 내서 답해 보라. 예수님처럼 살면 당신의 삶이 어떻게 달라질까? 어떤 습관이 사라질까? 늘 만나는 사람들과의 관계가 어떻게 달라질까? 가족들을 대하는 태도가 어떻게 달라질까?

성경을 참고하면서 답을 써보라. 그렇게 하면 어떤 표적을 겨냥해야 할지 알게 된다. 답을 쓴 다음에는 그 답을 놓고 기도하라. 여러 답을 썼다면 성령께 지금 이 순간에 집중해야 할 한 가지를 밝혀달라고 기도하라. 아울러 그 변화를 이룰 의지와 힘을 달라고 기도하라.

2
위대하신 하나님
vs. 허점투성이 나

첫 장에서 나는 하나님의 위대하심을 제시하기 위한 '시도'를 했다. 방금 내가 '시도'라고 말한 것은 우리가 제아무리 대단한 언어를 사용해도 하나님의 위대하심을 백분지일조차 표현할 수 없기 때문이다. 하나님보다 위대한 존재, 아니 하나님의 발끝에 미치는 존재조차 없다. 하나님은 따라올 존재가 없으며, 영원한 과거부터 영원한 미래까지 온 세상을 다스리신다. 실로 엄청난 분이다!

하나님의 자녀로서 우리의 삶이 그분을 닮는 것은 지극히 당연한 이

치고, 성경도 분명 그렇게 말하고 있다. 하나님의 말씀은 그분의 아들과 딸에 관해 "주께서 그러하심과 같이 우리도 이 세상에서 그러하니라"라고 선언한다(요일 4:17). 보다시피 사도 바울은 "주께서 그러하심과 같이 우리도 저 세상에서 그러하니라"라고 말하지 않았다. 그는 우리가 '지금 이 세상에서' 하나님처럼 살 것이라고 말했다. 하나님을 닮은 삶? 감히 상상이 가질 않는다. 하지만 성경은 분명 그렇게 말하고 있다.

> 그 보배롭고 지극히 큰 약속을 우리에게 주사 이 약속으로 말미암아 너희가 정욕 때문에 세상에서 썩어질 것을 피하여 '신성한 성품'에 참여하는 자가 되게 하려 하셨느니라(벧후 1:4).

생각해 보라. 당신과 나는 하나님의 "신성한 성품"을 받았다. 이 땅에서 가장 유명한 인간의 성품이 아니라 하나님 자신의 성품이다. 베드로는 "신성한"이란 단어를 붙여 이 점을 분명히 했다. 여기서 사용된 헬라어 단어는 "하나님만의 것, 하나님에게서 나오는 것"을 뜻하는 '테이오스(theios)'다(WSNTDICT-Word Study Dictionary of the New Testament). "성품"이란 단어는 "낳는 것, 본질, 본질적인 기질과 특성"으로 정의되는 '퓨시스(phusis)'다(WSNTDICT). 두 단어를 합쳐서 해석하면, 하나님이 그분만의 본질적인 기질을 우리에게도 주셨다.

실로 우리는 하나님에게서 태어났다.

그런 의미에서 "크리스천과 죄인은 전혀 다를 바가 없다. 단지 크리스천은 용서를 받았다는 차이만 있을 뿐이다"라는 식으로 말하는 목회자들을 보면 안타깝기 그지없다. 이것은 이단이며, 두 가지 측면에서 지독한 악이다. 첫째, 이것은 하나님이 예수님을 통해 우리에게 행하신 일을 능멸하는 짓이다. 둘째, 이것은 하나님의 약속을 방해하는 짓이다. 그로 인해 얼마나 많은 하나님의 백성이 타락한 욕심에서 비롯한 이 세상의 부패에 묶여 있는지 모른다.

심지어 자연도 이런 이단을 거부한다. 사자가 다람쥐를 낳거나 경주마가 지렁이를 낳았다는 말을 들어본 적이 있는가? 우리는 하나님에게서 태어났다. 우리는 하나님의 자녀다. "사랑하는 자들아, 우리가 지금은(나중에 천국에 갔을 때가 아니라) 하나님의 자녀라"(요일 3:2).

우리는 하나님의 사랑하는 자들이니 이타적인 마음과 무조건적인 사랑, 형언할 수 없는 기쁨, 이해를 초월하는 평안, 초자연적인 능력, 행복, 활기, 창의성, 신성한 지혜, 뛰어난 이해력, 최고의 지식, 날카로운 통찰력까지 모든 신성한 성품을 드러내야 마땅하다. 성경은 분명 우리에게 이런 속성을 약속한다. 그런데 도대체 왜? 왜 우리는 개인적으로나 교회 전체로서나 이런 속성을 보이지 않고 있는 것일까?

이런 질문 다루기에 앞서 이 책의 험난한 여정을 위해 당부 겸 격려의 말부터 전하고자 한다. 다음 몇 장은 부정적이고 가혹하게 느껴질 수 있다. 하지만 장담컨대 곧 답들이 나타날 것이고, 그 답들은 매우 만족스러울 것이다.

이런 식으로 생각하면 한결 편안할 것이다. 의사가 초기 암을 발견해서 다소 고통스러운 수술을 해야 한다고 하면 처음에는 부정적인 상황으로 보인다. 자신이 암에 걸렸다는 말은 절대 듣고 싶지 않은 말이다. 고통스러운 수술도 두렵기만 하다. 하지만 만약 의사가 문제를 가볍게 여겨 그저 좋은 음식만 먹고 매일 운동을 하고 마음만 편하게 먹으면 된다는 처방을 내린다면? 그 말대로 했다가는 암이 계속해서 자라 결국 돌이킬 수 없는 말기 암으로 발전할 것이다.

하나님은 우리를 너무도 사랑하시기 때문에 우리의 앞길을 막고 심지어 우리를 죽일 수 있는 것을 정확히 진단하지 않고 그냥 넘어가실 수 없다. 우리의 발목을 잡고 있는 것은 단순히 더 긍정적인 생활방식으로는 해결되지 않는다. 직면해서 제거해야만 한다. 하나님은 우리의 건강과 행복을 누구보다도 바라시기 때문에 우리를 그냥 놔두시지 않는다.

따라서 이어지는 장들을 읽는 내내 수술을 진행하기 위해서는 냉정한 진단이 필요하다는 점을 늘 기억하기를 바란다. 대신, 우리가 얻을 궁극적인 결과는 성경 속에 펼쳐진 풍성한 삶이다.

질문 다루기

하나님의 나라가 우리 안에 있다면 왜 그 나라가 하늘에서처럼 이 땅에서도 이루어지지 않고 있는가? 왜 '열등한' 언약 아래에 있는 구약의 신자들이 지금 우리보다 훨씬 나은 삶을 살고 있는가? 성경은 이 질문에 계속해서 답하고 있다. 그 답 중 하나는 바울이 고린도 교인들에게 보낸 편지에 있다.

사람이 자기를 살피고 그 후에야 이 떡을 먹고 이 잔을 마실지니 주의 몸을 분별하지 못하고 먹고 마시는 자는 자기의 죄를 먹고 마시는 것이니라. 그러므로 너희 중에 약한 자와 병든 자가 많고 잠자는 자도 적지 아니하니 우리가 우리를 살폈으면 판단을 받지 아니하려니와 우리가 판단을 받는 것은 주께 징계를 받는 것이니 이는 우리로 세상과 함께 정죄함을 받지 않게 하려 하심이라(고전 11:28-32).

위의 구절은 성찬 도중 고린도 교인들의 불경한 행위를 지적하고 있다. 하지만 이런 결과는 단순히 절차상 실수의 결과가 아니다. 실제로 당시 교인들이 성찬을 온전한 식사로서 지킨 것은 오늘날의 성찬 방식과 매우 다르다. 계속해서 보면 알겠지만 그들이 심판을 당하게 된 근본 원인은 불순종인 줄 알면서도 상관없이 행했다.

그 불순종의 결과로 세 가지 결과가 나타난다. 약함과 병, 잠(죽음)이 그것이다. 두 번째와 세 번째 결과의 의미는 분명하다. 하지만 첫 번째 결과는 무슨 의미인가? 일단 '약함'은 힘이 없고 강건하지 못한 것이다. 이 말은 인생의 여러 영역에 적용될 수 있다. 전반적으로 이것은 우리가 창조된 모습대로 살아갈 수 없는 것을 의미한다.

슈퍼맨 이야기로 돌아가 보자. 슈퍼맨에게만 치명적인 물질, 그의 힘을 앗아가 무기력하게 만드는 물질은 크립토나이트다. 슈퍼맨은 보통 인간은 상상도 할 수 없는 엄청난 초능력을 소유하고 있다. 하지만 크립토나이트에 노출되는 순간, 병자처럼 약해진다. 심지어 보통 인간만도 못하다. 그 상태가 오래 가면 심지어 목숨마저 잃을 수도 있다.

사실상 사도 바울은 교회의 크립토나이트를 밝혀낸 셈이다. 이 크립토나이트는 신성한 성품의 힘으로 살아가지 못하도록 우리를 약화시킨다.

다윗 왕은 회개하지 못했던 시절을 떠올리며 "내 진액이 빠져서 여름 가뭄에 마름 같이 되었나이다"(시 32:4)라고 한탄했다. 메시지 성경은 이 구절을 이렇게 번역한다. "내 생명의 진액이 다 말라버렸습니다." 또 다른 구절에도 비슷한 탄식이 터져 나온다. "내 기력이 나의 죄악 때문에 약하여지며 나의 뼈가 쇠하도소이다"(시 31:10).

야고보도 비슷한 말을 했다. "욕심이 잉태한즉 죄를 낳고 죄가 장성한즉 사망을 낳느니라. 내 사랑하는 형제들아, 속지 말라"(약 1:15-16). 이 구절은 분명 크리스천에게 하는 말이며, 죄의 힘에 속지 말라는 경고의 말이다. 죄를 처리하지 않으면 크립토나이트처럼 신자에게 해를 끼치고 심지어 죽음으로까지 몰아갈 수 있다. 이어서 바울도 우리를 사랑하는 영적 아버지로서 고린도 교인들에게, 그리고 오늘날의 우리에게 영적 크립토나이트의 무서움을 경고한다.

무엇을 사랑하는가

이런 경고의 말씀에 관해 본격적으로 논의하기 전에 주의해야 할 점이 하나 있다. 바울은 "이것이 모든 약함과 병, 죽음의 절대적인 원인이다"라고 말하지 않았다. 다시 말해, 모든 고난과 질병, 죽음이 죄 때문인 것은 아니다. 단순히 우리가 타락한 세상에서 사는 탓에 혹독한 환경과 싸워야 하는 경우도 많다. 우리가 싸워야 할 자연의 힘들과 귀신의 세력들이 존재한다.

예를 들어, 예수님과 제자들이 눈이 먼 채로 태어난 남자를 만난 사건이 있다. 그때 제자들이 물었다. "이 사람이 맹인으로 난 것이 누구의 죄로 인함이니이까? 자기니이까? 그의 부모니이까?"(요 9:2) 이 남자가 이 고통을 당하는 것인 죄 때문일 수밖에 없다는 것이 제자들의 생각이었다.

하지만 예수님은 예상 밖의 대답을 하셨다. "이 사람이나 그 부모의 죄로 인한 것이 아니라." 예수님은 제자들의 잘못되고도 잔인한 사고방식을 즉각적이고도 단호하게 바로잡으셨다. 모든 죄와 약함, 죽음이 죄로 인한 것은 아니다.

엘리바스와 빌닷, 소발이 욥을 비난한 것도 같은 오해에서 비롯했다. 그들은 욥이 고난을 받는 원인으로 죄를 지적했다(욥 5:17; 8:4-6; 11:13-15; 22:1-11을 보라). 하지만 욥의 시련이 시작되기 직전에 하나님은 분명 욥에 대해 "그와 같이 온전하고 정직하여 하나님을 경외하며 악에서 떠난 자는 세상에 없느니라"라고 칭찬하셨다(욥 1:8). 그렇다면 욥의 고난은 죄나 거짓과 하등의 상관이 없었다. 하나님은 한동안 두고만 보시다가 결국 엘리바스에게 일침을 가하셨다. "내가 너와 네 두 친구에게 노하나니 이는 너희가 나를 가리켜 말한 것이 내 종 욥의 말 같이 옳지 못함이니라"(욥 42:7). 하나님은 전혀 죄에 대해 징계하고 계신 것이 아닌데 그런 식으로 말하는 것은 그분의 인격을 심각하게 모독하는 짓이다.

오래전 내가 젊은 신자였을 때만 해도 고난을 당하는 교인들을 죄인으로 몰아가는 교회가 꽤 많았다. 이런 사고방식이 일부 교회에 아직도 남아 있지만 다행히 전처럼 교회 전체에 퍼져 있지는 않다. 성경적인 가르침과 훌륭한 리더십 덕분에 이런 오해가 많이 사라졌다. 이런 사고방식에서는 심한 혐오와 정죄, 미움의 말이 나올 수밖에 없다. 그로 인해 신앙을 떠난 사람이 적지 않으니 참으로 안타까운 노릇이다.

하지만 다른 한편으로, 예수님이 38년 묵은 병에서 치유를 받은 사람에게 하신 말씀도 기억해야만 한다. "보라. 네가 나았으니 더 심한 것이 생기지 않게 다시는 죄를 범하지 말라"(요 5:14). 보다시피 예수님은 죄가 고난과 병으로 가는 문을 연다는 사실을 인정하셨다. 예수님은 그 남자를 지극히 사랑하는 마음에서 이런 경고를 하셨다.

우리가 이런 문제를 다루지 않는 것은 진정한 사랑이 없다는 증거다. 가혹한 비난이나 정죄라는 오해를 사지 않기 위한 조심성이 지나쳐 아무 말도 하지 않는 극단으로 흐르는 경우가 너무도 많다. 하지만 바울의 말처럼 죄로 인해 무기력해지고 병에 걸리고 일찍 죽는 경우가 분명 있다.

우리는 남들을 위한 답을 갖고 있다. 하지만 오해를 사기 싫어서 입을 다물고 있다. 자, 솔직히 말해 보자. 우리의 사랑이 어디를 향하고 있는가? 예수님과 바울이 남들에게 진실을 말했던 것처럼 우리도 교회를 사랑하고 있는가? 아니면 우리 자신과 우리의 평판을 사랑하고 있는가? 오로지 오해를 사서 추종자를 잃을까 하는 걱정뿐인가?

나의 여정

목회 초기에 나는 늘 사람들을 격려하고 긍정적인 말만 건넸다. 직언은 역병처럼 피했다. 거짓말이라도 귀에 듣기 좋은 소리만 했다. 그러다보니 늘 친절하다느니 사랑이 많다느니 하는 말을 듣고 살았다. 그런 말을 들을 때마다 속으로 미소를 지었다.

그러던 어느 날 기도 중에 하나님의 음성이 들렸다.

"사람들이 너더러 교회에서 가장 사랑이 많은 사람이라고 하지 않더냐?"

나는 즉시 어깨에 잔뜩 힘을 준 채 대답했다.

"네, 맞습니다!"

하나님이 기뻐하시는 줄로만 알았다. 그런데 성령이 물으시는 것을 가만히 보니 그것이 아니었다. 이어지는 말씀을 들어보니 불길한 예감이 적중했다.

"아들아, 너는 이 교회의 교인들을 사랑하지 않는구나."

나는 충격에 휩싸였다.

"무슨 말씀이세요? 저는 교인들을 누구보다도 사랑합니다. 교인들도 그렇게 말하고요."

고개를 저으시는 하나님이 느껴졌다.

"네가 왜 사람들에게 듣기 좋은 말만 하는 줄 아느냐?"

"왜 그렇습니까?"

나는 조심스럽게 물었다.

"그것은 거부를 당할까 두렵기 때문이다."

순간, 뒤통수를 얻어맞은 것처럼 멍해서 할 말을 잃고 말았다.

"네가 진정으로 교인들을 사랑한다면 설령 싸늘한 반응을 얻고 심지어 배척을 당한다 해도 진실을 말했을 것이다."

그 순간은 내 인생의 큰 전환점 가운데 하나였다. 나는 즉시 방향을 틀었다. 하지만 안타깝게도 이번에는 반대편 극단으로 흐르고 말았다. 요령도 배려도 없이 무작정 진실을 말하기 시작한 것이다. 그것은 여전히 내게 가장 중요한 요소 즉 '진정한 사랑'이 없었기 때문이다. 나는 더 작은 교회들을 찾아다니면서 양들에게 융단폭격을 가했다. 지금 와서 생각하면 격려가 빠진 꾸지람에 마음이 상했을 교인들과 내가 어질러 놓은 쓰레기를 치우느라 고생했을 목사들에게 너무나 미안하다.

2001년 나는 유럽의 한 대형 교회에서 열린 대규모 집회에서 메시지를 전했다. 그런데 몇 달 뒤 내가 그곳의 양떼를 가혹하게 몰아붙였다는 그 교회 목사의 말이 다른 사람들의 입을 통해 내게 전해졌다. 그의 말이 맞았다.

그 부끄러운 소식을 듣자마자 나는 무릎을 꿇었다. 하나님의 백성들을 향한 하나님의 사랑과 연민을 내 안에 가득 채워 달라고 전에 없이 간절하게 기도했다. 아니, 울부짖었다. 감사하게도 하나님은 그 기도를 들어주셨다. 나는 양떼를 진정으로 사랑하는 것이 무엇인지를 난생 처음으로 이해하게 되었다.

몇 명이 아니라 많이

바울은 고린도교회를 열렬히 사랑했다. 그가 쓴 글에서 그 사랑을 확인할 수 있다. "어떠한 까닭이냐? 내가 너희를 사랑하지 아니함이냐? 하나님이 아시느니라"(고후 11:11).

같은 편지의 다른 부분에서 그는 이렇게 썼다. "내가 마음에 큰 눌림과 걱정이 있어 많은 눈물로 너희에게 썼노니 이는 너희로 근심하게 하려 한 것이 아니요 오직 내가 너희를 향하여 넘치는 사랑이 있음을 너희로 알게 하려 함이라"(고후 2:4). 고린도 교인들은 그를 오해했다. 그들은 그의 징계와 경고를 사랑이 없는 증거로 보았다. 물론 실제로 그런 경우도 많다. 예전의 나처럼 진정한 사랑과 관심, 연민은 없이 엄격하고 가혹하며 고압적이기만 한 목회자들이 많다. 때로는 강한 표현을 사용해야 할 때도 있기는 하지만 자신의 옳음을 주장하기 위해서 그런다면 문제다. 이런 권위 남용의 희생자가 얼마나 많은지 모른다. 하지만 모든 징계와 경고가 이렇지는 않다. 때로 바울은 서릿발처럼 날카로운 질책도 서슴지 않았지만 그것은 어디까지나 열정적인 사랑에서 나온 말이었다.

그런 의미에서 바울은 나중에 이렇게 썼다. "내가 너희 영혼을 위하여 크게 기뻐하므로 재물을 사용하고 또 내 자신까지도 내어 주리니 너희를 더욱 사랑할수록 나는 사랑을 덜 받겠느냐?"(고후 12:15) 바울의 답답한 심정이 그대로 느껴진다. 고린도 교인들이 잘되기를 바라는 바울의 진심이 오해를 받고, 규칙만 따지는 가혹한 리더로 취급을 받고 있다.

하지만 바울이 많은 교인들이 약해지고 건강이 악화되고 죽는 이유를 가감 없이 지적한 것은 어디까지나 그들을 향한 깊은 사랑 때문이었다.

바울이 "더러 있고"라고 말했다면 훨씬 더 충격적일 것이다. 하지만 그는 분명 "많고"라고 말했다. 그렇다면 우리도 그의 지적을 귀담아들어야 한다. 당시만 특별히 그런 상황이 벌어진 것이라면 하나님이 그 이야기를 굳이 성경에 기록하셨을 리가 없다. 바울의 경고는 오늘날 우리를 향한 경고이기도 하다.

마지막으로, 바울은 단순히 교회 안에서 행하는 성찬 의식만을 이야기한 것이 아니다. 그의 말에는 훨씬 많은 의미가 내포되어 있는데, 예전의 나를 비롯해서 많은 신자가 전체(overall, 페이징) 메시지를 놓치고 있다. 다음 장에서 그의 말의 의미를 더 깊이 파헤쳐 보자.

○ 내 삶의 크립토나이트 제거하기 ○

이번 장의 앞으로 돌아가서 당신에게 무엇이 가능한지 다시 확인하라. "주께서 그러하심과 같이 우리도 이 세상에서 그러하니라"(요일 4:17). 명심하라. 당신은 이 엄청난 선포로 부름을 받았다. 당신은 내세가 아니라 지금 바로 예수님처럼 살도록 부름을 받았다.

그렇다면 일상 삶을 대하는 당신의 태도가 어떻게 달라져야 할까? 그리스도 안에서 당신의 잠재력을 알기 전까지는 당신이 약하다고 생각해 본 적이 없을지도 모르겠다. 하지만 그 잠재력을 알고 나니까 어떤가? 당신이 약해 보이는가? 강해 보이는가? 스스로를 약하게 봤다면 현명한 판단이다. 하나님이 우리가 약할 때 그분의 능력이 가장 잘 발휘된다고 말씀하셨으니까 말이다(고후 12:10을 보라).

하나님 앞에서 자신을 겸손히 낮출 때에야 비로소 하나님이 우리의 약함을 강함으로 바꿔 주신다(벧전 5:5). 하나님께 당신의 약점을 밝혀달라고 기도하라. 그것들을 종이에 쓴 다음, 각 약점에서 해방될 열쇠를 하나님께 요청하라. 각 약점을 강함으로 바꾸기 위한 하나님의 처방을 적어 보라.

3
영적 무기력에서
끝나지 않는다

사도 바울이 사랑하는 교회에게 했던 말을 다시 보자.

사람이 자기를 살피고 그 후에야 이 떡을 먹고 이 잔을 마실지니 주의
몸을 분별하지 못하고 먹고 마시는 자는 자기의 죄를 먹고 마시는 것
이니라. 그러므로 너희 중에 약한 자와 병든 자가 많고 잠자는 자도
적지 아니하니 우리가 우리를 살폈으면 판단을 받지 아니하려니와(고
전 11:28-31).

이번 장에서는 바울의 말 중에서 "주의 몸을 분별하지 못하고"에 초점을 맞추어 보자. 여기서 일단 두 가지 점을 지적하고 싶다. 첫째, 바울은 개인에게 말한 것이 아니라 고린도교회의 모든 성도에게 말한 것이다.

지난 몇 십 년간 교회는 예수 그리스도와의 개인적인 관계를 강조해 왔다. 물론 주님과의 개인적인 관계는 기독교의 매우 중요하고도 핵심적인 측면이다. 문제는 교회가 하나의 몸이라는 공동체적 현실에 대해서는 상대적으로 덜 관심이 쏠렸다는 것이다. 둘 다 무시하지 않는 균형 잡힌 시각이 매우 중요하다.

둘째, NKJV 성경은 바울의 말을 조금 다르게 번역한다. 이 성경에 따르면 많은 신자가 약해지고 아프고 일찍 죽은 이유는 "주의 몸을 분별하지"(29절) 못한 탓이다. 두 역본을 함께 보면 이 구절의 의미를 좀 더 분명하게 이해할 수 있다.

통찰을 얻기 위해서는 바울이 이스라엘의 출애굽과 광야 시절을 논한 고린도전서 1장으로 돌아가야 한다. 논의 도중에 바울은 이 이야기를 꺼낸 목적을 밝힌다. "그들에게 일어난 이런 일은 본보기가 되고 또한 말세를 만난 우리를 깨우치기 위하여 기록되었느니라"(고전 10:11). 바울은 단순히 역사 수업을 한 것이 아니라 현재를 사는 우리가 특정한 심판을 받지 않도록 경고를 한 것이다.

사도 바울은 이스라엘의 광야 시대를 논할 때 먼저 이스라엘 백성들과 하나님의 언약 관계를 설명한다. 그는 '모든 백성'이 성령(구름)의 인도하심을 받았고 '모든 백성'이 애굽(세상의 한 형태)에서 해방되었고 '모든 백성'이 세례를 받았고(우리는 한 몸으로 세례를 받았다) '모든 백성'이 같은 신령한 음식을 먹었고 '모든 백성'이 같은 신령한 물을 마셨다(하나님의 말씀)고 말한다. '모든'이란 단어가 확실히 강조된다. 바울은 이스라엘 백성들과 함께 여행했던 바위가 그리스도이셨다는 말로 논의를 정리한다. 그의 요지는 분명하다. 이스라엘 백성들은 한 몸이었으며 모두 언약을 반드시 지키시는 한 분 하나님께 속했다. 이 요지는 우리 모두가 그리스도의 몸이라는 사실과 연관된다.

이어서 바울은 안타까운 말을 한다. "그들의 다수를 하나님이 기뻐하지 아니하셨으므로 그들이 광야에서 멸망을 받았느니라"(고전 10:5). 하나님은 우리를 말할 수 없이 깊이 사랑하신다. 우리가 아무리 못해도 그분의 사랑은 조금도 덜해지지 않으며, 우리가 아무리 잘해도 그분의 사랑은 조금 더해질 수 없을 만큼 이미 가득 차 있다. 하지만 하나님이 우리를 얼마나 '기뻐하시는지'는 우리가 하기 나름이다. 이것이 바울이 다른 구절에서 "주를 기쁘시게 하는 자가 되기를 힘쓰노라"라고 말한 이유다(고후 5:9). 하나님을 기쁘시게 하는 것이 당신과 나를 비롯한 모든 크리스천의 가장 중요한 목표가 되어야 한다.

왜 이 구약의 사람들은 하나님의 약속 밖으로 밀려나 죽음을 맞았을까? 바울은 그들이 멸망한 이유로 다섯 가지 죄를 꼽는다. 탐욕(하나님 외에 다른 것 혹은 하나님의 섭리 밖에 있는 것을 의식적으로 원하는 것), 우상 숭배, 성적 타락, 하나님을 시험하기, 불평이 그것이다. 몇 구절 뒤에서 바울은 다음과 같이 말한다.

나는 지혜 있는 자들에게 말함과 같이 하노니 너희는 내가 이르는 말을 스스로 판단하라. 우리가 축복하는 바 축복의 잔은 그리스도의 피에 참여함이 아니며 우리가 떼는 떡은 그리스도의 몸에 참여함이 아니냐? 떡이 하나요 많은 우리가 한 몸이니 이는 우리가 다 한 떡에 참여함이라. 육신을 따라 난 이스라엘을 보라. 제물을 먹는 자들이 제단에 참여하는 자들이 아니냐?(고전 10:15-18)

여기서 바울은 성찬의 문제를 다시 논하면서 고린도전서 11장에서 언급한 문제 곧 '주의 몸을 분별하지 못하는 것'에 관해서 더 큰 그림을 제시한다. 바울은 우리가 "많고"라고 인정한다. 즉 우리는 서로 다른 많은 개인들의 공동체이며 각자 예수 그리스도를 통해 하나님과 개인적인 관계를 맺고 있다. 하지만 다른 차원에서 하나님의 눈에 우리는 '하나'다. 이것이 이 구절에서 바울이 전하고자 하는 핵심 메시지다. 우리는 그리스도의 '한 몸'이다. 우리는 옛 이스라엘 백성들처럼 하나로 '연합'했다.

따라서 이제 묻자. "약해지고 병에 걸리고 일찍 죽는 심판이 죄를 지은 개인에게만 찾아왔는가? 아니면 고린도의 그리스도의 몸 전체에게 찾아왔는가? 일부 교인들의 행동으로 인해 모든 교인이 고통을 받았는가?" 오해하지는 마라. 분명히 말하건대 알면서도 저지른 죄에 대한 개인적인 대가가 반드시 있다. 하지만 여기서는 바울이 밝혀주는 진리에만 초점을 맞춰보자. 여기서 바울은 신자들을 하나의 몸, 하나의 교회, 하나의 연합된 백성으로 다루고 있다.

이 경우는 고린도란 도시의 그리스도의 몸이다.

한 사람의 탐욕스러운 행동

우리의 본보기가 되는 이스라엘 백성들의 이야기로 돌아가 보자. 다만 한 세대 뒤로 넘어가 여호수아가 이끌던 이스라엘 백성들을 살펴보자. 이 신자들의 공동체는 과감히 요단강을 건너 약속의 땅으로 행군했다. 첫 번째 임무는 거대한 여리고성을 무너뜨리는 것이었다. 도저히 엄두가 나지 않는 임무였다. 하지만 하나님은 다시 한 번 놀라운 능력을 보여 주실 참이었다. 당시 하나님은 구체적인 지시들을 내리셨는데 그중 하나는 다음과 같았다.

> 이 성과 그 가운데에 있는 모든 것은 여호와께 온전히 바치되…너희는 온전히 바치고 그 바친 것 중에서 어떤 것이든지 취하여…말라. 은금과 동철 기구들은 다 여호와께 구별될 것이니 그것을 여호와의 곳간에 들일지니라(수 6:17-19).

여리고성에서 얻은 전리품은 하나도 빠짐없이 하나님의 곳간에 바쳐야 했다. 모든 전리품은 전적으로 하나님의 것이었다. 동전 하나라도 개인의 이익을 위해 사용될 수 없었다.

공격이 시작되었고 이스라엘 백성들은 거칠 것이 없었다. 남녀노소, 소와 양, 염소, 나귀까지 성 안의 모든 것을 검으로 도륙했다. 그런 다음에는 하나님의 곳간에 들일 금과 은, 동철만 빼고 전부 불태워버렸다. 놀랍게도 이스라엘 진영에서는 단 한 명의 사상자도 나오지 않았다.

여리고성은 이전 세대가 정탐을 한 뒤에 "그 땅 거주민은 강하고 성읍은 견고하고 심히 클 뿐 아니라"라는 보고서를 작성했던 성 중 하나였다는 사실을 기억해야 한다(민 13:28). 그런 성을 다음 세대가 단 한 명의 전사자도 없이 궤멸시켰다. 이스라엘은 그야말로 초능력을 발휘했다. 하지만 이어서 안타까운 구절이 등장한다.

> 이스라엘 자손들이 온전히 바친 물건으로 말미암아 범죄하였으니 이는 유다 지파 세라의 증손 삽디의 손자 갈미의 아들 아간이 온전히 바친 물건을 가졌음이라. 여호와께서 이스라엘 자손들에게 진노하시니라(수 7:1).

보다시피 성경은 "아간이란 한 사람이 범죄하였으니"라고 말하지 않는다. 성경은 "이스라엘 자손들이 범죄하였으니"라고 말한다. 또한 "여호와께서 아간에게 진노하시니라"가 아니라 "여호와께서 이스라엘 자손들에게 진노하시니라"라고 말한다. 이스라엘은 하나로 연합했다. 따라서 한 사람이 탐욕으로 하나님의 지시를 어김으로 죄를 지었을 때 백성 전체에게 그 책임이 돌아갔다.

곧바로 비극적인 대가가 따랐다. 다음 표적은 아이 성이었다. 아이는 훨씬 작은 성이었기 때문에 이스라엘의 리더들은 "백성을 다 올라가게 하지 말고 이삼천 명만 올라가서 아이를 치게 하소서. 그들은 소수이니 모든 백성을 그리로 보내어 수고롭게 하지 마소서 하므로 백성 중 삼천 명쯤 그리로 올라갔다가"(수 7:3-4)라고 말한다.

여리고성 전투 당시에는 약 60만 명의 전사가 출전했다. 이 숫자와 비교하면 아이가 얼마나 작은 성이었는지 짐작이 간다. 그런데 그 결과는 다음과 같다.

> 아이 사람 앞에서 도망하니 아이 사람이 그들을 삼십육 명쯤 쳐 죽이고 성문 앞에서부터 스바림까지 쫓아가 내려가는 비탈에서 쳤으므로 백성의 마음이 녹아 물 같이 된지라(수 7:4-5).

정말로 이것이 불과 얼마 전에 사상자 한 명 없이 훨씬 더 크고 강력한 여리고성을 무너뜨렸던 국가가 맞는가? 이번에는 전사들이 약해져서 대패했다. 그것은 바로 크립토나이트에 노출된 탓이다.

이번에는 36명이 전사했다. 반면, 여리고성에서 그들은 약하지 않았다. 한 명도 도망치지 않았다. 단 한 명도 죽거나 다치지 않았다.

생각해 보라. 아간은 죄를 지었지만 그 자신이나 가족에게는 아무런 일도 일어나지 않았다. 반면, 아이 전투 후 72명의 아비와 어미가 자식의 귀환을 보지 못했고 36명의 아내가 과부가 되었고 많은 아이가 아빠 잃은 신세가 되었다. 그것은 그들의 아들이나 남편, 아버지가 저지른 짓 때문이 아니었다. 그들은 죄를 저지르지 않았다. 그것은 다른 가족의 다른 사람이 저지른 짓 때문이었다.

이제 이스라엘은 공포에 사로잡혔다. 여호수아를 비롯한 리더들은 하나님 앞에 바짝 엎드렸다. 장면이 머릿속에 그려지는가? 혼란스러운 표정으로 울부짖는 리더들. "주 여호와여, 어찌하여 이 백성을 인도하여 요단을 건너게 하시고 우리를 아모리 사람의 손에 넘겨 멸망시키려 하셨

나이까?"(수 7:7)

하나님의 대답은 이러했다. "일어나라. 어찌하여 이렇게 엎드렸느냐? 이스라엘이 범죄하여 내가 그들에게 명령한 나의 언약을 어겼으며"(수 7:10-11).

하나님은 "너희 중에 죄를 지은 자가 한 명 있다!"라고 말씀하시지 않았다. 하나님은 이번에는 "이스라엘이 범죄하여"라고 선언하셨다. 아무도 아간이 죄를 지은 줄 몰랐다. 아무도 그의 탐욕에 동조하지 않았다. 그런데도 온 나라 전체가 영적 크립토나이트에 타격을 입었다. 결국 여호수아가 크립토나이트를 찾아내 아간을 추궁하자 그는 이렇게 대답했다.

참으로 나는 이스라엘의 하나님 여호와께 범죄하여 이러이러하게 행하였나이다. 내가 노략한 물건 중에 시날 산의 아름다운 외투 한 벌과 은 이백 세겔과 그 무게가 오십 세겔 되는 금덩이 하나를 보고 탐내어 가졌나이다(수 7:20-21).

여호수아를 비롯한 리더들은 그 즉시 아간를 처리했다. 그리고 나서 "여호와께서 그의 맹렬한 진노를 그치시니"(수 7:26).

우리의 악함으로 인한 문제

바울은 구약의 이 사건을 사례로 제시하면서 고린도교회를 향해 말한다. "그러므로 너희 중에 약한 자와 병든 자가 많고 잠자는 자도 적지 아니하니." 다음 장에서 보겠지만 몇몇 교인이 저지른 죄는 범죄 당사자들만이 아니라 이 교회 전체에 악영향을 미쳤다.

오늘날 교회에 약하고 병에 걸린 교인들이 왜 그렇게 많은지 그 이유를 고민해 본 적이 있는가? 심지어 가망이 없다는 진단을 받고 죽어가는 형제자매도 수두룩하다. 교인 중에 입에 풀칠하기도 힘든 싱글맘이 왜 그리 많은가? 왜 교회에 실업자와 생활보호대상자가 넘쳐나는가? 우리의 약함 때문에 극복 불가능해 보이는 문제가 한두 가지가 아니다.

솔로몬 시대에는 빌어먹는 사람이나 실업자가 한 명도 없었다. 사도행전에도 교인들이 부족함 없이 살았고 병에 걸리거나 허약해져도 금세 회복되었다. 그런데 오늘날은 그렇지 못하는가? 누군가의 죄가 여러 사람에게 악영향을 미치고 있는 것은 아닐까? 이스라엘 백성들이 아이성에서 겪었던 일을 지금 우리가 겪고 있는 것은 아닐까?

다시 말하지만, 죄에는 분명 개인적인 결과가 따른다. 아간은 결국 심판을 받았다. 하지만 그의 죄에서 비롯한 영적 크립토나이트로 이스라엘 백성 전체가 큰 피해를 입었다. 나와 함께 이 조사를 계속하면서 예수님과의 개인적인 관계만큼이나 당신이 한 몸의 일부라는 의식이 강해지기를 원한다. 한 지체로서 당신의 행동이 몸의 다른 지체들에게도 복이나 고통을 전해 줄 수 있다는 사실을 깨닫기를 바란다.

이번 장을 마치기 전에, 우리를 해방시키는 진리가 얼핏 부정적으로 보일 수 있고 "왜 이런 이야기를 꺼내나?" 하는 생각이 들 수도 있다는 점을 다시 한 번 강조하고 싶다. 하지만 이 진리가 드러나면 결국 해방이 찾아오고 막혔던 곳이 뚫린다.

예수님의 표현을 빌자면 "진리를 알지니 진리가 너희를 자유롭게 하리라"(요 8:32).

○ 내 삶의 크립토나이트 제거하기 ○

영화 '글래디에이터'(Gladiator)를 본 사람이라면 막시무스 장군이 "뭉쳐라! 하나로!"라고 외치던 장면을 기억할 것이다. 그 전략은 눈부신 승리를 가져왔다. 다 알다시피 가장 효과적인 군사 전술은 각개격파다.

예수님은 이 점을 잘 알고서 분열된 집은 버틸 수 없다고 가르치셨다(마 12:25를 보라). 그리스도의 몸이 그리스도에 대한 충성으로 뭉치지 않고 분열되면 전체가 약해진다. 이것은 우리가 교회의 영향력 확대를 위해 할 수 있는 가장 큰일은 하나님 나라의 일에 우리의 삶을 온전히 바치는 것이라는 뜻이다. 우리의 일상적인 활동 하나하나를 모두 예배로서 하나님께 바쳐야 한다.

하나님은 우리의 주일 아침만이 아니라 삶 전체를 원하신다. 일과 가족, 취미까지 삶 전체를 예배로서 살지 않으면 지금 회개하라. 예배의 삶이 어떤 삶인지를 보여 달라고 하나님께 기도하라. 하나님이 보여 주시거나 말씀해 주신 것을 쓰고, 자신을 그분께 온전히 바칠 수 있도록 다시 성령으로 충만하게 해 달라고 기도하라.

4

누룩과 같이
순식간에 퍼지는 무기력

하나님께서 우리 몸을 설계하신 방식이야말로 우리가 교회를 이루어 함께 살아가는 삶을 이해하는 데 적합한 모형입니다(고린도전서 12장 25절, 메시지 성경).

우리의 몸을 생각해 보라. 각 기관이 어떻게 연결되어 있는가? 심지어 서로 붙어 있지 않는 기관들도 하나로 연결되어 있다. 발가락이 코에, 간이 무릎에, 입이 척수에, 이런 식으로 온 몸이 물 샐 틈 없이 서로 연결되어 있다. 다른 기관들 없이 홀로 살아남을 수 있는 기관은 없다. 홀로 설 수 있는 기관이라면 우리 몸의 기관일 수 없다.

한 기관이 상하면 모든 기관이 삐거덕거릴 수밖에 없다. 감기나 바이러스에 걸리면 입맛이 없어지고 기력이 떨어지고 머리가 어지럽고 팔다리가 쑤시는 식으로 온 몸의 기능이 저하된다. 반대로, 한 기관이 좋아지면 다른 모든 기관이 덩달아 좋아진다. 예를 들어, 등이나 두피 마사지를 받으면 온 몸이 기분이 좋아진다.

우리는 교회로서 하나다. 우리의 본보기인 이스라엘도 하나였다. 그래서 아간의 고의적인 죄는 그 자신만이 아니라 공동체 전체를 약화시켰다. 그로 인해 여리고성을 상대로 천하무적의 전투력을 보였던 이스라엘이 불과 며칠 뒤에 약할 대로 약해져서 훨씬 더 약한 적에게 대패해 수많은 사상자를 냈다. 비유적으로 표현하면, 이스라엘 국가 전체가 영적 크립토나이트의 영향력 아래로 들어갔다. 바로 이것이 고린도교회가 처한 상황이 아닌가? 좀 더 가까이 들여다보면 답이 보인다.

앞서 말했듯이 초대 교회의 성찬은 오늘날의 성찬과 사뭇 달랐다. 당시의 성찬은 정식 식사였지만 요즘에는 의식에 가깝다. 따라서 바울이 지적한 행동 자체는 오늘날 보기 힘들다. 중요한 것은 그 행동의 원인이다.

상황 설명을 하자면, 고린도교회의 일부 교인들은 전교인이 집합할 때까지 기다리지 않았다. 먼저 도착한 교인들이 좋은 음식과 포도주를 거의 먹어버려서 나중에 도착한 교인들은 부스러기만 먹는 상황이 벌어졌다. 많은 성경학자들과 역사가들은 가난한 하층민들이 무시를 당한 것으로 추정한다. 이제 바울의 말을 들어보자.

> 이는 먹을 때에 각각 자기의 만찬을 먼저 갖다 먹으므로 어떤 사람은
> 시장하고 어떤 사람은 취함이라…주의 몸을 분별하지 못하고 먹고
> 마시는 자는 자기의 죄를 먹고 마시는 것이니라. 그러므로 너희 중에
> 약한 자와 병든 자가 많고 잠자는 자도 적지 아니하니(고전 11:21, 29-
> 30).

위의 구절에서 내가 강조한 두 단어 "어떤"과 "많고"를 보라. 바울은
분명 '어떤' 교인들의 죄를 지적한 것이지만(21절) 그 죄의 결과는 '많은' 교
인들에게 미쳤다(30절). 약해지고 병에 걸리고 일찍 죽는 교인들이 속속
나타났다. 아간의 경우와 전혀 다르지 않다. 하나님의 명령을 전혀 어기
지 않은 많은 사람이 한 사람의 불순종에 대한 심판을 함께 당했다.
*Pillar New Testament Commentary*는 다음과 같이 말한다.

> 아프거나 죽어가는 교인들이 죄를 지었다고 볼 수는 없다. 구약에서
> 하나님의 심판으로 내린 역병들처럼 역병은 공동체 전체에 무차별적
> 으로 내릴 수 있다.

성경 속 비슷한 사건

같은 서간문의 앞부분에서 바울은 형태는 다르지만 역시 공동체 전체에 악영향을 미친 죄를 다루었다. "너희 중에 심지어 음행이 있다 함을 들으니"(고전 5:1). 예수 그리스도의 제자(하나님의 자녀, 그리스도 안에서의 형제, 그리스도 몸의 지체)를 자처하는 한 사람이 고의적으로 성적인 죄를 저지르고 있었다.

그런데 바울의 질책은 죄를 저지른 당사자에게만 향하지 않았다. 그의 죄를 다루지 않고 방관만 한 리더들의 잘못도 보통 크지 않았다.

리더들은 왜 그의 행동을 모른 체했을까? 십중팔구 긁어 부스럼을 만들고 싶지 않았을 것이다. 아마도 그는 영향력이 큰 유지였을 것이다. 아니면 유명한 운동선수였을 수도 있고 십일조를 많이 내는 사람이었을 수도 있다. 고린도는 주변에 막강한 영향을 미치는 대도시요 예술의 중심지였다. 따라서 그는 워십 팀에서 중요한 역할을 하는 유명 영화배우나 가수, 바이올리니스트였을지도 모른다. 본문에는 구체적인 언급이 없지만 그가 나가면 교회에 큰 손해가 되었을 것이라 짐작할 수 있다.

다른 이유들도 있을 수 있다. 그가 교회를 나가면 하나님의 말씀을 더 이상 듣지 못할까 걱정이 되어서 그냥 두었을지도 모른다. "세상에서 방탕하게 놔두느니 그래도 교회 안에서 복음을 듣게 하는 편이 낫지 않겠어?" 교인들이 다음 주에 돌아오게 만드는 것이 그들의 최대 목표였을지도 모른다. 그렇다면 괜히 잘못을 지적했다가 그가 다음 주에 돌아오지 않기라도 하면 큰일이었다. 아기 신자이니까 시간을 주자는 마음이었을 가능성도 있다. 신앙이 자라면 언젠가 알아서 죄를 끊겠거니 생각했을지도 모른다.

어떤 경우든 바울은 고린도교회의 리더들에게 그 사람을 내보내라고 강력히 권고했다. 바울의 말을 나열해 보자.

- 너희 중에서 쫓아내야 한다(고전 5:2).
- 사탄에게 내주어야 한다(고전 5:5).
- 이 악한 자를 내보내서 묵은 '누룩'을 제거하라(고전 5:7).
- 이 악한 사람은 너희 중에서 내쫓으라(고전 5:13).

바울은 한 장에서 네 번이나 일갈을 터뜨린다! 생각해 보라. 겨우 13장 안에서 바울은 네 번이나 이 사람을 내쫓으라고 명령한다. 비정하기 짝이 없다. 하지만 바울은 이 교회를 사랑할 뿐 아니라 이 사람도 사랑했다.

아마 이렇게 말할 사람이 많을 것이다. "바울이 이 사람을 사랑했다고? 절대 아니다!" 하지만 성경 안에 사랑으로 쓰이지 않은 것은 하나도 없다. 성경은 하나님의 감동으로 된 것이며 하나님은 사랑이시기 때문이다(딤후 3:16과 요일 4:8을 보라).

이것이 단순히 고린도교회의 리더들에게만 한 말이 아니라 교회 전체에 한 말이라는 사실에 주목해야 한다. 바울은 매번 자신의 편지를 온 교회가 읽을 것을 당부했다. 바울은 왜 그토록 단호하고도 냉정하게 말했을까? 답은 다음 구절에서 발견된다. "적은 누룩이 온 덩어리에 퍼지는 것을 알지 못하느냐?"(고전 5:6) 이번에도 당사자만이 아니라 공동체 전체가 영향을 받은 것을 볼 수 있다. 이어지는 구절을 읽어 보라.

> 너희는 누룩 없는 자인데 새 덩어리가 되기 위하여 묵은 누룩을 내버
> 리라. 우리의 유월절 양 곧 그리스도께서 희생되셨느니라. 이러므로
> 우리가 명절을 지키되 묵은 누룩으로도 말고 악하고 악의에 찬 누룩
> 으로도 말고 누룩이 없이 오직 순전함과 진실함의 떡으로 하자(고전
> 5:7-8).

　여기서 바울은 다시 성찬의 중심 주제를 다시 다룬다. 이스라엘 유
월절의 중심에는 희생양이 있었다. 하지만 예수님이야말로 우리의 흠 없
는 희생양이시다. 첫 유월절이 애굽 노예 생활에서의 해방을 의미했다면
성찬의 중심 주제인 그리스도의 희생적인 죽음은 죄에서의 해방을 의미
한다.
　이스라엘에는 초실절, 수장절, 나팔절, 속죄일, 초막절 같은 다른 절
기도 있었다. 하지만 이런 절기는 크리스천 삶의 좀 더 성숙한 측면들을
예시하는 그림자였다. 그에 반해 유월절은 구원의 절기였다. 따라서 바
울이 이 절기를 언급한 것은 우리가 하나님의 나라에 들어왔다는 점을 말
한 것이다. 바울은 "악하고 악의에 찬 묵은 누룩"으로 유월절을 축하할 수
는 없다는 점을 지적하고 있다. 따라서 "그 사람은 아기 신자야"라는 태도
는 그 사람에게나 우리 자신에게도 바람직하지 않은 태도다. 이런 태도로
"죄의 습관에 빠진" 사람을 봐 주는 경우를 심심치 않게 본다. 이것은 잘
못된 태도다. 교회 안에 알면서 습관적으로 저지르는 죄가 설 자리는 없

기 때문이다("알면서 습관적으로 지지르는 죄"와 "실수로 저지르는 죄"의 차이점은 뒤에 가서 설명하도록 하겠다).

둘째, 바울이 이 사람의 죄를 누룩(혹은 효모)에 비유했다는 점을 주목해야 한다. 누룩은 빵 반죽 곳곳으로 퍼져 반죽이 부풀어 오르게 만드는 물질이다. 이스라엘은 유월절과 관련해서 강한 경고를 받았다. "그 첫날에 누룩을 너희 집에서 제하라 무릇 첫날부터 일곱째 날까지 유교병을 먹는 자는 이스라엘에서 끊어지리라"(출 12:15). "끊어지리라"라는 표현은 바울의 표현만큼이나 강력하다. 하나님은 그분과 언약을 맺은 공동체 안에는 "죄의 습관에 빠진" 사람이 있어서는 안 된다는 점을 이스라엘 백성들뿐 아니라 우리에게 보여 주기 위해 이런 말씀을 하신 것이다. 모든 구성원이 고의적이고도 습관적인 불순종에서 회개하지 않으면 죄의 누룩과 그 대가가 공동체로 퍼져나가게 된다.

*Pillar New Testament Commentary*를 다시 보자.

> 바울은 방치하면 교회의 '작은' 부분, 아니 한 사람을 통해 악이 천천히 하지만 확실히 공동체 전체로 퍼져나간다는 점을 (헬라어의 강조 어순으로)강조한다. 교회 안에서 고의적인 죄의 사례는 심각한 피해를 입힐 수 있다. 빵 속의 누룩처럼 교회 안의 죄를 가만히 두면 곳곳으로 퍼져가 교회 전체를 돌이킬 수 없을 정도로 변질시킨다.

이 주석에서 한 가지 표현에는 동의할 수 없다. 내 나름대로 조사해 보니 누룩은 '천천히'가 아니라 '급속도로' 퍼진다. 어쨌든 공동체 전체로

'확실히' 퍼진다는 것만큼은 부인할 수 없는 사실이다.

그렇다면 습관적인 죄에 빠진 사람이 교회에 오는 것을 막아야 할까? 전혀 그렇지 않다! 교회에는 믿지 않는 사람들도 많아야 한다. 하지만 그들이 고의적이고 습관적인 죄를 회개하고 예수 그리스도를 영접하기 전까지는 교회의 '구성원'이 될 수 없고 스스로 교회의 구성원이라 '생각'해서도 안 된다. 바울은 다음 구절에서 이 점을 분명히 했다.

> 내가 너희에게 쓴 편지에 음행하는 자들을 사귀지 말라 하였거니와 이 말은 이 세상의 음행하는 자들이나 탐하는 자들이나 속여 빼앗는 자들이나 우상 숭배하는 자들을 도무지 사귀지 말라 하는 것이 아니니 만일 그리하려면 너희가 세상 밖으로 나가야 할 것이라(고전 5:9-10).

그리스도를 따르는 우리는 세상 속으로 들어가 세상 사람들을 우리의 모임으로 초대해 하나님의 말씀을 듣게 하도록 명령을 받았다. 단, 그들의 영적 상태를 축소해서 이야기해서는 안 될 것이다. 우리는 예수님처럼 불신자들에게 다가가 함께 먹고 친구가 되어 주고 사랑하고 섬겨 주어야 한다. 하지만 바울은 스스로 신자라고 공언한 사람에 대해서는 전혀 다른 말을 하고 있다.

> 이제 내가 너희에게 쓴 것은 만일 어떤 형제라 일컫는 자가 음행하거나 탐욕을 부리거나 우상 숭배를 하거나 모욕하거나 술 취하거나 속

여 빼앗거든 사귀지도 말고 그런 자와는 함께 먹지도 말라 함이라(고전 5:11).

여기서 바울은 "실수로 죄를 저지른" 신자가 아니라 스스로 신자라고 하면서 "죄의 습관에 빠진" 사람을 말한 것이다. 왜 바울은 이 문제에 관해서 왜 이토록 강하게 말했을까? 그것은 다름 아닌 교회를 향한 진정한 사랑 때문이었다. 바울은 계속해서 죄를 짓는 '신자'를 보호하려다가(실제로는 그도 보호하지 못하고) 교회 전체가 흔들리는 꼴을 보고 싶지 않았다.

이런 식으로 생각하면 된다. 구성원 중 한 명이 전염성이 강한 병에 걸리면 공동체는 어떻게 하는가? 그 병자를 격리시켜야 한다. 그렇게 해야 공동체 전체가 병에 걸리는 상황을 막을 수 있다. 그렇지 않으면 병이 산불처럼 삽시간에 퍼져 공동체 전체가 피해를 입는다. 예를 들어, 중요한 자리에 공석이 생기고 생산성이 저하되며 공공 서비스가 중단되고 경제적인 피해가 발생한다.

바울은 죄의 습관에 빠진 이 사람을 다음과 같이 처리하라고 말한다.

이런 자를 사탄에게 내주었으니 이는 육신은 멸하고 영은 주 예수의 날에 구원을 받게 하려 함이라(고전 5:5).

이 형제는 변하지 않으면 영벌에 처해질 심각한 위험에 처해 있다.

그래서 앞서 이 형제를 보호한다고 죄를 눈감아 주는 것이 진정으로 그를 보호하는 것이 아니라고 말한 것이다. 고의적으로 죄를 짓는 사람을 공동체 안에 그냥 두면 그 자신에게 더 위험하다. 자신이 당연히 천국에 가는 줄로 착각한 채 살다가 심판의 날에 이르러서야 자신의 지옥행을 깨닫게 될 테니까 말이다.

오히려 하나님의 보호 밖에서 고생을 하다보면 정신을 차리고 예수님께 진정으로 돌아올 가능성이 있다. 실제로 이 사람은 그렇게 되었다(바울이 고린도교회에 보낸 두 번째 편지를 보면 알 수 있다). 탕자의 이야기에서처럼 고난은 우리의 정신을 차리게 해준다. 탕자는 죄의 열매를 톡톡히 맛본 뒤에 결국 집으로 돌아왔다. 하지만 만약 아버지가 그를 봐 주고 계속해서 돈을 보내 주었다면 그는 자신의 불순종을 끝내 깨닫지 못했을 것이다.

정면 돌파를 위하여

요점으로 돌아가 보자. 지난 두 장에서 살폈듯이 우리는 하나의 그리스도의 몸이다. 그래서 한 명이 잘하면 한 몸으로서 모두가 흥하고 한 명이 고의적이고도 습관적으로 죄를 저지르면 모두가 피해를 입는다.

이와 관련해서 우리는 안타까운 현실을 더 이상 외면하지 말아야 한다. 이에 관한 논의를 외면해온 탓에 너무도 오랫동안 그리스도의 몸이 병든 채로 유지되어왔다. 이 문제를 계속해서 무시하면 교회는 계속해서 병들어갈 수밖에 없다.

용기를 내서 이 문제를 직시하고 정면으로 돌파하자. 온 천국이 우리를 응원하고 있다! 우리는 승리하는 교회로 부름을 받았다. 무엇도 멈출 수 없는 그리스도의 몸으로 부름을 받았다. 질병과 가난, 사탄의 온갖 공작은 하나님의 교회 앞에서 무용지물이 되어야 한다.

우리는 초자연적인 능력으로 충만하여 천국의 적들을 무릎 꿇리도록 부름을 받았다. 그렇게 되려면 병의 원인이 되는 까다로운 문제들을 직시하고 정면으로 다루어야만 한다.

하늘에서 이루어진 것 같이 이 땅에서도 이루어진다는 사실을 굳게 믿어야 한다!

○ 내 삶의 크립토나이트 제거하기 ○

이 문제는 너무도 중요하다. 그런데 안타깝게도 오늘날에는 이 문제에 충분한 관심을 쏟는 교회를 찾아보기가 힘들다. 다음과 같은 사실을 명심하라. 첫째, 하나님은 당신을 죄에서 해방되어 온전히 그분께 헌신한 삶으로 부르신다. 둘째, 신자들이 그런 삶을 살지 않으면 그 악영향이 자신만이 아닌 그리스도의 몸 전체에 미친다.

이 문제에 관해 깊이 묵상하라. 이 장의 내용을 그저 좋은 내용으로만 여기고 넘어가지 말기를 바란다. 이 문제를 찬찬히 묵상하고 이 문제에 관해 기도하면서 하나님께 지혜를 구하라. 이 내용을 마음 깊이 새기고 바울처럼 이 문제의 중요성을 깊이 인식하라.

5
공동체 전체가
무기력에 갇히다

우리 세대는 모든 신자가 하나의 몸이라는 사실보다 예수님과의 개인적인 관계에 관해 더 많이 배우고 자랐다. 내가 교회에 관한 이 진리를 분명히 보게 된 것은 최근에 와서다. 오해를 사고 싶지 않다. 내가 과거에도 이 진리를 어느 정도는 이해했지만 지금만큼은 아니다.

성령이 이 진리를 깨우쳐 주시면서 흔히 네이비 실(Navy SEALs)이라고 부르는 해군 특수부대가 자주 생각났다.

내 지인 중에 네이비 실이 있다. 그는 1년 동안 네이비 실로 복무하다가 지금은 교관으로 있다. 그리스도의 몸에 관한 이 진리를 묵상하던 중 하루는 그에게 연락을 취해 보기로 했다. 네이비 실이 그 어떤 부대보다도 끈끈한 전우애를 자랑한다고 들어서 좀 더 자세히 알고 싶었다. 그 친구에게 전화를 걸어 가장 먼저 이렇게 물었다. "네이비 실은 서로를 어떻게 대합니까? 전우애가 그렇게 끈끈한 비결은 뭡니까? 도대체 어떤 훈련을 받는 겁니까?"

그의 첫마디는 이러했다. "네이비 실은 자기 자신을 가장 나중에 생각합니다."

역시 군인답게 대답이 단순명쾌해서 좋았다. 중요한 깨달음을 얻는 통화가 될 줄 직감하고서 나는 말을 아낀 채 듣기에 집중했다. "우리는 옆에 있는 전우를 자신보다 더 중요하게 생각합니다. 우리는 등 뒤를 신경 쓰지 않습니다. 전우들이 뒤를 받쳐 줄 것을 알기 때문이죠."

그때부터 그가 내게 '설교'를 하기 시작했다. "에베소서 6장을 보면 하나님의 갑주는 전부 앞을 향하고 있죠. 뒤를 막는 갑옷은 없습니다. 그 이유는 우리가 네이비 실처럼 서로의 뒤를 책임져 주는 것이 하나님의 뜻이기 때문이죠. 우리는 하나의 부대, 하나의 몸으로서 움직여야 합니다. 그렇게 하지 않으면 제 뒤를 지켜 줄 사람은 저 자신밖에 없죠. 하지만 팀으로서 움직이면 제 부대의 모든 전우가 제 등을 지켜 줍니다."

그의 설교가 계속되었다. "네이비 실에서 제가 하는 일은 모두 제 옆의 전우를 위해서 하는 것입니다. 이런 정신은 우리의 뼛속 깊이 스며들어 있습니다. 우리는 항상 개인이 아니라 팀으로서 생각하도록 훈련을 받았지요. 폭발물부터 통신과 저격, 의료, 무기, 파괴 같은 다양한 분야의 전문가로 훈련을 받지만 언제나 한 몸처럼 움직입니다. 우리는 임무를 나갈 때 일부만 살아 돌아올지 모른다고 걱정하며 나가지 않습니다. 언제나 전부 돌아오겠다는 자신감으로 나가지요."

나는 이야기에 푹 빠져서 듣다가 비결을 물었다. "어떻게 하면 그런 정신을 교육시킬 수 있습니까?"

"특별히 이런 정신을 키워 주기 위한 교육은 없습니다. BUD/S(Basic Underwater Demolition/SEAL) 훈련은 군에서 가장 혹독한 훈련으로 다들 인정하죠. 오죽하면 지원자의 거의 90퍼센트가 탈락할 정도입니다. 고도로 훈련을 받은 최정예만 남죠. 그런 지옥 같은 훈련을 거치면 옆 사람을 자신보다 소중히 여기고 임무를 위해 기꺼이 목숨을 내던지게 됩니다."

그가 잠시 뜸을 들이더니 한숨을 내쉬었다.

"목사님, 교회도 이렇게 되면 좋을 텐데요."

나도 덩달아 한숨이 터져 나왔다. 하지만 우리에겐 분명 잠재력이 있다. 우리 안에는 다시 태어날 때 생긴 "신성한 성품"이 있다. 우리의 훈련인 교회의 설교와 가르침은 우리에게 이런 정신을 불어넣어야 한다. 하지만 소비주의적인 복음만 듣는다면 우리의 구속되지 않은 육신만 강해질 뿐이다. 이런 복음이 현대 교회가 이 상태에 빠진 주된 이유다. 요즘 교인들은 도전을 던지는 메시지가 아니라 그저 격려를 받기만을 원한다. 그로 인해 많은 것을 놓치고 있다.

내 친구는 현대 교회의 약점을 정확히 간파했다. 군대에서는 한 명이 약해지거나 자리를 이탈하면 부대 전체가 흔들린다. 한 명의 게으름이나 약함으로 인해 전체가 궤멸할 수도 있다. 오늘날 그리스도의 몸에는 바로 이 친구와 같은 정신이 절실히 필요하다.

변화의 주역이 되라

이것 말고 좀 희망적인 메시지는 없는가? 물론 있다. 하나님 안에서는 언제나 소망이 있다.

이전 장을 읽으면서 낙심과 환멸에 빠진 독자들이 있을 것이다. 남들의 행동이 우리의 삶에 악영향을 끼칠 수 있다는 점만 생각하면 힘이 빠질 수밖에 없다. 하지만 내가 이 문제를 꺼낸 것은 함께 전진함으로 하나님의 위대하심과 능력을 전에 없이 강력하게 경험하기 위해서다. 다른 것을 믿거나 다른 것을 행하지 않으면 변화는 없다. 그래서 내가 말하려는 요지는, 당신이 변화의 주역이 될 수 있다는 것이다. 당신과 나부터 시작하지 않으면 어떻게 변화가 시작될 수 있겠는가. 하나님은 우리를 변화의 주역으로 부르셨다!

천방지축이던 한 사람이 갑자기 남들의 삶을 책임지게 되면 어떤 일이 벌어지는 줄 아는가? 그의 안에 있는 잠재력이 순식간에 밖으로 폭발한다. 예를 들어, 젊은 엄마를 생각해 보라. 처녀 시절에는 제 맘대로 살아간다. 자기의 행동이 자신에게만 영향을 미치기 때문에 무슨 행동을 해도 큰 부담감이 없다. 하지만 사랑에 빠져 결혼을 하고 아이를 낳으면 상황이 180도로 달라진다. 천방지축이던 소녀의 삶이 정돈된다. 계속해서 예전처럼 제멋대로 살면 자신만이 아니라 사랑하는 남편과 아이까지 힘들어진다는 것을 알기 때문이다.

교회 안에서도 이런 일이 벌어져야 한다. 서로를 깊이 사랑해야 한다. 한 사람이 하나님의 말씀을 거역하면 한 사람이 망하는 것으로 끝나지 않는다는 사실을 깨달아야 한다. 우리는 한 몸의 일부다! 바울이 고린도교회에 보낸 편지에서 성찬에 관해 논하던 중 다음과 같이 권고한 이유가 여기에 있으리라.

> 모든 것이 가하나 모든 것이 유익한 것은 아니요 모든 것이 가하나 모든 것이 덕을 세우는 것은 아니니 누구든지 자기의 유익을 구하지 말고 남의 유익을 구하라(고전 10:23-24).

바울은 빌립보교회를 향해서도 비슷한 권고를 한다.

> 아무 일에든지 다툼이나 허영으로 하지 말고 오직 겸손한 마음으로 각각 자기보다 남을 낫게 여기고…너희 안에 이 (겸손한) 마음을 품으라. 곧 그리스도 예수의 마음이니(빌 2:3, 5).

예수님으로 하여금 이 낮은 곳으로 내려와 우리를 위해 목숨을 내놓게 만든 것이 바로 이 마음이었다. 예수님은 자신을 챙길 수도 있었다. 천사의 군대를 불러 처형자들을 일거에 쓸어버리실 수도 있었다. 하지만 예수님은 끝까지 우리를 생각하셨다. 자신의 안위보다 우리의 구원을 더 생각하셨다.

자, 좋은 소식을 전한다. 개인으로서 우리가 먼저 하나님의 말씀에 순종하여 살면 궁극적으로 교회 전체가 복을 받는다. 일부 교인들의 불순종으로 힘든 시기를 보낼 수도 있겠지만 결국은 번영할 것이다.

엘리야가 남들의 행동으로 피해를 입은 사례 중 하나다. 아합과 이세벨의 끝없는 악행과 이스라엘 백성들의 방관으로 인해 수년간 비가 내리지 않았다. 엘리야는 다윗과 솔로몬 시대 사람들처럼 배불리 먹을 수 없었다. 수년간 까마귀들이 물어온 빵과 고기로 연명해야 했다. 생각만 해도 입맛이 떨어진다! 풍요로운 시대의 산해진미와는 거리가 멀다. 이 것은 남들의 잘못으로 찾아온 고난이었다. 하지만 어쩔 수 없었다. 엘리야는 엄연히 한 나라의 백성이었다. 한 몸의 일부였다. 그러나 그의 순종은 결국 변화 곧 비를 가져왔다. 덕분에 나라 전체가 복을 받았고, 그 자신도 그 복을 함께 누렸다.

평화의 언약

엘리야 이전 시대의 또 다른 사건에서도 '일부'의 악행으로 '많은 사람'이 고난을 받는 모습을 볼 수 있다. 당시 이스라엘은 광야의 아카시아 숲에 진을 치고 있었다.

> 그 백성이 모압 여자들과 음행하기를 시작하니라. 그 여자들이 자기 신들에게 제사할 때에 이스라엘 백성을 청하매 백성이 먹고 그들의 신들에게 절하므로 이스라엘이 바알브올에게 가담한지라 여호와께서 이스라엘에게 진노하시니라(민 25:1-3).

68

여기서도 '일부'가 말썽을 일으켰다. 하나님은 분명 다른 신을 섬기거나 이방 여인들에게 마음을 주거나 음행을 저지르지 말라고 명령하셨건만 '일부'가 그 명령을 어겼다. 그로 인해 공동체 전체(국가)에게 심판이 내렸다. 이번에도 '일부'의 죄로 '다수'가 고통을 받았다.

> 여호와께서 모세에게 이르시되 백성의 수령들을 잡아 태양을 향하여 여호와 앞에 목매어 달라. 그리하면 여호와의 진노가 이스라엘에게서 떠나리라(민 25:4).

이번에도 수령들(일부)의 행동으로 인해 여호와의 맹렬한 진노가 온 이스라엘을 향해 활활 타올랐다. 그들 모두는 하나의 국가, 하나의 민족, 하나의 몸이었다.

모세가 수령들을 처형하라는 명령을 내렸을 즈음, 시므리란 이스라엘 사람이 모세와 온 백성 앞에서 고스비라는 미디안 여자를 자신의 장막 안으로 들였다. 이것은 하나님의 말씀을 고의적으로 어긴 천인공노할 짓이었다. 그 즉시 엘르아살의 아들이자 아론의 손자 비느하스가 창을 들고 시므리의 장막으로 쳐들어가 시므리뿐 아니라 고스비까지 한 방에 찔러 죽였다. 그러자 "염병이 이스라엘 자손에게서 그쳤더라. 그 염병으로 죽은 자가 이만 사천 명이었더라"(민 25:8-9). 이번에도 많은 사람이 죽고 고통을 받았다. '일부'의 행동이 많은 사람에게 영향을 미쳤다. 이렇듯 이스라엘 국가는 하나님의 눈에 '하나'였다.

이어서 하나님은 이렇게 선포하셨다. "제사장 아론의 손자 엘르아살의 아들 비느하스가 내 질투심으로 질투하여 이스라엘 자손 중에서 내 노를 돌이켜서 내 질투심으로 그들을 소멸하지 않게 하였도다"(민 25:10-11). 비느하스의 마음은 곧 하나님의 마음과 같았다. 즉, 그는 국가 전체를 위해 손에 피를 묻힌 것이었다. 그는 국가의 장래를 위해 변화를 주도했다. 이렇듯 국가 전체의 변화에 모든 사람이 필요하지 않았다. 단 한 사람으로 충분했다.

바울도 고린도교회를 향한 하나님의 마음을 품었다. 그 마음으로 그는 그 진실을 가감 없이 이야기하여 변화를 이끌어냈다. 그는 하나님의 말씀 곧 성령의 검으로 음란하게 사는 교인의 행동을 찔렀다. 구약에서는 실제 창이었지만 신약 시대와 오늘날의 '창'은 모두가 한 사람 혹은 일부의 고의적인 죄를 모른 체할 때 과감히 나서서 진실을 말하는 것을 의미한다.

바울은 자기 자신을 가장 나중에 챙겼다. 그런 의미에서 그는 내 친구인 네이비 실 대원과 다르지 않았다. 그는 남들의 유익을 자신의 안위와 인기보다 우선시했다. 심지어 그는 고린도교회 전체의 잔인한 거부까지도 무릅썼다. 사랑할수록 오히려 미움이 돌아오는 상황에서도 그는 그들을 향한 열정을 잃지 않았다.

비느하스는 자신의 안위 따위는 안중에도 없었다. 그는 가혹하고 잔인하고 비정하고 구시대적이고 극단적이라는 비난이 날아올 수도 있다는 것을 정확히 알고 있었다. 아무도 나서지 않을 때 그는 홀로 나섰다. 남들이 뭐라고 생각할까? 뭐라고 말할까? 어떻게 나올까? 이런 것은 전혀 중요하지 않았다. 시편 기자는 그에 관해 이렇게 말했다. "비느하스가 일어서서 중재하니"(시 106:30). 그는 하나님과 그분이 사랑하는 백성들을 위해 용감히 일어섰다. 그는 공동체를 사랑했다. 그래서 모두가 뒷짐만 지고 있을 때 담대히 변화의 주역으로 나섰다.

하나님이 그에 관해서 뭐라고 말씀하셨는지 보라.

> "그러므로 말하라. 내가 그에게 내 평화의 언약을 주리니 그와 그의 후손에게 영원한 제사장 직분의 언약이라. 그가 그의 하나님을 위하여 질투하여 이스라엘 자손을 속죄하였음이니라"(민 25:12-13).

지난 몇 년간 성경을 공부할 때마다 이 구절이 내 눈에 들어 왔다. 모세만이 아니라 나중에 시편 기자도 그가 받은 보상에 주목했다.

> 그 때에 비느하스가 일어서서 중재하니 이에 재앙이 그쳤도다. 이 일이 그의 의로 인정되었으니 대대로 영원까지로다(시 106:30-31).

하나님을 기쁘시게 하기 위해 위험을 무릅쓰고 일어섰던 이 젊은이의 막대한 보상을 처음 보았을 때 느꼈던 놀라움이 지금도 생생이 기억난다. 일시적인 보상이 아니라 영원한 보상, 그것도 언약으로 확정된 보상이었다. 알다시피 하나님은 언약을 절대 어기시지 않는 분이다. 이 보상은 너무 커서 당사자만이 아니라 자자손손 대대로 이어진다. 그리고 그 자손에는 우리도 포함된다! 하나님 앞에서 옳은 일을 위해 한 사람이 담대히 일어선 덕분에 이후의 모든 세대가 복을 받게 되었다.

비느하스의 사례를 보고 나서 바울처럼 사랑을 잃는 한이 있어도 무조건 진실을 말하겠노라 다짐했다. 그렇게 할 때 나만이 아니라 아내와 내 아들들, 나아가 자자손손 받을 막대한 보상이 눈에 들어왔기 때문이다. 절대 깨지지 않을 평화의 언약, 세대에서 세대로 끝없이 이어질 복이 나의 보상이 될 것이다.

지금 열정적으로 하나님을 섬기는 우리 아들들을 보면 가슴이 벅차오른다. 녀석들이 어릴 적에 나는 복음을 전하느라 1년의 절반 이상은 집에 들어오지 못했다. 하지만 변화의 주역이 될 자들에게 하나님이 약속해 주신 평화의 언약이 우리 아이들을 굳게 붙잡고 철통같이 보호해 주었다. 나의 손자들도 같은 복을 받으리라 믿어 의심치 않는다.

지금까지 우리가 살핀 진리들을 마음에 새기면 복이 찾아온다. 남들이 다 침묵하고 가만히 앉아만 있어도 꿋꿋하게 변화를 외치고 하나님의 도를 열정적으로 추구하면 우리만이 아니라 우리의 자손 대대로 '평화의 언약'이 약속되어 있다.

죄가 신자들의 공동체 전체로 퍼져가는 꼴을 가만히 보고만 있는 것보다 사랑으로 성령의 검을 휘둘러 진실을 말하는 것이 훨씬 더 낫다는 점을 우리가 이해하고 있는가?

내가 볼 때 답은 분명하다. 하지만 당신의 판단은 당신에게 넘기겠다.

자, 당신이 기다려온 좋은 소식을 전한다. 하나님과 그분의 백성을 사랑하는 마음으로 진실을 말하면 하나님께 자신만이 아니라 자자손손 이어지는 영원한 복을 약속받은 사람들의 대열 속에 들어가게 된다.

후대에게 이보다 더 큰 선물이 또 있을까? 물질적인 유산에는 이런 약속이 없다. 돈은 기껏해야 한두 세대면 바닥이 난다. 지식이나 지혜를 아무리 많이 쌓아도 자자손손 전해줄 수는 없다. 오직 신실하신 하나님의 약속에 따른 유산만이 무궁히 이어질 수 있다.

다음 세대에 어떤 유산을 전해주고 싶은가? 세상에 어떻게 기억되고 싶은가? 또한 천국에서 어떤 사람으로 알려지고 싶은가? 그런 바람을 이루기 위한 가장 중요한 열쇠는 이 땅에서의 짧은 시간 동안 사랑과 진리의 편에 굳게 서는 것이다.

6

가만히 있을 것인가,
깨뜨릴 것인가

최근 휴대폰에서 문자 전송이 잘 되질 않아 꽤 불편했던 적이 있나.
앱들을 종료시키고 휴대폰을 다시 부팅하는 식으로 갖은 방법을 써 봤지
만 소용이 없었다.

그 경험으로 우리가 일상 속에서 휴대폰에 얼마나 의존하는지를 절
감했다. 그때는 마침 막내아들이 집회에서 강연을 하고 목사와 리더들에
게 책들을 나누어 주느라 인도에 나간 때였다. 그런데 뭔가 문제가 생겨
서 아들이 내게 문자를 보냈는데 내 휴대폰이 이상해서 몇 시간 동안 답

장을 할 수가 없었다. 15분이 넘게 걸려서 겨우 한두 문장을 타이핑했더니 갑자기 앱이 종료돼서 문장이 통째로 날아가기를 몇 번이나 했는지 모른다. 네 시간 만에 짧은 문장 하나를 겨우 보냈다. 할 말이 많은데 다 할 수 없으니 답답해서 죽는 줄 알았다.

나중에 휴대폰을 서비스 센터에 맡겼더니 내가 며칠 내내 씨름했던 문제를 전문가는 15분도 채 걸리지 않아 원인을 파악했다. 두어 시간 만에 전처럼 문자 메시지를 원활하게 보낼 수 있었다. 알고 보니 나도 모르게 휴대폰의 운영시스템을 건드린 것이었다.

내가 해법을 찾지 못했다면? 내가 시간을 내서 전문가를 찾아가지 않았다면? 그랬다면 나는 여전히 정상적인 기능을 못하는 휴대폰을 사용하며 수없이 시간을 낭비하고 있을 것이다. 가족이나 팀원, 친구들과 제대로 커뮤니케이션하지 못하고 있을 것이다.

자, 이제 생각해 보자. 내가 문자 메시지를 한 번도 경험해보지 못했다고 해 보자. 30년 전에는 휴대폰은커녕 문자 메시지란 것이 있는지조차 몰랐다. 특히, 백 년 전에는 국경을 넘어 통화한다는 것을 상상조차 할 수 없었다. 그때는 인도에 있는 아들에게 문자 메시지를 보낼 수만 있다면 네 시간 고생쯤은 아깝지 않게 생각했을 것이다. 아무 연락도 못하는 것보다 문자 한 통이라도 보낼 수 있는 것이 얼마나 행복한가.

내가 무엇을 누릴 수 있는지 모르면 해법을 찾기 위해 그토록 고생하지 않았을 것이다. 하지만 나는 휴대폰의 편리함을 이미 경험했다. 그래서 그 편리함을 누릴 수 없었을 때 그렇게 답답해했던 것이다.

자신의 잠재력을 모르면 뭔가를 이루려는 의욕이 없을 수밖에 없다 우리 대부분은 내 네이비 실 친구처럼 단합된 군대의 힘을 잘 모른다. 만약 그 친구의 부대에 문제가 발생하면 그는 단순히 답답해하는 정도가 아니라 미쳐버릴 것이다.

구약의 이야기로 돌아가서, 아간 사건이 벌어졌을 때 이스라엘 백성들이 얼마나 격노했을지 상상이 가는가? 이스라엘 백성들은 여리고성 전투에서 압도적인 대승을 거둔 직후였다. 그런데 이어진 아이성 전투로 형제보다 가까운 전우 36명의 장례를 치르고 충격에 빠진 유족들을 달래야 했다.

영적 크립토나이트로 인해 사랑하는 고린도교회 안에 약함과 지독한 병마, 죽음이 가득한 모습을 보았을 때 바울의 슬픔이 상상이 가는가? 바울은 고린도 교인들의 잠재력을 잘 알고 있었다. 하지만 정작 그들 자신은 그것을 전혀 보지 못하고 있었다. 그들은 공동체 전체의 공익보다 개인적인 편의와 취향을 우선시하고 있었다.

당신은 어떤가? 당신이 속해 있는 신앙 공동체는 어떠한가? 당신이 이 부담스러운 책을 읽고 있는 것은 마음 깊은 곳에서 현재의 신앙생활에 불만족을 느끼고 있기 때문이라고 생각한다. 하나님이 당신의 마음속에 변화의 갈망을 넣으셨다. 당신은 진실로 인한 잠깐의 불편함을 피하기보다는 하나님의 임재 안에서 온전한 삶을 살고 당신의 공동체 안에서 강력한 영적 변화를 보기를 원하고 있다.

빛이 이르렀다

이 탐구를 통해 당신이 거둘 수 있는 유익은 크게 두 가지다. 하나는 당신의 공동체가 훨씬 더 많은 열매를 거두게 될 것이라는 점이다. 또 하나는 개인적으로 당신이 더 큰 열매와 성취, 하나님과의 더 깊은 친밀함을 맛보게 될 것이라는 점이다(지금까지 우리의 초점은 공동체였지만 결국 개인에게 초점을 맞추게 될 것이다).

우리의 공동체를 위한 우리의 비전은 무엇이 되어야 할까? 내 휴대폰의 사례에서 보듯이 이 질문에 대한 답은 잠재력 방해요소를 계속해서 찾고 제거하기 위한 의욕과 동기를 일으켜줄 것이다.

이사야는 이렇게 예언했다.

> 일어나라. 빛을 발하라. 이는 네 빛이 이르렀고 여호와의 영광이 네 위에 임하였음이니라. 보라. 어둠이 땅을 덮을 것이며 캄캄함이 만민을 가리려니와 오직 여호와께서 네 위에 임하실 것이며 그의 영광이 네 위에 나타나리니(사 60:1-2).

여기서 가장 먼저 지적하고 싶은 점은 이사야가 천국을 말한 것이 아니라는 점이다. 그리스도께서 천 년간 이 땅을 통치하는 요한계시록의 천년 통치를 말한 것도 아니다. 베드로 등이 예언한 새 하늘과 새 땅을 말한 것도 아니다. 여기서 이사야는 단순히 어둠이 이 땅을 덮는 시기를 묘사한 것이다. 따라서 이 예언은 이 시대를 말한 것일 수 있다. 아니, 나는 이 시대를 말한 것이라고 믿는다.

이사야 선지자에 따르면 깊은 어둠이 특정한 지역만이 아니라 지구 전체에서 사람들에게 내릴 것이다. 우리는 어둠이 점점 더 깊어지는 시대에 살고 있다. 우리는 창조주의 마음에서 점점 더 멀리 표류해가고 있다. 단순히 무신론자와 불가지론자, 사교도들만 말하는 것이 아니다. 스스로 믿는 자라고 말하는 자들 사이에서도 어둠이 짙어지고 있다. 바울은 "때가 이르리니 사람이 바른 교훈을 받지 아니하며 귀가 가려워서 자기의 사욕을 따를 스승을 많이 두고"라고 말했다(딤후 4:3). 그리고 이어서 이렇게 한탄했다. "또 그 귀를 진리에서 돌이켜 허탄한 이야기를 따르리라"(4절).

이사야는 이 시기에 진정한 신자들이 빛을 발한다고, 눈에 띈다고 말한다. 이렇게 생각하면 이해하기 쉽다. 깜깜한 방에 들어가 불을 켜면 어두움이 즉시 물러간다. 암흑은 빛을 이길 수 없다. 환한 어두움이라는 말을 들어본 적이 있는가? 오직 환한 빛이란 표현밖에 없다. 그것은 어두움이 아무리 짙어도 빛이 이기기 때문이다. 빛은 언제나 어두움을 쫓아낸다.

예수님은 우리가 세상의 빛이라고 말씀하셨다. 우리는 빛나야 한다. 어두움보다 강해야 한다. 그렇다면 이것이 구체적으로 무엇을 의미하는가? 이사야에 따르면 우리의 빛이 불신자들에게 하나님의 '영광'을 보여 주어야 한다.

'영광'에 해당하는 히브리어는 찬란함, 위대함, 부, 힘, 풍요, 명성, 위엄, 무게를 의미하는 '카보드'(kabod)다. 잠시 이 의미를 생각해 보자. 성경이 하나님의 영광을 말할 때는 하나님의 찬란하심, 하나님의 위대하심, 하나님의 부, 하나님의 힘, 하나님의 풍요, 하나님의 명성, 하나님의 위엄을 지칭하는 것이다. 마지막으로 '무거움' 혹은 '무게'는 이런 속성이 조금만 있는 것이 아니라 차고 넘친다는 뜻이다. 요컨대, 이것은 하나님의 위대하심의 무게다.

바울은 하나님이 우리가 "하나님의 영광을" 알도록 "빛을 우리 마음에 비추셨느니라"라고 말한다(고후 4:6). 그의 말을 계속해서 들어보자.

우리가 이 보배를 질그릇에 가졌으니 이는 심히 큰 능력은 하나님께 있고 우리에게 있지 아니함을 알게 하려 함이라(4:7).

여기서 "심히 큰 능력"에 주목하자. 하나님의 찬란하심과 위대하심, 부, 힘, 풍요, 명성, 위엄이 우리의 마음속에서 더없이 강하게 비춘다. 이것이 바울이 "심히 큰 능력은 하나님께 있고 우리에게 있지" 않다고 말한 이유다. 그렇다. 능력이다. 우리의 사명을 막으려는 그 어떤 어두움이라도 단번에 뚫어버리는 능력.

네이비 실 부대는 전투를 나갈 때 패해서 돌아올 생각은 꿈에도 꾸지 않고, 실제로 웬만해선 패하지 않는다. 그런데 우리에게는 네이비 실보다 훨씬 더 확실한 약속이 있다! 그리고 훨씬 더 거대한 힘이 우리의 뒤를 받쳐주고 있다!

당신이 이 책을 읽는 내내 이 점을 잊지 않도록 '하나님의 위대하심'으로서의 "하나님의 영광"을 자주 언급할 것이다(위에서 나열한 다른 중요한 표현들도 꼭 기억하기를 바란다).

이사야는 하나님의 위대하심이 우리 위에 임할 것이라고 말했다. 그 위대하심이 어디서 오는가? 바로 우리의 마음속에서다. 기억나는가? "우리가 이 보배를 질그릇에 가졌으니"(7절).

이제 당신에게 묻겠다. "왜 하나님의 위대하심이 우리를 통해 우리 사회에 나타나고 있지 않은가? 왜 약하고 아프고 심지어 일찍 죽는 교인들이 그토록 많은가? 우리가 영적 크립토나이트를 방치한 탓이 아닌가?"

교회 공동체의 잠재력

오늘날 교회의 긍정적인 잠재력은 무엇인가? 교회의 시작에 관해 생각해 보자. 오순절에 약 120명의 제자들이 한 방에 숨어 있었다. 성경은 그들이 "한 뜻"이었다고 말한다. 무엇이 이런 연합을 만들어 냈을까? 예수님은 죽음에서 부활하셨을 때 최소한 5백 명의 신자들에게 다락방으로 올라가 아버지의 약속을 기다리라고 지시하셨다(고전 15:6과 눅 24:33-53을 보라). 왜 불과 열흘 뒤에 겨우 120명만 남았을까? 왜 모두가 기다리지 않았을까? 나머지 380명은 어디로 갔는가? 380명에 대한 언급은 더 이상 없다. 그저 일부는 바울이 고린도 교인들에게 편지를 썼던 AD56년까지 여전히 살아 있었다는 말밖에 없다. 확실한 것은 그들이 예수님의 명령대로 예루살렘에서 아버지의 약속을 기다리지 않았다는 것이다(행 1:1-15을 보라).

이 380명이 예수님의 지시를 선택사항 정도로 보았을까? 단순히 좋은 제안 정도로만 받아들였을까? 아니면 너무 과한 요구로 여겨 무시했을까? 각자 알아서 그분의 뜻을 받들면 된다고 생각했을지도 모른다. 필시 그 중 상당수는 세상 속으로 나가 부활의 소식을 전하기도 했을 것이다.

하지만 "영광"의 영으로도 불리는(벧전 4:14를 보라) 하나님의 영은 그들에게 임하시지 않았다. 위대하신 하나님의 영으로 세례를 받은 사람은 120명뿐이었다. 무엇이 그들을 하나로 만들었을까? 그들은 380명처럼 자신의 뜻대로 움직이지 않았다. 나는 하나님의 말씀에 절대적으로 순종한 것이 단합의 열쇠였다고 믿는다. 120명은 하나님의 지시를 선택사항으로 여기지 않았다.

(하나님의 능력을 포함한) 하나님의 영광이 그들 속을 가득 채웠다. 그러자 그날로 3천 명 이상이 거듭났다! 전단지를 돌린 것도 아니고 유대의 유력 잡지에 광고를 실은 것도 아니었다. 댓글 부대를 동원한 것도 아니고 공중파에 광고를 내보낸 것도 아니었다. 기본 중에 기본인 모임 스케줄 따위도 없었다. 그런데도 하나님의 위대하심이 온 도시에 분명히 드러났다.

그로부터 얼마 지나지 않아 절름발이로 태어난 사람이 성전으로 뛰어간 사건이 일어나면서 또 다시 5천 명이 거듭났다. 이 5천 명은 여자와 아이는 포함되지도 않은 숫자다. 더욱 놀라운 사실은 베드로와 요한이 그들에게 구원의 초대를 할 시간도 없었다는 점이다. 베드로와 요한은 그럴 겨를도 없이 체포되었다.

이 일로 예루살렘 도시 전체가 들썩거렸다. 모든 시민이 강한 바람의 소리를 들었다. 듣도 보도 못한 낯선 언어로 하나님의 위대하심을 선포하는 제자들의 소리로 온 도시가 시끌벅적했다. 모두가 예수님의 이름으로 나타나는 놀라운 기적을 목격했다.

며칠 뒤 모든 신자가 하나의 공동체로서 기도했고, 그들이 모인 건물 전체가 흔들렸다. 성경은 절대 과장하지 않는다. 성경에서 건물이 흔들렸다고 말하면 정말로 흔들린 것이다. 이 신자들에게서 강력한 힘과 풍요, 치유가 흘러나왔다.

성경은 "그중에 가난한 사람이 없으니"라고 보고한다(행 4:34). 성경을 보면 베드로가 지나간 어떤 거리가 아니라 그가 지나간 거리마다 길바닥에 널브러져 있던 병자들이 그의 그림자에 닿을 만큼만 다가와도 "다 나음을 얻으니라"(행 5:16). 이것이 하나님의 위대하심이다! 마치 신자가 병원 복도를 거니는 동안 병실마다 병자들이 낫는 것과도 같은 상황이다.

또 성경은 한 남자와 그의 아내가 예배 중에 목사에게 거짓말을 했다가 그 자리에서 고꾸라져 죽은 사건도 기록하고 있다. 이 부부의 죽음에 관한 소식이 온 도시에 퍼져 듣는 이마다 '큰 두려움'에 떨며 제자들을 극도로 존경했다(행 5:1-13). 이 건강한 두려움은 사람들을 밀어내는 것이 아니라 오히려 스펀지처럼 빨아들였다. "믿고 주께로 나아오는 자가 더 많으니 남녀의 큰 무리더라"(행 5:14).

이런 일은 예루살렘에만 국한되지 않았다. 예수님의 제자들이 담대히 복음을 선포하자 여러 도시에서 구원과 치유를 받는 역사가 일어났다. "많은 사람에게 붙었던 더러운 귀신들이 크게 소리를 지르며 나가고 또 많은 중풍병자와 못 걷는 사람이 나으니 그 성에 큰 기쁨이 있더라"(행 8:7-8). 한 유명한 마술사도 "그 나타나는 표적과 큰 능력을 보고 놀라니라"(13절). 온 도시가 예수님에 관해 알거나 그분을 믿고 구원을 받았다.

베드로가 중풍으로 8년 동안 침대에 누워만 있던 사람을 즉시 치유한 사건도 있었다. 성경은 이 일로 "룻다와 사론에 사는 사람들이 다 그를 보고 주께로 돌아오니라"라고 기록한다(행 9:35). 한 도시가 아니라 두 도시에서 모든 사람이 구원을 받는 놀라운 역사가 일어났다.

욥바에서는 다비다라는 여인이 죽었다가 살아나는 기적이 일어났다. 이번에도 물론 그 소식이 마을 전체에 삽시간에 퍼져나갔다.

결국 베드로는 체포되었지만 천사가 한밤중에 경비가 극도로 삼엄한 감옥으로 찾아와 그를 탈출시켰다.

한번은 한 통치자가 하나님께 영광을 돌리지 않은 죄로 죽어 벌레에게 먹혔다. 하나님의 위대하심이 온 국가의 어두움을 드러내고 있었다. 누구도 빛을 피해갈 수 없었다.

기적, 위대한 능력, 구원받는 역사가 이스라엘을 넘어 이방 국가의 도시들로 확산되기 시작했다. 급기야 "아시아에 사는 자는 유대인이나 헬라인이나 다 주의 말씀을 듣더라"(행 19:10). 몇 개 마을이나 심지어 몇 개 도시도 아닌 지역 전체가 하나님의 말씀을 들었다. 당시는 페이스북이나 인스타그램, 트위터 같은 소셜미디어도 없던 시대였다. 인터넷이나 위성 통신, 텔레비전 라디오도 아직 등장하지 않았다. 자동차는커녕 자전거도 없어서 사람들이 집회 장소로 쉽게 모일 수도 없었다. 그런데도 이 지역 전체에서 모든 사람이 하나님의 말씀을 들었다. 교회가 하나가 될 때, 우리 기독교 공동체 안에서 하나님의 말씀이 중심 자리를 차지할 때, 바로 이런 놀라운 일이 일어난다.

이것이 초대 교회를 통해 나타났던 하나님의 위대하심이다. 하지만 다음 장에서 우리 세대를 위한 하나님의 계획은 더 크고 놀랍다는 사실을 보게 될 것이다. 초대 교회가 경험한 일은 우리의 왕 예수 그리스도의 재림을 앞두고 나타날 하나님의 위대하심과 능력에 비하면 아무것도 아니다!

○ 내 삶의 크립토나이트 제거하기 ○

신약 시대의 놀라운 기적들을 보면 주눅이 들기 쉽다. "나 같은 사람은 평생 가도 저런 일을 행하지 못할 거야." 이것이 이번 장의 메시지가 그토록 중요한 이유다. 기적과 기사는 당시 사람들이 특별했기 때문에 나타난 것이 아니다. 평범한 사람들이 믿고 순종했기 때문에 하나님의 위대하심이 임한 것이다.

하나님의 위대하심이 배운 것도 없고 경험도 없으며 고집까지 센 보통 사람들에게 임했다면 세상적인 자격조건이나 기준은 없는 것이 분명하다. 하나님의 말씀을 얼마나 진정으로 믿고 따르느냐가 관건이다.

이런 기적이 다시, 심지어 더 크게 일어날 수 있다고 믿는가? 당신의 교회에서 이런 일이 벌어지기 시작하면 열정적으로 동참하겠는가? 하나님이 주시려는 것을 전부 받기를 원하는가? 이런 질문에 대한 답을 기도로 표현해 보라. 그런 다음에는 스스로 이 일에 부적격하다고 생각했던 것에 대해 회개하라. 모든 염려를 하나님께 맡기고 그분께 자신을 내어드리면 그분이 모든 것을 부어 주실 것이다.

7

하 나 됨 을 막 는
크 립 토 나 이 트 를 해 결 하 라

예수님은 십자가에 달리기 전에 마지막으로 제자들만이 아니라 우리 모두를 위해 기도하셨다. 그 기도의 첫머리는 이러했다. "내가 비옵는 것은 이 사람들만 위함이 아니요 또 그들의 말로 말미암아 나를 믿는 사람들도 위함이니"(요 17:20). 보다시피 예수님은 당신과 나를 위해서도 기도하신 것이다. 우리는 그들의 말을 통해 예수님을 믿은 사람들이니까 말이다. 우리는 그들의 말을 직접 읽거나 다른 누군가를 통해 간접적으로 전해 듣고도 예수님을 영접했다.

예수님은 하나님의 아들이시다. 따라서 아버지의 뜻이 하늘에서와 같이 땅에서도 이루어지게 해 달라고 요청할 권위가 있으시다. 그분이 구체적으로 무엇을 요청하셨는지 보라.

> 아버지여, 아버지께서 내 안에, 내가 아버지 안에 있는 것 같이 그들도 다 하나가 되어 우리 안에 있게 하사 세상으로 아버지께서 나를 보내신 것을 믿게 하옵소서. 내게 주신 영광을 내가 그들에게 주었사오니 이는 우리가 하나가 된 것 같이 그들도 하나가 되게 하려 함이니이다(요 17:21-22).

예수님의 기도 제목은 우리가 '하나'가 되어 온 세상이 예수 그리스도를 온 인류의 구주로 알게 되는 것이었다. 무엇이 이 메시지를 세상에 전해 줄까? 답은 바로 그분의 '영광'이다. 이것이 우리의 사명에 극도로 중요하다. 예수님은 '하나'가 된 자들을 위해 그분의 영광(그분의 위대하심이 드러난 것)을 예비해 놓으셨다. 단 그냥 하나가 아니라 예수님이 아버지와 하나가 된 것 같이 그분 안에서 하나가 된 사람들이어야 한다.

그렇다면 예수님이 아버지와 어떤 식으로 하나가 되셨는가? 예수님은 다음과 같은 말씀을 자주 하셨다. "나는 나의 뜻대로 하려 하지 않고 나를 보내신 이의 뜻대로 하려 하므로"(요 5:30). "내가 하늘에서 내려온 것은 내 뜻을 행하려 함이 아니요 나를 보내신 이의 뜻을 행하려 함이니라"(요 6:38). "두루마리 책에 나를 가리켜 기록된 것과 같이 하나님의 뜻을 행하러 왔나이다"(히 10:7). 예수님은 사람들에게 손가락질을 당하고 어려움이 닥쳐도 꿋꿋이 아버지께서 원하시는 대로 행하셨기 때문에 아버지와 하나셨다.

첫 제자들도 마찬가지였다. 그들은 모두 '한 뜻'이었다. 그래서 하나님은 그들을 통해 세상에 그분의 위대하심을 드러내 보이셨다. 3년 동안 예수님의 말씀을 들었던 수천수만의 추종자 중에서 오직 120명의 제자만이 하나였다. 부활하신 예수님의 몸을 봤지만 그분의 지시는 선택사항으로 가볍게 여겼던 380명은 하나가 아니었다. 오직 120명만 믿음 안에서 연합된 하나였다.

바울은 우리 모두에게 권고, 아니 간청한다. "성령이 하나 되게 하신 것을 힘써 지키라"(엡 4:3). 그러고 나서 그는 예수님이 직접 교회에 주신 선물을 소개한다. 그 선물은 바로 사도와 선지자, 전도자, 목사, 교사들이다. 이들의 임무는 바로 다음과 같다.

> 우리가 다 하나님의 아들을 믿는 것과 아는 일에 하나가 되어 온전한 사람을 이루어 그리스도의 장성한 분량이 충만한 데까지 이르리니(엡 4:13).

우리의 사명이나 목표도 초대 교회와 다르지 않다. 그것은 바로 '하나'가 되는 것이다. 그래야 하나님의 위대하심(영광)을 드러낼 수 있다. 다른 방법은 없다. 하나님의 아들에 대한 믿음과 지식에서 하나가 되어야 한다. 진정으로 하나가 되기 위한 유일한 길은 예수님이나 제자들이 따랐던 길과 조금도 다르지 않다. 그것은 바로 하나님의 말씀에 순종하는 것이다.

생각해 보라. 이스라엘이 하나였을 때는 여리고성을 상대로 압승을 거두었다. 이스라엘이 솔로몬의 통치 아래서 하나였을 때는 천하무적이었다. 국가로서도 개인으로서도 역사에 보기 드문 번영을 누렸다. 이 외에도 얼마든지 예를 들 수 있지만 이 정도면 충분하리라 믿는다.

이번에는 반대 경우를 보라. 바울은 고린도교회의 영적 크립토나이트를 다룰 때 먼저 하나 되지 못한 모습을 지적한다. "먼저 너희가 교회에 모일 때에 너희 중에 분쟁이 있다 함을 듣고"(고전 11:18). 그들은 '하나'가 아니었다. 그렇다면 궁금해진다. 그들이 하나가 되지 못한 원인은 무엇이었을까? 그것은 바로 크립토나이트 곧 하나님의 말씀에 대한 불순종에 노출되었기 때문이다. 아간이 하나님의 말씀에 불순종한 탓에 이스라엘 국가가 아이성을 공격할 때 하나가 되지 못한 것도 비슷한 상황이었다.

이어서 바울은 얼핏 비상식적으로 보이는 발언을 한다.

…어느 정도 믿거니와 너희 중에 파당이 있어야 너희 중에 옳다 인정함을 받은 자들이 나타나게 되리라(고전 11:18-19).

하나님의 인정을 받은 사람들을 인정하는 것이 왜 중요할까? 그렇게 해야 믿음과 지식에서 하나가 될 길이 열리기 때문이다. 이는 이스라엘 공동체 전체와 그 임무를 위해서도 다수의 순종과 아간의 불순종을 밝힌 것과 같은 이치다. 또한 변함없이 순종한 120명의 제자와 자기 맘대로 했던 380명을 서로 분리한 것과도 같은 이치다. 고린도교회에서도 순종한

'다수'와 불순종한 '일부'를 가려내는 것이 중요했다. 그렇지 않으면 연합으로 가는 길이 차단되어 고린도교회에서 하나님의 영광(위대하심)이 나타날 수 없었기 때문이다. 아울러 성찬을 불경하게 행하지 않았지만 일부의 불경으로 애꿎게 고통을 당한 무고한 방관자들 치료하는 것도 중요했다.

바울은 연합의 중요성을 누구보다도 잘 알고 있었다. 그는 하나님의 위대하심을 접한 예루살렘과 사마리아, 안디옥 같은 도시에서 어떤 일이 일어났는지를 정확히 알고 있었다. 그래서 그는 고린도 교인들에게 하나가 되라고 간청할 수밖에 없었다. 그는 에베소와 빌립보, 골로새, 나아가 오늘날의 모든 신자에게도 하나가 되라고 강력히 촉구하고 있다. 그리고 예수님의 사례에서 보듯이 하나님의 말씀에 대한 순종 외에 이런 연합으로 가는 다른 길은 없다.

창조주

그렇다면 오늘날은 어떠한가? 지금도 여전히 믿음의 연합을 목표로 삼아야 하는가? 먼저, 평생 잊지 못할 경험 하나를 나누고 싶다. 기도하던 중에 하나님의 음성을 더없이 분명히 들었다. "아들아, 내 아들이 돌아오기 전에 내가 교회 안에서 그리고 교회를 통해서 행할 일에 비하면 사도행전의 사건들은 어린애 장난에 불과하다."

나는 벌린 입을 다물지 못했다. 솔직히, 내 귀를 의심했다. 도저히 믿을 수 없는 말씀이었다. 결국 나는 하나님께 증거를 요청했다. "아버지, 세 가지 성경 말씀을 증거로 보여 주세요. 그래야 믿겠습니다." 이상하게도 하나님께 이렇게 여쭈는 것이 전혀 죄송스럽지 않았다. 사실, 성경은 모든 것을 시험하고(살전 5:21을 보라) "두세 증인의 입으로 말마다 확정하리라"(고후 13:1)라고 말한다.

하나님이 내게 밝혀 주신 첫 번째 증거 구절은 다음이었다.

> 만군의 여호와가 이같이 말하노라. 조금 있으면 내가 하늘과 땅과 바다와 육지를 진동시킬 것이요 또한 모든 나라를 진동시킬 것이며 모든 나라의 보배가 이르리니 내가 이 성전에 영광이 충만하게 하리라. 만군의 여호와의 말이니라…이 성전의 나중 영광이 이전 영광보다 크리라. 만군의 여호와의 말이니라(학 2:6-7, 9절).

약간의 역사적 배경을 살펴보자. 당시 이스라엘은 오랫동안 포로 상태에 있었다. 처음에는 바벨론의 포로로 있다가 이후에는 바사의 통치 아래로 넘어갔다. 당시 히브리인들 중에는 고향으로 돌아가 느부갓네살의 군대가 파괴했던 성전을 재건할 날을 고대하고 있었다. 그런데 감사하게도 하나님이 바사 왕 고레스에게 그들을 풀어 줄 마음을 주셨다. 그로 인해 많은 히브리인들이 고향으로 돌아가 열정적으로 성전 재건 사업을 시작했다. 하지만 개인적인 용무들과 지역 주민들이 끊임없는 저항으로 인해 열정은 점점 시들어만 갔다. 다행히 학개와 스가랴 같은 리더들의 예언 덕분에 성전 재건 사업을 중심으로 뭉치려는 열정이 되살아났다.

여기서 중요한 질문은 따로 있다. 학개 선지자는 히브리인들이 결국 완성해 낸 성전을 말한 것인가? 아니면 다른 성전을 말한 것인가? 나중에 예수님은 "이 성전을 헐라. 내가 사흘 동안에 일으키리라"라고 말씀하셨다(요 2:19). 예수님은 물리적인 성전 한가운데 서 계셨지만 그 성전이 아니라 자기 몸의 성전을 말씀하신 것이다. 이 경우도 마찬가지인가?

성경 주석가들과 역사가들은 이스라엘의 70년 포로 생활 후에 재건된 물리적인 성전이 외형에서나 하나님의 임재 측면에서나 솔로몬의 성전을 능가하지 못했다고 말한다. 외형 측면에서는 몇 백 년 뒤 헤롯이 성전을 리모델링한 뒤에도 여전히 솔로몬이 지은 성전보다 화려하지 못했다. 하나님의 임재 측면에서는 솔로몬이 성전을 하나님께 바쳤을 때 그분의 영광이 너무도 강하게 임해서 짙은 구름이 성전을 가득 채웠다. 오죽하면 제사장들이 제사를 계속하지 못할 정도였다. 역사를 보면 회복된 성전에서는 이처럼 극적인 일이 벌어지지 않았다.

바리새인들은 성전을 허물고 사흘 만에 재건하겠다는 예수님의 말씀을 오해했다. 그것은 예수님이 물리적인 성전을 말씀하신 것으로 생각했기 때문이다. 마찬가지로, 학개의 말을 물리적인 성전으로만 국한해서 생각하면 그 의미를 오해할 수밖에 없다.

학개는 어느 시대의 어느 성전을 말한 것일까? 이쯤에서 바울의 말을 들어보자. "너희는 너희가 하나님의 성전인 것과 하나님의 성령이 너희 안에 계시는 것을 알지 못하느냐?"(고전 3:16) 솔로몬의 성전에 가득 임했던 성령께서 지금 우리 공동체 안에도 온전히 거하고 계신다. 나는 바로 교회야말로 학개가 말한 성전이라고 믿는다. 교회가 나중의 성전이다. 교회의 영광(하나님 임재와 능력의 위대함)은 예전의 물리적인 성전보다 훨씬 더 크다. 이번에도 바울의 말이다. "없어질 것도 영광으로 말미암았

은즉 길이 있을 것은 더욱 영광 가운데 있느니라"(고후 3:11).

구약 시대에 나타났던 영광(위대하심과 능력)을 생각해 보라. 모세의 얼굴이 하나님의 광채로 너무 심하게 눈부셔 수건을 덮어야 할 정도였다. 장막을 짓자 하나님의 임재가 워낙 강력하게 나타나 누구도 접근할 수 없을 정도였다. 솔로몬이 성전을 지어 바쳤을 때 하나님의 임재가 또 다시 강하게 나타나 제사장들이 제사를 계속하지 못할 정도였다. 그런데 바울에 따르면 "영광되었던 것이 더 큰 영광으로 말미암아 이에 영광될 것이 없으나"(고후 3:10).

그렇다면 학개는 어느 시기를 말한 것일까? 교회의 시작부터 끝까지를 말한 것인가? 다시 말해, 예수님이 승천하시고 나서 재림하실 때까지를 말한 것인가?

학개가 기록한 하나님의 말씀을 다시 보자.

조금 있으면 내가 하늘과 땅과 바다와 육지를 진동시킬 것이요 또한 모든 나라를 진동시킬 것이며 모든 나라의 보배가 이르리니 내가 이 성전에 영광이 충만하게 하리라(학 2:6-7).

학개가 말한 영광은 천지가 진동하는 시기에 일어날 것이다. 히브리서 기자도 이 점을 확인시켜준다. "그때에는 그 소리가 땅을 진동하였거니와 이제는 약속하여 이르시되 내가 또 한 번 땅만 아니라 하늘도 진동하리라 하셨느니라. 이 또 한 번이라 하심은 진동하지 아니하는 것을 영존하게 하기 위하여 진동할 것들 곧 만드신 것들이 변동될 것을 나타내심이라"(히 12:26-27).

히브리서는 AD68년에 쓰였다. 그러니까 내가 이전 장에서 언급했던 사건들, 즉 예루살렘 거리에 누워 있던 병자들이 일어나고 도시들에 주께로 나아오며 온 지역이 하나님의 말씀을 듣는 역사가 일어난 지 훨씬 뒤에 쓰였다. 따라서 히브리서의 약속은 사도행전 시대가 아니라 미래를 말한 것이다. 천지가 진동할 말세를 말한 것이다. 주 예수 그리스도의 재림을 보게 될 나중 세대에 이 약속이 이루어질 것이다.

성경 전체에서 한 가지 정형화된 패턴을 볼 수 있다. 그것은 하나님이 언제나 가장 좋은 것을 가장 나중에 내놓으신다는 것이다. 실제로 성경은 "일의 끝이 시작보다 낫고"라고 말한다(전 7:8). 예수님도 가나 혼인 잔치에서 가장 좋은 포도주를 나중에 내놓으셨다. 또한 "나를 믿는 자는 내가 하는 일을 그도 할 것이요 또한 그보다 큰 일도 하리니"라는 말씀도 하셨다(요 14:12). 왜 예수님이 승천하신 뒤에 '더 큰 일'이 나타났을까? 예수님은 언제나 가장 좋은 것을 가장 나중에 내놓으시기 때문이다.

교회에 대해서도 마찬가지다. 교회의 처음보다 마지막이 더 좋을 것이다. 사도행전은 눈부신 출발을 보여 준다. 그런데 이 땅에서 교회의 마지막이 그보다 덜 영광스럽고 덜 강력할 수는 없다. 바울은 이렇게 강조한다. "너희 믿음이 사람의 지혜에 있지 아니하고 다만 하나님의 능력에 있게 하려 하였노라"(고전 2:5). "하나님의 나라는 말에 있지 아니하고 오직 능력에 있음이라"(고전 4:20). 그렇다. 능력은 이 땅에서 펼쳐진 하나님 나라의 중요한 측면 중 하나다.

나아가야 할 방향을 발견하다

그날 성령이 내게 보여 주신 성경 구절이 또 있지만 이만 하면 크리스천으로서 우리가 더 큰 비전을 품어야 한다는 점이 분명해졌으리라 믿는다. 우리의 비전은 사도행전에 기록된 역사보다도 커야 한다. 성령으로 충만했던 사도 베드로의 다음 선포를 보면 놀랍기 짝이 없다.

> 또 주께서 너희를 위하여 예정하신 그리스도 곧 예수를 보내시리니 하나님이 영원 전부터 거룩한 선지자들의 입을 통하여 말씀하신 바 만물을 회복하실 때까지는 하늘이 마땅히 그를 받아 두리라(행 3:20-21).

위의 구절을 자세히 살펴보자. 첫째, 어떤 일이 일어나기 전까지 예수님은 하늘에 머물러 계셔야 한다. 아버지께서 약속하신 일이 일어나기 전까지 예수님은 이 땅으로 돌아오실 수 없다. 그렇다면 선지자들이 말했던 그 약속은 무엇인가? 그것은 바로 성전의 회복이다. 다시 말해, 하나님의 찬란하심과 위대하심, 부, 풍요, 명성, 위엄이 이 땅에서 더 이상 빈약하지 않고 성전 안에서 그리고 성전을 통해 온전히 드러나게 될 것이다.

지금 이런 일이 벌어지고 있는가? 교회가 워낙 강력해서 온 도시와 지역에 구원을 받는 역사가 일어나고 있는가? 병원마다 병실이 텅텅 비어가고 있는가? 눈 먼 자가 눈을 뜨고 절름발이가 힘차게 뛰며 하나님을 찬양하고 있는가? 우리 기도의 능력으로 건물들이 진동하고 있는가? 선교에 필요한 자원이 전혀 부족함 없이 차고 넘치고 있는가? 교인들 중에 궁핍한 사람이 단 한 사람도 없는가? 이런 답답함이 학개가 다음과 같이 물은 이유가 아닐까?

> 너희 가운데에 남아 있는 자 중에서 이 성전의 이전 영광을 본 자가 누구냐 이제 이것이 너희에게 어떻게 보이느냐 이것이 너희 눈에 보잘것없지 아니하냐(학 2:3)

학개는 자기 앞에 서 있는 사람들에게 이렇게 물었다. 그런데 지금 하나님은 우리에게 그렇게 묻고 계신다. 가슴에 손을 얹고 생각해 보자. 사도행전 시대에 비해 지금 우리가 경험하고 있는 하나님의 임재는 참으로 '보잘것없다!' 이 점을 분명히 보지 않으면 교회는 하나님의 크신 능력을 회복하기 위해 발버둥을 치지 않을 것이다. 현재와 같은 무기력한 상태에 안주하고 말 것이다.

크립토나이트로 인해 분열 상태를 계속해서 좌시만 하려는가? 제발 내 말에 귀를 기울여 달라. 우리는 하나님 안에서 하나가 된다는 목표를 향해 이를 악물고 나아가야 한다. 그리고 그런 연합은 오직 하나님의 말씀에 대한 믿음과 순종을 통해서만 가능하다.

이제 우리가 어느 방향으로 가야 할지가 분명해졌으니 개인적으로나 신자들의 공동체 전체로서나 우리의 전진을 막고 있는 크립토나이트의 정체를 밝히는 일로 돌아가 보자.

우리에게 무엇이 가능한지를 알기 전까지는 현재 우리가 누리고 있는 보잘것없는 것을 아무 불만 없이 당연하게 받아들일 수밖에 없다. 하지만 이번 장을 읽고 우리에게 무엇이 가능한지를 알게 되었을 것이다. 이제 선택만이 남아 있다. 지금까지 교회가 보여 온 약하고 무기력하고 영향력이 미미한 상태를 계속해서 당연하게 받아들일 것인가? 아니면 예수 그리스도의 위대하심을 온 세상에 똑똑히 보여 주는 강력한 삶을 필사적으로 추구할 것인가?

이 가능성을 믿기 전까지는 행동을 취할 수 없다. 그리고 행동이 없으면 평생 무기력하게 살다가 갈 수밖에 없다. 따라서 행동으로 나아가기 위한 첫 번째 단계는 우리의 삶을 향한 하나님의 말씀과 비전을 믿기로 선택하는 것이다.

에베소서는 예수님이 그분의 말씀으로 우리를 깨끗하게 씻겨 주신다고 말한다. 우리도 우리의 말로 이 일에 협력할 수 있다. 당신이 부름을 받은 강력한 삶에 관한 선포를 종이에 써 보라. "예수님이 내 세상을 변화시키기 위한 능력의 성령을 내게 부어 주셨다." "하나님이 불신자들을 전도할 수 있도록 내게 그분의 위대하심을 부어 주셨다." "나는 직장 동료들에게 영향을 미치고 일터를 변화시킬 수 있도록 기름부음을 받았다." 매일 스스로에게 이런 진리를 선포하면 행동을 취하기 위한 믿음이 점점 자라날 것이다.

KILLING
KRYPTONITE

Part 2

영적 크립토나이트를
어떻게 알아볼 수 있는가

- 정체를 감추고 숨어 있는 죄들

죄 를 그 대 로 품 고 서 도
괜 찮 다 는 착 각

이어지는 몇 장은 삼천포로 빠진 느낌이 들지도 모르겠다. 하지만 몇 가지 중요한 진리를 확립한 뒤에는 교회를 약화시키는 영적 크립토나이트를 계속해서 다룰 것이다.

전형적인 부부?

먼저 이야기 하나를 보자. 하나님과 우리 관계의 거룩한 배타성을 이보다 더 잘 보여 주는 이야기는 별로 없으리라 생각한다.

철수란 젊은이가 영희와 1년간 사귀었다. 철수의 눈에 영희는 너무도 아름답고 성격까지 좋은 완벽한 여자다. 철수는 영희에게 완전히 사랑에 빠져 평생을 함께할 여자라고 확신한다.

철수는 특별한 프러포즈를 계획한다. 분위기가 무르익자 철수는 무릎을 꿇고 작은 상자를 열어 영희에게 커다란 다이아몬드가 박힌 반지를 내민다.

영희는 완전히 넋이 나간다. 놀란 영희는 얼굴을 감싸고 기쁨의 눈물을 흘리기 시작한다. "나랑 결혼해 줄래?" 감정이 북받쳐 오른 영희는 철수의 프러포즈에 말을 하지 못하고 대신 고개를 몇 번이고 세차게 끄덕인다.

이후 몇 달간 동화책이나 나올 법한 행복한 순간이 계속된다. 사랑과 웃음, 모험, 장밋빛 미래의 계획으로 가득한 신혼여행을 마치고 행복한 결혼생활이 시작된다.

함께 살아보니 영희는 생각했던 것보다 더 괜찮은 여자다. 쾌활하고 똑똑하고 유머가 넘치며 시부모를 자기 부모처럼 헌신적으로 모시고 누구와도 잘 어울린다. 오히려 자신보다 더 나아 보인다. 상상력과 예술 감각도 남다르다. 매일같이 아내가 집안에 새로운 아름다움을 더해가는 모습에 철수는 행복에 겨워한다. 음식 솜씨도 뛰어난 데다 덤으로 청소도 잘한다. 당연히 철수는 이 여인과의 평생해로를 기대한다.

결혼한 지 몇 달 뒤, 결혼생활이 몸에 익을 무렵, 남편이 퇴근하고 집에 돌아온다. 평소처럼 아내가 버선발로 달려 나와 껴안고 키스 세례를 퍼붓기를 기대한다. 그런데 아내가 보이질 않는다. 거실에도 없고 주방에도 없다. 뒷마당도 뒤져본다. 마침내 침실에서 아내를 발견한다.

아내는 외출 준비를 하고 있다. 침실에는 로맨틱한 음악이 흐르고 어느새 익숙해진 아내의 향수 냄새가 코끝을 어루만진다. 아내는 화장을 마친 채 아름다운 외출복으로 갈아입고 있다. 연애 시절에 둘이 한 근사한 식당에 갈 때 입었던 옷이다.

아내는 방문 쪽으로 등을 향하고 있어 남편이 들어온 줄 모른다. 남편은 깜짝 놀란다. '저런, 오늘밤 외식을 하기로 했었나? 얼른 나가서 장미꽃다발이라도 사와야 하는 것 아닐까?'

남편은 활기차면서도 살짝 긴장한 투로 침묵을 깬다.

"여보!"

아내는 흠칫 놀라지만 이내 반가운 표정으로 대답한다.

"여보 왔어요?"

남편은 머리를 긁적이며 말한다.

"응, 그런데 아무래도 내가 중요한 걸 깜박했나봐. 혹시 오늘밤 우리가 외식하기로 했나?"

아내는 즉시 고개를 젓는다.

"아니에요."

남편은 재빨리 머리를 굴린다. 이내 아내가 깜짝 파티나 깜짝 외식을 계획했다는 결론을 내린다. 그 사이 아내는 옷을 다 입고 외출 준비를 마무리하고 있다. 남편은 완벽하게 차려입은 아내를 칭찬한다. "여보, 오늘밤 정말 멋져 보여!"

"고마워요, 여보."

무슨 상황인지를 여전히 모르는 남편이 아내에게 묻는다.

"나도 옷을 차려입을까?"

그러자 아내가 고개를 갸웃거리며 말한다.

"좋을 대로 해요."

여전히 상황 파악 중인 남편이 말한다.

"음, 자기가 이렇게 멋지게 입었는데 내가 작업복을 입고 있을 수는 없지."

어색한 대화를 참다못한 아내가 마침내 "아, 여보, 저는 오늘밤 외출할 거예요"라고 말한다.

하지만 남편은 여전히 상황을 파악하지 못하고 있다.

"아아, 그래서 나도 옷을 차려입겠다는 거잖아."

결국 아내가 상황 설명을 한다.

"여보, 그게 아니고요, 저는 갑수와 저녁을 먹고 영화를 볼 거예요. 같이 호텔에서 묵고 아침에 돌아올게요."

"갑수가 누구야?"

남편이 쏘아붙인다.

"고등학교 친구예요."

아내는 아무렇지도 않은 듯 대답한다.

"뭐라고? 절대 안 돼!"

"왜요?"

"우리는 결혼했잖아. 평생 한 사람만 바라보기로 약속했잖아. 그런데 다른 사람과 데이트라니, 말도 안 돼!"

아내는 황당하다는 표정을 짓는다.

"무슨! 저는 계속해서 친하게 지내는 남자친구가 많아요. 결혼했다고 해서 그 모든 관계를 끊으라고요? 그런 억지가 어디 있어요?"

"당연히 그래야지. 결혼하면 다 그렇게 해. 오직 한 사람에게만 헌신하지."

남편이 슬픔과 분노에 가득 찬 목소리로 말한다.

그러자 아내가 나름의 해명으로 남편을 달래려고 한다.

"여보, 흥분하지 말아요. 당신은 저의 가장 중요한 남자예요. 그래서 삶의 대부분을 당신과 보내는 거고요. 당신은 옛 남자친구들보다 훨씬 더 사랑해요. 다만 옛 남자친구들을 아예 보지 않는 것은 힘들어요. 오랫동안 가깝게 지낸 친구들이에요. 그 친구들을 여전히 사랑해요. 가끔씩 그 친구들과 즐기는 게 무슨 잘못인가요?"

과연 이 부부가 결혼생활을 이어갈 수 있을까?

초래된 심각한 상황

황당한 이야기라는 것을 잘 안다. 하지만 아내의 편을 들어서 몇 가지 질문을 해 보자. 남편이 영희가 가장 중요하게 여기는 남자가 맞지 않은가? 영희가 그 어떤 남자친구보다 남편을 사랑하지 않는가? 영희가 가정을 아끼지 않는가? 삶의 대부분을 남편과 보내지 않는가? 영희가 여러 모로 좋은 아내이지 않은가?

이런 식으로 생각해 보라. 철수는 가정을 생각하지도 않고 요리도 할 줄 모르는 게으른 여자와 결혼할 수도 있었다. 혼자 살 때보다 둘이 살면서 더 불행해질 수도 있었다. 그렇다면 철수는 아내에게서 너무 완벽을 기대하는 것일까? 단지 가끔 아내를 다른 남자들에게 빌려 주면 되는 것을, 너무 욕심을 부리는 것인가? 그렇게 해도 아내의 시간 중 90퍼센트는 자신의 차지가 아닌가? 그런데 왜 그렇게 화를 내는가?

물론, 상식적인 사람들에게 이것은 어처구니없는 질문들이다.

영희는 결혼의 기본을 모르고서 결혼한 것이 분명하다. 영희는 결혼이 오직 서로만 바라보겠다는 언약이라는 사실을 모르고 있다. 철수와 영희는 서로 다른 생각으로 결혼생활을 시작했다. 영희에게는 재미와 편의, 실용성이 중요했다. 남편과 행복하게 살면서도 가끔 다른 남자들과 즐기는 짜릿함도 맛보고 싶었다. 하지만 이런 시각은 거룩한 결혼의 언약에 위배된다.

한 여자가 결혼식장에서 아름다운 순백의 드레스를 입고 아버지의 손을 잡고 한 남자에게로 걸어가는 의식은 중요한 의미를 담고 있다. 그것은 한 남자를 제외한 세상 모든 남자들과의 친밀한 관계에 작별을 고하는 것이다. 모든 남자친구들과의 지난 관계에 종지부를 찍는 동시에 지금부터 그 어떤 남자와의 새로운 관계도 없다고 만인 앞에서 선언하는 것이다. 물론 앞에서 그녀를 기다리는 남자도 똑같은 선언을 하는 것이다.

자, 생각해 보라. 철수와 같은 상황에 처하면 당신은 어떻게 하겠는가? 혹은 결혼할 상대가 어느 날 결혼한 뒤에도 다른 남자들을 만나겠다고 선언하면 어떻게 하겠는가? 그래도 그 사람과 결혼하겠는가?

그런 굴욕을 당하면서까지 결혼할 사람은 없을 것이다. 나라면 당장 파혼을 하고 말 것이다.

이런 상황에서 우리가 왜 그토록 강하게 반응하는가? 답은 간단하다. 서로 다른 조건으로 언약을 맺고 싶지 않기 때문이다. 온전히 헌신하지 않는 사람과 평생을 약속하고 싶은 사람은 어디에도 없다.

우리는 이런 조건으로 결혼하지 않고, 결혼한 뒤에 이런 행동을 용납하지 않는다. 그렇다면 솔직히 답해 보자. "과연 예수님이 영희처럼 행동하는 신부를 위해 돌아오실까?" 잠시 책을 놓고 생각해 보라. 우리와 예수님의 관계는 남편과 아내와 관계에 비유된다. 바울은 다음과 같이 말한다.

그러므로 사람이 부모를 떠나 그의 아내와 합하여 그 둘이 한 육체가 될지니 이 비밀이 크도다. 나는 그리스도와 교회에 대하여 말하노라 (엡 5:31-32).

처음부터 하나님은 우리와 그분의 관계를 보여 주기 위해 결혼이란 제도를 만드셨다. 신약에서 예수님은 신랑으로, 교회는 그리스도의 신부로 묘사된다. 그런데 왜 우리는 우리의 신랑이신 분에 대해 영희와 같은 행동을 용인하고 심지어 때로는 권장하기까지 하는가? 사도 야고보는 이 문제를 더없이 분명하게 다루고 있다. 다음 구절은 크리스천에게만 해당되는 말씀이다.

구하여도 받지 못함은 정욕으로 쓰려고 잘못 구하기 때문이라. 간음한 여인들아, 세상과 벗된 것이 하나님과 원수 됨을 알지 못하느냐 그런즉 누구든지 세상과 벗이 되고자 하는 자는 스스로 하나님과 원수 되는 것이니라. 너희는 하나님이 우리 속에 거하게 하신 성령이 시기하기까지 사모한다 하신 말씀을 헛된 줄로 생각하느냐…하나님을 가까이하라. 그리하면 너희를 가까이하시리라. 죄인들아, 손을 깨끗이 하라. 두 마음을 품은 자들아, 마음을 성결하게 하라. 슬퍼하며 애통하며 울지어다. 너희 웃음을 애통으로, 너희 즐거움을 근심으로 바꿀지어다(약 4:3-5, 8-9절).

표현들이 하나같이 강하다. 사실, 불륜이 흔한 이 시대에는 너무 심한 표현처럼 보이기도 한다. 심지어 과장이 아닌가 싶기도 하다. 젊은 시절 나는 과장하는 나쁜 습관이 있었다. 비현실적으로 극단적인 결과나 크기, 사랑에 관한 선언을 하곤 했다. 그랬더니 어느 순간부터 가족과 친구들이 내 말을 진지하게 받아들이지 않기 시작했다.

아마 이런 실수를 한 번도 해 보지 않은 사람은 별로 없지 않을까 싶다. 처음 아이를 기르는 부모들은 "또 그렇게 하면 혼난다!"라는 말을 자주 한다. 이것이 한두 번은 먹히지만 부모가 실제로 혼내지 않으면 결국 아이는 부모의 말을 진지하게 받아들이지 않는다. 학교와 기업체, 정부기관, 언론, 친구 사이와 가족 안에서도 이런 일이 벌어진다. 우리는 우리를 보호하기 위한 경고의 말을 흘려들을 때가 너무도 많다.

안타깝게도 이런 태도가 성경의 경고들을 대하는 태도로까지 전이 되었다. 하지만 명심해야 한다. 하나님은 허언을 하시는 법이 없다. 언제나 말씀하신 그대로를 의미한다. 그리고 모든 성경이 하나님의 감동으로 되었다는 사실을 잊지 말아야 한다(딤후 3:16을 보라). 따라서 야고보서를 읽을 때도 하나님이 직접 말씀하시는 것으로 읽어야 한다.

내가 이번 장에서 한 말을 진정으로 받아들인다면 건강한 의미에서 떨 수밖에 없다. 하나님과 세상에 각각 한 발씩을 걸치고 있는 신자는 '간음한 여인'이다. 실로 강한 표현이다. 결혼한 사람이 아내나 남편에 저지를 수 있는 죄는 여러 가지다. 예를 들어 험담이나 거짓말, 도둑질, 고함, 무례함 등이 있다. 이 모든 죄가 관계에 해롭기 때문에 결코 가볍게 다뤄서는 안 된다. 하지만 그 무엇도 간음만큼 치명적이지는 않다. 이것이 철수가 영희에게 깊은 충격을 받고 불같이 노한 이유다. 철수는 지독한 배신감에 떨었다. 그런데 영희는 자신의 불륜이 왜 잘못인지를 전혀 이해하지 못했다.

사도 야고보는 계속해서 영적 간음을 저지르면 하나님의 원수가 된다고 말한다. 이것은 실로 심각한 상황이며, 우리가 초래한 상황이다. 하나님은 우리를 깊이 사랑하시기 때문에 우리가 그분의 원수가 되는 것을 추호도 바라시지 않는다. 하지만 세상의 것들과 방식들에 사랑을 주면 하나님의 원수가 될 수밖에 없다.

이런 말을 가볍게 여겨 무시해도 될까? 절대 아니다. 게다가 이런 말을 한 사람은 야고보만이 아니다. 나중에 보면 알겠지만 신약 기자 중에서 하나님의 은혜를 가장 많이 계시 받았던 바울도 같은 말을 했다. 사랑의 사도 요한도 마찬가지다. 베드로와 유다도 같은 말을 했다. 무엇보다도 예수님이 부활 후에 아시아 교회들을 향해 그런 말씀을 하셨다.

다음 장부터는 영적 간음이 어떻게 우리를 하나님의 원수로 만드는지 자세히 살펴볼 것이다. 계속해서 읽어 보면 알겠지만 이 태도와 행동이 바로 우리가 계속해서 논해 온 크립토나이트다.

○ 내 삶의 크립토나이트 제거하기 ○

하나님은 질투하시는 분이다. 우리 대부분이 성경을 통해 이 사실을 알고 있었지만 이것에 관해 깊이 고민해 본 크리스천은 별로 없다. 구약 시대에나 해당되는 이야기라고 생각하는 사람도 많다. 착각도 그런 착각이 없다. 더도 말고 예수님의 희생만 봐도 하나님의 사랑은 가장 신실한 신랑의 사랑임을 알 수 있다.

우리를 향한 하나님의 마음이 무덤덤하지 않고 질투할 정도로 사랑으로 불타오른다는 사실이 얼마나 감사한가. 우리도 같은 열정과 헌신으로 하나님을 사랑할 은혜를 달라고 기도해야 한다. 이것만이 진정한 친밀함이 싹틀 수 있는 유일한 길이다.

오늘 당신의 마음을 솔직하게 들여다보라. 예수님을 향한 당신의 사랑은 얼마나 배타적인가? 당신의 삶 속에 하나님에 대한 간음으로 변할 수 있는 다른 사랑이 있는지 밝혀 달라고 성령께 요청하라. 혹시 그런 사랑이 보인다면 필요한 변화를 단행하라. 오늘 하나님과의 관계를 돌아보고, 마치 혼인서약을 새로 하는 것처럼 그분께 새롭게 헌신하라.

2

영적 간음으로
우리를 유혹하는 우상 숭배

사도 야고보의 말("간음한 여인들아, 세상과 벗된 것이 하나님과 원수 됨을 알지 못하느냐?")은 무척 강하다. 그래서 요즘 교회나 집회, 개인적인 토론 속에서 좀처럼 이 말을 듣기 힘들다. 하지만 이 말을 무시할 수는 없다. 게다가 이런 말은 야고보서에서만 나타나는 것이 아니라 성경 곳곳에서 심심치 않게 발견된다.

자, 야고보의 경고를 자세히 분석해 보자. 그렇게 하면 찜찜하게 남아 있던 혼란이나 두려움이 말끔히 사라질 것이다. 그 경고의 전문을 다시 보자.

> 간음한 여인들아, 세상과 벗된 것이 하나님과 원수 됨을 알지 못하느냐? 그런즉 누구든지 세상과 벗이 되고자 하는 자는 스스로 하나님과 원수 되는 것이니라(약 4:4).

첫째, 하나님이 우리에게 원수가 되신 것이 아니다. 우리가 하나님께 원수가 된 것이다. 어떤 경우든 안타깝기 짝이 없지만 둘 사이에는 분명한 차이가 있다.

살다보면 일방적인 시비로 발생한 갈등을 한 번쯤은 보게 된다. 한쪽이 막무가내로 싸움을 거는 바람에 다른 쪽이 내키지 않는 싸움에 어쩔수 없이 휘말리는 경우가 있다. 예를 들어, 1941년 일본은 진주만을 폭격함으로써 미국의 원수가 되었다. 미국은 이 전쟁을 선택하지도 원하지도 않았다. 하지만 일본은 불필요한 그 도발로 인해 결국 더 강한 나라의 진노를 당하고 말았다.

바로 이것이 야고보가 하려는 말이다. 하나님은 사람들, 특히 그분의 자녀들과 반목할 마음이 추호도 없으시다. 하지만 우리가 끝까지 세상과 편을 먹으면 굳이 이 갈등을 피하시지는 않는다. 여기서 "원수"에 해당하는 헬라어들은 각각 '에크드라'(echthra)와 '에크드로스'(echthros)다. 둘 다 같은 의미다. 단지 '에크드라'는 명사이고 '에크드로스'는 형용사란 차이만 있다.

번역가들이 너무 강한 단어를 선택한 것일까? "원수"에 해당하는 원문의 단어들은 분위기가 좀 더 약할까? 전혀 그렇지 않다. 한 헬라어 사전은 이런 단어를 원수, 원한, 적대감으로 정의한다(CWSB). "누군가와 원한을 맺고 사는 것"(BDAG)이나 "누군가와 원한을 맺은 상태"(LOUWNIDA)로 정의하는 사전들도 있다. 이렇게 세 가지 사전의 정의를 제시한 것은 이 구절에서 "원수"가 아닌 다른 단어를 사용할 이유가 없다는 점을 확실히 보여 주기 위함이다. 이 경고의 심각성을 분명히 아는 것이 중요하다.

다른 면에서도 이 경고의 심각성을 확인할 수 있다. 야고보가 이 경고를 기록한 뒤에 "그런즉"(다시 말해)이라고 쓴 것은 그만큼 중요하다는 뜻이다. 똑같은 말을 되풀이하는 것은 옛 히브리에서 흔히 사용되던 글쓰기 기법이다. 신약이 대부분 헬라어로 쓰였지만 기자는 어디까지나 히브리인 사도들이었다.

보통 우리는 매우 중요한 단어나 문장을 강조할 때 몇 가지 방법을 사용한다. 예를 들어, 굵은 글씨로 쓰거나 밑줄을 긋거나 느낌표를 더한다. 하지만 히브리인 저자들은 단어나 문장을 강조할 때 두 번 쓰는 방식을 사용했다. 그리고 그들은 함부로 강조하지 않았다. 절대 과장하는 법이 없었다.

따라서 야고보의 경고는 심각한 경고이며, 꼭 필요해서 강조된 것이다. 다시 말해, 절대 무시해서는 안 된다.

간음한 여인들

야고보는 구체적으로 누구를 "간음한 여인들"이라 부른 것일까? 첫째, 여기서 그는 온 인류가 아니라 신자들만을 지칭한 것이다. 그가 자신의 책에서 몇 번이나 "내 사랑하는 형제들아"라고 말한 것을 보아 알 수 있다. 둘째, 불신자가 하나님에 '대해' 간음하는 것은 불가능하다. 불신자는 애초에 하나님과 언약의 관계를 맺지 않았으니까 말이다.

이렇게 생각하면 간단하다. 나는 아내와 결혼했다. 따라서 옆집 아줌마에 '대해' 간음을 저지를 수 없다. 옆집 아줌마와 나는 혼인의 관계로 맺어지지 않았기 때문이다.

하나님에 '대해' 간음을 저지를 수 있는 사람들은 오직 예수 그리스도를 구주로 영접한 사람들뿐이다. 다른 사람들은 애초에 하나님과 상관이 없다. 불신자들은 언약의 관계 안에 있지 않고 하나님에게서 멀어져 있다.

"간음한 여인들"에 해당하는 헬라어는 여성명사인 '모이코스'(moichos)다. 하지만 야고보서의 전체 배경을 보면 야고보는 모든 신자에게 말한 것이 분명하다. 성경 주석가들은 야고보가 여성만을 겨냥해서 말한 것이 아니라고 입을 모은다. 단, "간음한 여인들"이라는 여성명사가 성경 전체의 흐름과 잘 어울린다. 하나님은 그분이 신랑이고 우리가 신부라는 결혼의 이미지를 자주 사용하시기 때문이다.

구약의 선지자들도 이 이미지를 자주 사용했다. 예를 들어 이사야가 그랬다. "너를 지으신 이가 네 남편이시라 그의 이름은 만군의 여호와이시며"(사 54:5). 하지만 이스라엘은 우상 숭배라는 간음을 저질러 하나님에 대한 순결을 잃었다. 에스겔은 하나님의 진노를 기록했다. "간음하고… 여인을 심판함 같이 너를 심판하여"(겔 16:38). 하나님은 예레미야를 통해서도 이렇게 말씀하셨다. "아내가 그의 남편을 속이고 떠나감 같이 너희가 확실히 나를 속였느니라. 여호와의 말씀이니라"(렘 3:20).

호세아 선지자의 경우에는 아예 사역 전체가 남편에 대한 아내의 부정을 묘사하는 것이었다. 호세아는 창녀와 결혼하라는 명령을 받았다. 그의 삶은 하나의 설교였다. 이 설교에서 호세아는 하나님을 그의 아내 고멜은 그분의 백성들을 의미한다. 하나님은 이스라엘의 우상 숭배가 한 명이 아니라 여러 명의 애인을 둔 여자의 난잡한 간음과 다를 바 없다는 점을 분명히 보여 주고자 그런 명령을 내리셨다. 이스라엘은 '간음한 여인'이었다.

세례 요한도 결혼의 비유를 이어간다. "신부를 취하는 자는 신랑이나 서서 신랑의 음성을 듣는 친구가 크게 기뻐하나니"(요 3:29). 여기서도 신랑은 예수님이시고 신부는 하나님의 백성들이다.

예수님도 결혼의 비유를 사용하여 하나님의 백성들을 "악하고 음란한 세대"로 부르셨다(마 12:39; 16:4를 보라). 여기서 예수님이 "음란한"에 대해 사용하신 단어도 남성형이 아니라 여성형이다.

사도 바울도 이 비유를 이어받아 우리가 신부고 예수님은 신랑이라고 말했다(엡 5:31-32). 이처럼 구약과 신약을 막론하고 성경은 계속해서 하나님의 백성들을 하나님의 신부로 묘사한다. 따라서 야고보가 "간음한 여인들"이라는 여성명사를 사용한 것은 성경의 주된 패턴과 일치한다.

우상 숭배는 간음이다

구약에서 유다나 이스라엘이 하나님께 간음을 저질렀다는 말이 나올 때마다 그것은 언제나 우상 숭배를 지적한 것이다. 이스라엘 백성들은 하나님에 대한 정조를 지키지 못했다. 그런데 우상 숭배 하면 우리는 흔히 신상이나 제단, 신전을 떠올린다. 하지만 예수님이 말씀하신 간음은 다른 신의 조각상 앞에 절하는 것이 아니었다. 예수님은 기적을 보여 메시아임을 증명해 보이라는 요구를 지적하신 것이었다.

하나님의 백성들이 간음을 저질렀다는 야고보의 지적도 조각상이나 제단, 신전을 짓는 것과 상관이 없었다. 흥미롭게도 야고보가 지적한 간음은 바울이 고린도교회에 대해 지적한 행위들과 거의 비슷했다. 즉 형제자매를 차별하고(약 2:1-13) 남들을 험담하며(약 3:1-12) 시기와 질투, 이기적인 욕심을 부리고(약 3:13-18) 자신의 쾌락을 추구하는 것(약 4:1-3)이 모두 우상 숭배다.

그렇다면 여기서 성경의 연속성이 깨진 것인가? 지금 하나님의 백성들은 우상 숭배가 아닌 다른 잘못으로 간음을 저지르고 있는 것인가? 전혀 그렇지 않다. 이 모든 것은 하나로 연결되어 있다.

지금 현대 교회는 예수님과 바울, 야고보를 비롯한 신약 기자들의 경고를 무시하고 있다. 간단히 말해, 우리는 우상 숭배를 단순히 이방 신들의 조각상과 제단, 신전에 절하는 것으로 단순화시키고 있다. 그렇지 않다. 현대 기독교는 우상 숭배에 빠져 있다. 우리의 우상 숭배는 신전과 조각상, 제단을 짓는 국가들만이 아니라 훨씬 더 광범위하게 퍼져 있다.

여기서 나의 의도는 우상 숭배가 우리 문화 속에 팽배해 있을 뿐 아니라 그것이 유다와 이스라엘의 성공을 방해했던 것과 같은, 바울이 고린도교회 안에서 발견했던 것과 같은, 야고보를 비롯한 신약의 기자들이 지적했던 것과 같은 크립토나이트라는 점을 보여 주는 것이다. 지금도 똑같은 크립토나이트가 크리스천 개인들과 교회 공동체로 하여금 죽어가는 불신의 세상에 하나님의 위대하심을 제대로 드러내지 못하도록 방해하고 있다.

세상의 동기

이 우상 숭배를 본격적으로 다루기에 앞서, 야고보의 강력한 진술을 계속해서 살펴보자. 야고보는 "정욕으로 쓰려고 잘못 구하기 때문이라"라고 단도직입적으로 지적한 뒤에 그런 동기를 "세상"의 편에 서는 것과 연결시킨다. 이것이 신약 전체를 관통하는 주제 가운데 하나다. 요컨대 세상은 자기 욕심으로 움직인다. 사도 요한은 다음과 같은 표현을 사용한다.

> 이는 세상에 있는 모든 것이 육신의 정욕과 안목의 정욕과 이생의 자랑이니 다 아버지께로부터 온 것이 아니요 세상으로부터 온 것이라 (요일 2:16).

이 본문에서 바울은 세상에 있는 '모든 것'을 하나로 정의하고 있다. 세상에 우상이 각양각색이지만 모든 우상이 이 구절의 범주 중 하나로 들어간다. 세상과의 간음은 곧 오감에 즐거운 것이나 하나님 외에 자존감의 욕구를 채워주는 다른 것을 향한 '강렬한 정욕'에 빠지는 것이다. 다시 말해, 간음은 곧 '교만'이다.

메시지 성경은 "매번 자기 마음대로 하려고" 하는 것이라는 표현을 사용한다. 이것이 세상의 태도다. "무엇이 내게 좋은지는 내가 가장 잘 알아. 나는 그것을 원해." 세상은 늘 그렇게 외친다.

아이러니는 하나님이 우리에게 좋은 것을 간절히 원하신다는 것이다. 우리 모두는 이 진리를 마음에 깊이 새겨야 한다. 왜냐하면 세상은 우리를 하나님에게서 빼앗으려고 유혹하는 극도로 매력적인 이성과도 같기 때문이다. 세상은 자신이 주는 것이 하나님이 예비하신 것보다 훨씬 좋다는 착각으로 우리를 유혹한다. 이것이 야고보서가 다음과 같이 강력하게 권고한 이유다.

내 사랑하는 형제들아, 속지 말라. 온갖 좋은 은사와 온전한 선물이 다 위로부터 빛들의 아버지께로부터 내려오나니(약 1:16-17).

야고보는 세상의 꾐에 속거나 끌리지 말라고 신신당부한다. 그의 메시지는 단순명쾌하다. "하나님을 떠나서는 너희에게 좋은 것이 하나도 없다." 이 진리를 마음에 단단히 새겨야 세상에 휩쓸리지 않는다. 얼마나 좋고 유익하고 재미있어 보이는지는 중요하지 않다. 사회에서 용인되고 상식적으로 보이고 인기가 있는지는 상관없다. 하나님의 기록된 말씀에 반한다면 무조건 우리에게 좋지 않다. 그런 것은 결국 우리를 원치 않는

곳으로, 궁극적으로는 죽음으로 인도한다. "어떤 길은 사람이 보기에 바르나 필경은 사망의 길이니라"(잠 14:12).

세상과의 간음으로 가는 길은 사람마다 다르지만 그 모든 길에는 한 가지 공통점이 있다. 얼핏 옳고 좋고 유익하고 생산적이고 상식적이고 지혜로워 보인다는 것이다. 하지만 성경의 전반적인 조언과 상반된다면 그 끝은 결국 죽음이다.

나는 바로 이것이 하나님이 다음과 같이 경고하신 이유라고 생각한다.

> 이제 아들들아, 내 말을 듣고 내 입의 말에 주의하라. 네 마음이 세상의 길로 치우치지 말며 그 길에 미혹되지 말지어다. 대저 세상이 많은 사람을 상하여 엎드러지게 하였나니 세상에게 죽은 자가 허다하니라. 세상의 집은 스올의 길이라 사망의 방으로 내려가느니라(잠 7:24-27, 음녀와 그를 세상으로 바꿨다).

솔로몬은 성적 타락에 대한 경고로서 위의 구절을 썼지만 여기에는 더 깊은 선지자적 메시지가 숨어 있다. 세상의 꾐을 조심하라! 세상의 힘들은 강력하고도 매혹적이다. 왜 이스라엘과 유다를 비롯한 수많은 나라가 그토록 쉽게 죽음을 맞았는가? 이런 힘이 더 이상 존재하지 않는다는 생각은 너무 순진한 생각이 아닐까? 다음 장부터는 이런 힘이 얼마나 실질적이고 널리 퍼져 있는지를 적나라하게 보여 줄 것이다.

간음을 저지르기로 작정하고 결혼을 하는 사람은 아무도 없다. 혼인 서약이 쉬운 서약은 아니지만 신랑과 신부는 최선을 다해 그 서약을 지킬 생각으로 결혼을 한다. 그렇다면 왜 그토록 많은 가정이 간음으로 흔들리고 무너지는가? 원인은 복합적이지만 어쨌든 관계를 망가뜨리는 힘들을 제대로 막아내지 못한 탓이다.

하나님과의 관계는 말 그대로 우리의 생명이다. 하나님을 떠나서는 생명이 없다. 하지만 세상은 자꾸만 하나님에 대한 간음으로 우리를 유혹한다. 가장 좋은 방어책은 전심으로 하나님을 찾는 것이다.

어떻게 해야 당신의 마음을 하나님께로 온전히 향하게 유지시킬 수 있을까?

당신의 하루 스케줄은 어떠한가? 하나님을 위한 시간을 챙기고 있는가? 하나님의 말씀을 읽고 기도하고 금식할 시간을 내고 있는가? 교회나 일터, 지역사회 안에서 하나님을 섬길 기회를 열심히 찾고 있는가? 직장을 예배의 자리로 삼고 있는가? 간음에 빠지지 않도록 하나님의 관계를 가꾸기 위한 방법 한 가지를 결정하라. 계획을 세워 실천하기 시작하라.

3

하 나 님 보 다 다 른 것 을
더 갈 망 할 때

우상 숭배의 미스터리를 풀어 보자. 쉽지도 않고 시간도 많이 걸리겠지만 이것을 알고 나면 많은 것을 깨달을 수 있고 여러 면에서 유익하다. 무엇보다도 영적 크립토나이트를 알아보는 눈이 좋아진다. 먼저 그 뿌리부터 들여다 보자.

첫 장에서 살폈듯이 하나님은 우리에게 "영원을 사모하는 마음을" 주셨다(전 3:11). 이 땅의 모든 인간은 이런 속성을 타고났다. 그런 의미에서 바울은 이렇게 말했다. "율법 없는 이방인(불신자들)이 본성으로 율법의 일을 행할 때에는 이 사람은 율법이 없어도 자기가 자기에게 율법이 되나니 이런 이들은 그 양심이 증거가 되어 그 생각들이 서로 혹은 고발하며 혹은 변명하여 그 마음에 새긴 율법의 행위를 나타내느니라"(롬 2:14-15).

모든 사람은 본능적으로 하나님의 도를 안다. 그것은 그 도가 태어날 때부터 우리의 양심에 기록되어 있기 때문이다. 우리 부부는 네 아이를 키우면서 이 사실을 두 눈으로 똑똑히 확인했다. 아직 하지 말아야 할 행동에 관한 교육을 받지 못한 유아들도 동생을 때리거나 음식을 집어던지거나 부모에게 짜증을 내는 식으로 나쁜 행동을 하고 나면 알아서 잘못한 표정을 짓는다.

하나님에 관한 지식은 각 사람의 마음속에 있을 뿐 아니라 모든 피조물을 통해 분명히 드러난다.

> 이는 하나님을 알 만한 것이 그들 속에 보임이라 하나님께서 이를 그들에게 보이셨느니라…그의 영원하신 능력과 신성이 그가 만드신 만물에 분명히 보여 알려졌나니 그러므로 그들이 핑계하지 못할지니라 (롬 1:19-20).

이 두 구절에서 이탤릭체로 강조된 단어들을 유심히 보라. "보이셨느니라." "분명히 보여." 그래서 "핑계하지 못할지니라." 하나님을 모르는 데 대한 변명은 통하지 않는다. 하나님은 정직하고 진리를 갈망하는 모든 사람에게 스스로를 보여 주셨다.

혹시 이런 말을 들어본 적이 있는가? "하지만 아프리카의 오지에 살아서 하나님에 관해 한 번도 들어보지 못한 사람은 어떻게 하는가? 그들이 어떻게 구원을 받을 수 있겠는가? 하나님이 어찌 그들에게 영벌을 내리실 수 있는가?"

이런 질문은 이미 알고 있는 사실을 부인하거나 알고 싶지 않은 진실을 외면하기 위한 변명일 뿐이다. 양심으로는 하나님이 실재하심을 알면서도 그 진실을 거부하는 것이다. 하나님에 관한 지식이 진리를 찾는 모든 이에게 열려 있다는 사실을 애써 부인하는 것이다. 이런 질문을 하는 사람들은 가슴에 손을 얹고 솔직히 자신을 돌아보면 자신이 하나님을 거부하고 있다는 사실을 인정할 수밖에 없다. 시편 기자도 피조세계가 끊임없이 하나님을 선포하고 있다고 말한다.

> 하늘이 하나님의 영광을 선포하고 궁창이 그의 손으로 하신 일을 나타내는도다. 날은 날에게 말하고 밤은 밤에게 지식을 전하니 언어도 없고 말씀도 없으며 들리는 소리도 없으나 그의 소리가 온 땅에 통하고 그의 말씀이 세상 끝까지 이르도다(시 19:1-4).

하나님의 위대하심에 관한 지식은 매일, 매시간, 매분, 매초 온 세상 구석구석에서 끊임없이 선포되고 있다. 아프리카 오지에서 세상과 단절된 채 살아가는 사람들에게까지도 분명하게 선포되고 있다. 하나님의 존재를 모르는 것처럼 스스로를 속인 채 살아갈 수도 있지만 진리는 태어나는 순간부터 우리 모두의 마음속에 심어져 있을 뿐 아니라 매일 밤낮으로 끊임없이 우리를 향해 선포되고 있다. 억지로 양심을 억눌러 스스로를 속이지 않는 이상 하나님의 실재를 모를 수는 없다.

결정적인 순간

인간의 결정적인 순간은 살아 계신 하나님을 추구할 것인가 아니면 우상으로 이 갈망을 '달래고' 자신의 양심을 마비시킬 것인가 둘 중 하나를 선택하는 순간이다. 필시 이 말에 고개를 갸웃거리는 독자가 있을 것이다. "문명사회에서 사는 나는 우상과 상관이 없어. 내 주변에는 신상이나 신전 같은 것이 전혀 없어." 조금만 기다리면 문명사회에도 각종 신이 존재한다는 것을 똑똑히 보여 주겠다. 문명사회도 미개사회와 전혀 다를 바가 없다.

이런 신이 어디서 생겨났을까? 이 모든 신을 인류가 만들어냈다. 인간은 하나님에 관한 의식을 타고났으며 그분께 인정을 받으려는 욕구를 충족시키지 않고는 배길 수 없다. 그런데 안타깝게도 많은 인간이 제멋대로 다른 신을 지어내 그 신에게서 원하는 것을 얻어내려고 하는 동시에 자신의 타고난 예배 욕구를 푼다. 이제 바울의 말을 들어보자.

> 하나님을 알되 하나님을 영화롭게도 아니하며 감사하지도 아니하고 오히려 그 생각이 허망하여지며 미련한 마음이 어두워졌나니 스스로 지혜 있다 하나 어리석게 되어 썩어지지 아니하는 하나님의 영광을 썩어질 사람과 새와 짐승과 기어 다니는 동물 모양의 우상으로 바꾸었느니라(롬 1:21-23).

여기서 초점은 우상의 형상을 만드는 것이다. 그것은 더 깊은 문제의 증상일 뿐이다. 그 문제는 바로 하나님을 신으로 예배하지 않는 것이다. 이 대목에서 참된 '예배'(worship)가 무엇인지를 확실히 정립할 필요성이 있다. 잔잔한 찬양을 인도하는 워십 팀을 떠올렸다면 번지수를 완전히 잘못 짚었다. 참된 예배의 가장 본질적인 정의는 찬양이 아니라 '순종'이다.

저자로서 나름 몇 권의 책을 출간하다보니 일반인들에게 전혀 생소한 단어를 처음 사용할 때는 처음부터 확실히 정의하고 넘어가든가 문맥에서 의미가 잘 전달되게끔 사용해야 한다는 점을 배웠다. 다른 저자들도 비슷할 것이다. 이 점에서는 하나님도 다르시지 않다.

성경에서 '예배'란 단어가 처음 사용된 구절은 창세기 22장 5절이다. 이 구절은 아브라함이 종들에게 아들 이삭과 함께 산에서 무엇을 할지 말하는 장면이다. "내가 아이와 함께 저기 가서 예배하고." 아브라함은 무엇을 하려고 산에 올라갔을까? 하나님께 찬양을 불러드리려고? 아니면 악기 연주자들과 싱어들을 모아 찬양 집회를 열려고? 전혀 아니다. 아브라함은 사흘 전에 내려온 하나님의 지시(독자를 희생제물로 바치라는 지시)에 '순종하기' 위해서 산에 오른 것이었다.

로마서 1장 21절을 보면 하나님을 영화롭게 한다는 표현이 나온다. NLT성경은 이에 대해 "예배"란 단어를 사용한다. 이 두 단어는 서로 관련이 있다. 즉 우리가 순종하면 하나님을 영화롭게 하는 것이고 순종하지 않으면 그분을 모욕하는 것이다. 아무리 입으로 찬양하고 온갖 미사여구를 동원해도 하나님이 원하시는 대로 행하지 않으면 그분을 모욕하는 것이다. 그것은 예배와 전혀 거리가 멀다.

하나님이 그분의 백성들에게 이렇게 말씀하시던 시절이 있었다. "내가 너희 절기들을 미워하여 멸시하며 너희 성회들을 기뻐하지 아니하나니… 네 노랫소리를 내 앞에서 그칠지어다. 네 비파 소리도 내가 듣지 아니하리라. 오직 정의를 물 같이, 공의를 마르지 않는 강 같이 흐르게 할지어다"(암 5:21, 23-24).

공의는 하나님의 권위에 대한 순종이다. 우리 멋대로 정한 경건한 삶이 아니다. 구약 시대에 하나님은 모세에게 올바른 제사에 관한 지시를 내리셨다. 그 지시에 따라 하나님의 백성들이 예배의 형태로 그분께 드릴 수 있는 다양한 희생제물이 있었다. 예를 들어, 어린 양(출 29:39-41을 보라)에서 수송아지(출 29:10-14를 보라)와 곡식(출 29:41을 보라)까지 다양했다. 장막과 성전에서 예배의 한 형태로 유향이라고 하는 신성한 향을 태우는 방법도 있었다(레 2:2를 보라). 그런데 어느 날 하나님은 뜻밖의 말씀을 하셨다.

무릇 마음이 가난하고 심령에 통회하며 내 말을 듣고 떠는 자 그 사람은 내가 돌보려니와 소를 잡아 드리는 것은 살인함과 다름이 없이 하고 어린 양으로 제사드리는 것은 개의 목을 꺾음과 다름이 없이 하며 드리는 예물은 돼지의 피와 다름이 없이 하고 분향하는 것은 우상을 찬송함과 다름이 없이 행하는 그들은 자기의 길을 택하며 그들의 마음은 가증한 것을 기뻐한즉(사 66:2-3).

먼저 하나님은 누가 복을 받는지를 알려 주신다. 바로, 그분의 말씀을 듣고 떠는 사람이다. 이는 순종을 삶의 최우선사항으로 삼은 사람을 의미한다. 이런 사람은 하나님이 관심을 쏟아 돌보아주신다.

이어서 하나님은 자신의 뜻을 예배하는 자들을 지적하신다. 그들의 예배 행위는 용납되지 않는 수준을 넘어 살인, 개 제물, 돼지의 피, 우상 숭배와 동일하게 취급을 받았다. 이 모든 행위는 하나님의 눈에 혐오스러운 것이었다. 이런 혐오스러운 것을 바치거나 살인을 저지른 자는 이스라엘 공동체에서 추방되거나 사형에 처해졌다. 하나님이 그들의 예배를 이런 행위에 빗댈 정도면 그 예배는 전혀 예배가 아니었던 셈이다. 출애굽기와 레위기에 기록된 예배에 관한 지시 사항을 그대로 따랐음에도 전혀 예배라고 할 수 없었다.

메시지 성경은 이 구절을 이렇게 번역한다. "너희의 예배는 죄 짓는 행위나 다름없다."

그들이 하나님의 언약 백성이었다는 사실을 기억해야 한다. 그들은 하나님의 약속을 받은 자들이었다. 그런데 왜 그토록 무시무시한 말씀을 들어야 했을까? 그것은 자신의 뜻을 예배하고 하나님의 뜻에 순종하지 않았기 때문이다. 순종의 기초를 갖추지 못하면 우리의 예배는 전혀 예배라고 할 수 없다. 성경은 분명 "너희가 순종하는 자식처럼" 살아야 한다고 말했다(벧전 1:14).

바울이 지적한 다른 근본 문제는 하나님께 감사하지 않는 태도다. 스스로 어느 정도 부와 명예를 누릴 자격이 있다고 생각하는 사람은 감사를 모른다. 뭐든 자신이 목표와 계획을 세워 피땀 흘려 이룩한 것이라는 생각은 곧 교만이며, 교만한 사람은 절대 감사하지 않는다.

중대한 행동

순종하고 영화롭게 하고 감사하려는 우리 안의 갈망을 하나님이 아닌 다른 것으로 향하는 이런 태도가 개인이나 공동체, 국가 내에 우상 숭배를 일으킨다. 바울의 말을 들어보자.

> 그러므로 하나님께서 그들을 마음의 정욕대로 더러움에 내버려 두사 그들의 몸을 서로 욕되게 하게 하셨으니 이는 그들이 하나님의 진리를 거짓 것으로 바꾸어 피조물을 조물주보다 더 경배하고 섬김이라 주는 곧 영원히 찬송할 이시로다 아멘(롬 1:24-25).

다시 말하지만 이 모든 것의 원인은 하나님께 순종하고 감사하지 않는 태도다. 타락한 자기 본성의 소욕을 예배하는(순종하는) 사람들. 창조자가 아니라 창조된 것, 이제는 저주를 받아 망가진 것에 복종하는 사람들. 그런 사람들이 지혜로워 보이지만 실상은 어리석은 자들이다. 세상이 정상으로 보는 것은 사실상 정상이 아니다. 이제는 세상이 거꾸로 되어, 진정으로 선한 것은 악한 것으로 취급을 받고 진정으로 악한 것은 선한 것으로 취급을 받고 있다. 바울의 글을 계속해서 읽어보자.

이 때문에 하나님께서 그들을 부끄러운 욕심에 내버려 두셨으니(롬

1:26).

이 구절 이후에 바울은 몇 구절에 걸쳐 하나님에 대한 22가지 죄를 나열한다. 예를 들어, 살인, 중상모략, 미움, 탐욕, 부모에 대한 거역, 동성애다. 그런데 바울은 이 대목의 43퍼센트 정도를 동성애 문제에 할애하고 있다. 나머지 21가지 죄에 대해서는 추가적인 설명 없이 간단히 지적하고만 넘어간다. 왜일까? 하나님이 동성애를 특별히 중죄로 취급하시는 것인가? 동성애자들을, 여타 죄를 짓는 사람들보다 더 악한 죄인으로 취급해도 좋다는 뜻일까? 전혀 그렇지 않다. 단지 하나님은 동성애에 끌리는 것이 우상 숭배로 치닫는 사회의 가장 확실한 증거 중 하나라는 점을 보여 주신 것이다. 바울의 말을 다시 들어보자.

이 때문에 하나님께서 그들을 부끄러운 욕심에 내버려 두셨으니 곧 그들의 여자들도 순리대로 쓸 것을 바꾸어 역리로 쓰며 그와 같이 남자들도 순리대로 여자 쓰기를 버리고 서로 향하여 음욕이 불 일듯 하매 남자가 남자와 더불어 부끄러운 일을 행하여 그들의 그릇됨에 상당한 보응을 그들 자신이 받았느니라(롬 1:26-27).

하나님을 인정하며 하나님께 감사하고 순종하기를 멈춘 사회는 성 도착, 특히 동성애를 인정하고 결국 지지하게 된다. 바울은 이런 행동이 부끄럽고 부자연스럽다고 말한다.

진실을 거짓으로 바꾸다 결국 성적 혼란이 벌어지고 있다.

2017년 〈내셔널 지오그래픽〉(National Geographic)지는 '성 혁명'이라 명명한 현상을 조명하는 데 1월호를 통째로 할애했다. 편집자들은 인간이 만든 다양한 성 정체성을 대표하는 사람들을 취재하고, 유수한 대학의 전문가들에게 인간의 성에 관한 자문을 구했다. 잡지는 다양한 성적 취향을 지칭하는 용어들을 사용했다. 예를 들어, 에이젠더(agender), 퀴어(queer), 안드로진(androgyne), 트랜스젠더(transgender), 시스젠더(cisgender), 젠더퀴어(genderqueer), 인터섹스(intersex), 스트레이트(straight), 바이젠더(bi-gender), 인터섹스 논바이너리(intersex nonbinary), 트랜스보이(transboy), 트랜스걸(transgirl) 등이다. 왠지 세련된 용어처럼 들리지만 모두 어리석음과 기만에 속한 것일 뿐이다.

이런 용어를 사용하는 사람들은 지식층이요 전문가로 대접을 받는다. 이런 방향으로 흐르는 사회의 미래는 어떻게 될까? 연구에 따르면 미국 정부는 성 정체성과 동성애 문제를 다루는 데 2천억 달러를 쏟아 부었다고 한다. 2천억 달러면 얼마나 많은 기회를 창출할 수 있는지 상상해 보라. 학교 시설들을 개선하고 경찰력을 강화하고 공항을 비롯한 공공시설들을 확충하고 무엇보다도 노숙자와 싱글맘, 장애인들을 돕는 데 그 돈을 사용했다면 얼마나 좋았을까? 그 많은 돈이 하나님의 창조 섭리에 반하는 성적 취향을 위해서 사용되었다. 성경은 처음부터 "하나님이…사람을 창조하시되 남자와 여자를 창조하시고"라고 분명히 선포한다(창 1:27). 하나님이 우리의 성을 결정하셨다. 하나님은 우리를 사랑하시기 때문에 무엇이 우리에게 좋은지를 정확히 알고서 그렇게 결정하신 것이다.

이 모든 일이 지혜라는 이름으로 행하지고 있지만 실상은 어리석기 짝이 없는 자원 낭비일 뿐이다. 무엇보다도 잘못된 행동을 부추기고 사람들을 창조 섭리에서 벗어난 삶의 노예로 전락시키니 큰 문제가 아닐 수 없다.

우리 사회는 이것이 '인권' 문제라는 거짓말에 속고 있다. 그로 인해 극소수의 개인들이 이 문제를 제멋대로 인종이나 성 차별과 연관시키고 것이 당연하게 여기고 있다. 물론 인권은 보호해야 한다. 하지만 스스로를 창조된 모습과 다르게 보는 사람들을 용인하는 것은 인권 보호가 아니다.

이 어처구니없는 행동은 바울이 오래 전에 예언한 것이다. 바울은 우리가 하나님께 진정으로 예배하고(순종하고) 감사하지 않으면 이런 불경한 일이 벌어질 것이라고 분명히 예언했다. 그런데 왜 교회의 리더들은 나서서 이것이 잘못된 생각이고 행동이라고 분명히 말하지 않는가? 우리는 진실을 두려워하고 거짓과 기만을 수용해 왔다. 우리는 우상 숭배로 흐른 지 오래 되었다. 그 사이에 이것이 우리나라에 깊이 뿌리를 내리고 말았다.

사회는 이것을 진보라고 말할지 모르지만 이것은 분명 어리석음으로의 퇴보다. 바울의 글은 아주 오래 전에 쓰였음에도 성적 왜곡의 뿌리가 우상 숭배라는 점을 정확히 짚어내고 있다. 이어서 바울은 그 결과들을 나열한다.

또한 그들이 마음에 하나님 두기를 싫어하매 하나님께서 그들을 그 상실한 마음대로 내버려 두사 합당하지 못한 일을 하게 하셨으니 곧 모든 불의, 추악, 탐욕, 악의가 가득한 자요 시기, 살인, 분쟁, 사기, 악독이 가득한 자요 수군수군하는 자요(롬 1:28-31).

눈을 씻고 찾을 필요도 없다. 사례 연구를 할 필요도 없다. 사회 수업에 참석할 필요도 없다. 고개만 돌리면 사방에서 이런 유형의 행동을 볼 수 있다. 그만큼 만연해서 우리의 삶과 가족, 국가들을 파괴하고 있다. 사회 붕괴와 관계 파괴, 온갖 전쟁의 이면에 이런 왜곡된 행동과 그것을 용인하는 태도가 있다.

설상가상으로 바울은 다음과 같이 말한다.

그들이 이 같은 일을 행하는 자는 사형에 해당한다고 하나님께서 정하심을 알고도 자기들만 행할 뿐 아니라 또한 그런 일을 행하는 자들을 옳다 하느니라(롬 1:32).

정부, 미디어, 텔레비전, 영화 제작자, 사회사업가, 리더, 영향력 있는 사람들까지 온 사회가 이것이 창조주께 반하는 행동임을 분명히 알면서도 양심의 소리와 온 피조물의 외침을 무시하고 있다. 그들은 양심의 소리를 잠재우기 위해 남들에게도 같은 행동을 권하고 있다. 그렇게 하면 내면의 진실이 잠재워질 줄 생각하지만 오산이다.

위에서 나열한 행동들은 모두 우상 숭배의 근본 문제 곧 하나님께 마땅한 예배(영화롭게 하는 것과 순종)와 감사를 드리지 않는 것에서 비롯한 것이다. 단순한 립 서비스가 아니라 순종의 행동이야말로 하나님을 진정으로 인정하는 것이다. 이것은 모든 인류에게 해당되는 이야기다. 이제는 이것이 하나님과 이미 관계를 맺은 사람에게는 어떻게 적용되는지로 관심을 돌려보자.

○ 내 삶의 크립토나이트 제거하기 ○

예배는 하나님께 순종하고 영광을 돌리고 감사하기로 선택하는 것이다. 이런 참된 예배의 요소 중 하나라도 빠지면 기만에 빠져 우상 숭배로 흐를 수밖에 없다. 개인적으로나 문화적으로 그렇다.

성경에서 처음 기록된 예배 행위는 아브라함이 하나님께 순종하여 이삭을 제물로 바치려고 했던 것이다. 하나님이 당신에게는 무엇을 명령하셨는가? 성경을 읽다가 성령이 도전을 던지실 수도 있고 특별한 강권하심을 느끼게 하실 수도 있다.

이번 장을 읽고 나서 그런 명령에 관한 생각이 어떻게 바뀌었는가? 오늘 이 명령을 수행하기 위한 구체적인 방법을 알려 달라고 기도하고, 이 일에 당신을 선택하시고 당신에게 말씀하시며 순종으로 예배의 삶을 살 때 함께해 주시는 하나님께 감사하라.

4

부 분 적 인 순 종 에
만 족 하 는 신 앙

세상 사람들의 우상 숭배도 나쁘지만 살아 계신 하나님과 언약을 맺은 사람들의 우상 숭배는 더 추악하다.

야고보는 이런 우상 숭배를 간음이라 불렀다. 이는 하나님과 언약을 맺고서 우상을 숭배하는 것은 남편이신 주 예수 그리스도에게 불륜을 저지르는 것이기 때문이다.

사울 왕과 아말렉

먼저 구약을 보고 신약으로 넘어가자. 이스라엘 백성들은 선조 아브라함을 통해 하나님과 언약을 맺었다. 어느 날 하나님은 사무엘 선지자를 통해 사울 왕에게 한 가지 지시를 내리셨다. "이제 왕은 여호와의 말씀을 들으소서"(삼상 15:1).

하나님의 뜻은 더없이 직접적이고 분명해서 오해의 소지가 전혀 없었다. 하나님은 남녀노소에서 가축까지 아말렉의 씨앗을 완전히 말려버리라는 명령을 내리셨다. 이는 이스라엘 백성들이 애굽을 나와 가장 약할 때 괴롭혔던 아말렉에 대한 하나님의 복수였다. 사울 왕은 즉시 아말렉을 칠 군대를 동원했다.

> 사울이 하윌라에서부터 애굽 앞 술에 이르기까지 아말렉 사람을 치고 아말렉 사람의 왕 아각을 사로잡고 칼날로 그의 모든 백성을 진멸하였으되 사울과 백성이 아각과 그의 양과 소의 가장 좋은 것 또는 기름진 것과 어린 양과 모든 좋은 것을 남기고 진멸하기를 즐겨 아니하고 가치 없고 하찮은 것은 진멸하니라(삼상 15:7-9).

대부분의 백성들이 보기에 사울은 하나님의 말씀에 순종했다. 하지만 하나님의 판단은 달랐다. "여호와의 말씀이 사무엘에게 임하니라 이르시되 내가 사울을 왕으로 세운 것을 후회하노니 그가 돌이켜서 나를 따르지 아니하며 내 명령을 행하지 아니하였음이니라."(삼상 15:10-11) 사울은 하나님께 마땅한 예배, 마땅한 순종을 드리지 않았다. 사울은 하나님에 대한 정절을 지키지 않았다.

한 아버지가 나를 찾아와 자신이 시킨 일을 다 마치지 않고 친구들과 놀러 나간 십대 아들 때문에 속상하다고 하소연했던 일이 기억난다. 그가 혼을 내자 아들은 도리어 성을 내며 반박했다. "아빠, 시킨 일을 거의 다 했잖아요. 그런데 왜 그렇게 화를 내세요? 왜 제가 한 일은 보지 않고 조금 안 한 것만 뭐라고 하세요?" 아버지는 할 말을 잃었다.

나는 그 아버지에게 "그런 식으로라면 하나님도 너무 까칠하시겠군요"라고 하면서 아말렉에 관한 이 이야기를 해 주었다. 당시 사울 왕이 죽인 아말렉 남녀노소는 최소한 10만 명이 넘었다. 그렇다면 사울은 하나님이 시키신 일을 90퍼센트 이상 완수했다고 볼 수 있다. 하지만 하나님은 사울이 불순종했다고 말씀하고서 사울의 행위를 "거역"으로 규정지으셨다(23절). 그 아버지는 이 이야기를 듣고 아들이 잘못되었다는 자신의 생각이 옳다는 점을 확인했다.

내가 볼 때 사울은 하나님이 시키신 일을 99퍼센트에 가깝게 완수했다. 그런데 왜 하나님은 사울이 한 일은 보시지 않고 하지 않은 1퍼센트에만 주목하셨을까? 너무 까칠하게 보일지도 모르지만 하나님께 부분적인 순종, 심지어 거의 완벽한 순종도 전혀 순종이 아니다. 오히려 거역이다. 이는 하나님께 마땅한 예배를 드리지 않는 것이다.

사무엘이 잘못을 지적하자 사울은 잘못한 것이 없다고 잡아떼었다. 그러자 사무엘은 제물로 바쳐지고 있는 가축들을 가리켰다. 그러자 사울은 이번에는 백성들에게 잘못을 돌렸다. 하지만 사무엘은 잘못을 다시 정확히 지적했다. "그렇지 않습니다. 폐하가 책임자입니다. 폐하가 하나님께 불순종한 것입니다."(의역) 정곡을 찌르는 말에 사울이 코너에 몰리자 사무엘은 우상 숭배에 관한 분명한 진실을 말해 주었다.

> 이는 거역하는 것은 점치는 죄와 같고 완고한 것은 사신 우상에게 절하는 죄와 같음이라. 왕이 여호와의 말씀을 버렸으므로 여호와께서도 왕을 버려 왕이 되지 못하게 하셨나이다 하니(삼상 15:23).

여기서 두 번째 진술에 초점을 맞춰 보자. "완고한 것은 사신 우상에게 절하는 죄와 같음이라." 완고하다는 것인 자기 뜻대로 밀고나간다는 뜻이다. 사울은 완전한 순종에서 멀어져 자신의 뜻대로 밀고나갔다.

이 진술에서 "같음이라"는 이탤릭체로 되어 있다. 이는 히브리어 원문에는 없는 단어라는 뜻이다. 번역자들이 독자를 배려한다는 명목으로 이 단어를 더한 것이다. 원래는 "완고한 것은…우상에게 절하는 죄다"라고 번역하는 것이 옳다.

하나님의 뜻을 알면서도 자신의 뜻을 고집하며 불순종하는 것은 우상 숭배다. 자신의 뜻을 하나님보다 중시하는 것은 우상 숭배다. 뭐든 하나님보다 중시하면 우상이 되기 때문이다.

사울은 "나는 실로 여호와의 목소리를 청종하여"라고 말했고 스스로도 그렇게 믿었지만 온전히 순종하지 않고 백성들의 뜻(더 정확히는, 자신의 뜻)을 하나님의 말씀 위에 두었기 때문에 우상 숭배의 죄를 범했다. 우상 숭배로 인해 사울은 자신이 하나님을 경멸하고 있다는 사실을 보지 못했다.

앞서 로마서를 통해 모든 인류의 우상 숭배를 살펴보았다. 사울의 우상 숭배도 본질은 똑같다. 사울의 우상 숭배의 본질은 신상이나 제단, 신전과 상관이 없었다. 그것은 하나님의 명령에 순종하지 않음으로써 그분께 마땅한 예배를 드리지 않은 것이다. 이러한 근본 문제는 자신도 모르게 진실을 거짓과 바꾸는 것으로 이어진다. 실제로 기만이 사울을 사로잡기 시작했다. 그로 인해 그는 "상실한 마음"에 빠지고 "합당하지 못한 일"을 행하게 되었다. 우상 숭배로 인해 사울의 삶은 점점 더 악으로 치달았다. 그는 질투심이 많고 고압적이고 비상식적이고 분노와 미움으로 가득하여 하나님의 종들을 공격하고 살인을 저질렀으며 심지어 하나님이 아닌 마녀에게(신접한 여인) 의견을 묻기도 했다. 이런 악한 성품은 다 우상 숭배에서 비롯한 것이었다.

하나님과 관계를 맺고도 성경에서 분명히 드러난 그분의 뜻이 아닌 자신의 뜻대로 행하는 사람들은 눈이 어두워져 자신의 불순종을 보지 못하는 경우가 많다. 사울의 경우처럼 우상 숭배는 진실을 보지 못하도록 우리의 눈을 가린다. 진리를 거짓과 바꾸어 하나님이 우리의 편이라고 믿게 된다. 실상은 우리가 하나님께 대적하여 스스로 그분의 원수가 되었음에도 그분이 우리의 마음을 이해하시고 우리의 행동이나 삶을 용인해 주신다고 착각하게 된다.

첫 번째 키워드, 온전한 만족

중요한 두 단어를 정의하면서 우상 숭배의 다음 측면을 소개하고자 한다. 첫 번째 단어는 '만족'이다. 메리엄 웹스터 사전은 만족을 "자신의 재물이나 지위, 상황에 만족을 느끼거나 표시하는 것"으로 정의한다. 만족에 대해 가장 자주 사용되는 헬라어는 '아케오'(arkeo)이며 그 정의는 "만족하는 것, 그래서 누군가를 도울 힘과 능력이 있는 것"이다(WSNTDICT).

자신이 만족하지 않으면 남들을 제대로 섬길 수 없다. 이 덕목이 부족하면 언제나 "내게 얼마나 이익인가?"라는 시각으로 상황을 보게 된다. 표면적으로는 이타적이고 심지어 자신을 부인하는 행동과 말을 한다 해도 만족이라는 기초가 제대로 형성되어 있지 않으면 그 이면에는 이기적인 동기가 숨어 있을 수밖에 없다.

바울은 한 교회에 이렇게 말했다. "내가 궁핍하므로 말하는 것이 아니니라. 어떠한 형편에든지 나는 자족하기를 배웠노니"(빌 4:11). 물론 바울은 궁핍했다. 하지만 그는 자신이 섬기는 사람들에게 자신을 위해서가 아니라 그들을 위해서 선물을 구하는 것이라고 분명히 밝혔다. 그가 성경을 쓰면서 거짓말하거나 과장을 했을 수는 없다. 따라서 이것은 단순히 듣기 좋으라고 한 말이 아니라 진심이었다. 그의 동기가 이렇게 이타적일 수 있었던 것은 극심한 궁핍의 한복판에서도 완벽히 만족했기 때문이다.

그래서 성경은 우리에게 이렇게 명령한다. "그러나 자족하는 마음이 있으면 경건은 큰 이익이 되느니라…우리가 먹을 것과 입을 것이 있은즉 족한 줄로 알 것이니라"(딤전 6:6, 8절). 만족에는 "큰 이익"이 따른다. 단, 이 이익이 언제나 시간표대로 찾아오는 것은 아니다. 만족은 기도 응답이 찾아올 때까지 포기하지 않고 인내하게 도와준다.

기도 중에 나는 만족에 대한 '하나님의' 정의를 구했다. 그때 내 마음에 들려오는 답은 이것이었다. "나의 뜻에 대한 완벽한 만족." 바로 예수님의 삶이 이런 만족을 완벽하게 보여 주었다. 그분의 말씀에서도 이런 만족을 계속해서 확인할 수 있다. "나의 양식은 나를 보내신 이의 뜻을 행하며 그의 일을 온전히 이루는 이것이니라"(요 4:34). 하나님의 뜻에 대한 그분의 만족과 헌신은 메시아에 관한 시편에서 더없이 분명히 드러난다. "나의 하나님이여, 내가 주의 뜻 행하기를 즐기오니 주의 법이 나의 심중에 있나이다"(시 40:8). 그분에게는 하나님의 뜻 외에 그 어떤 욕구나 바람도 존재하지 않았다. 그의 바람은 언제나 아버지의 바람을 이루는 것이었다.

만족을 안주와 혼동해서는 곤란하다. 둘의 의미는 전혀 다르다. 예수님은 "심한 통곡과 눈물로 간구와 소원을" 아버지께 아뢰셨다(히 5:7). 환전상의 탁자를 엎기도 하셨고, 수난을 당하기 전날 밤 제자들과 함께 식사하기를 간절히 바라셨다. 예수님은 사람들이 속박과 병, 죄악에 빠진 상태에 만족하시지 않았다. 그분은 압제당하는 자들을 위해 싸우는 전사셨다. 하지만 자신에 대해서는 아무런 욕심 없이 온전히 만족하셨다. 예수님은 아버지께 요청을 하고 나서 알아서 채워 주실 줄 믿었다.

이 만족에서 "내가 아버지로 말미암아 사는 것"라는 말씀이 흘러나왔다(요 6:57). 이 만족은 "나는 내가 어디서 오며 어디로 가는 것을 알거니와"라고 자신 있게 말할 만큼 완벽한 평안을 낳았다(요 8:14). 이 만족으로 인해 그 무엇도 예수님을 저지거나 그릇된 길로 이끌 수 없었다. 예수님은 그야말로 완벽한 종이셨다!

두 번째 키워드, 탐욕

우상 숭배의 정의와 관련된 두 번째 중요한 키워드는 '탐욕'이다. 탐욕은 만족의 정반대다. 이것은 일상적인 대화에서 그리 많이 들을 수 있는 단어가 아니다. 따라서 성경을 제대로 이해하기 위해 꼭 정확히 정의하고 넘어갈 필요성이 있다.

사전의 정의부터 보자. 한 사전은 "좋을 것처럼 보이는 뭔가를 얻고 소유하려는 강렬한 욕구"로 정의한다. 탐욕에 해당하는 헬라어 단어는 더 묘사적이다. 이 헬라어는 나중에 보기로 하고 먼저 바울이 골로새 교인들의 탐욕을 언급하기 전에 뭐라고 말했는지 들어보자.

> 그러므로 너희가 그리스도와 함께 다시 살리심을 받았으면 위의 것을 찾으라. 거기는 그리스도께서 하나님 우편에 앉아 계시느니라. 위의 것을 생각하고 땅의 것을 생각하지 말라. 이는 너희가 죽었고 너희 생명이 그리스도와 함께하나님 안에 감추어졌음이라. 우리 생명이신 그리스도께서 나타나실 그때에 너희도 그와 함께 영광 중에 나타나리라(골 3:1-4).

여기서 바울은 만족의 비결을 알려 주고 있다. 우리가 예수 그리스도를 통해 전능하신 하나님과 언약을 맺었다는 사실을 온전히 이해하면 우리에게 아무런 부족함도 없다는 사실을 깨닫는다. 우리에게는 부족한 것이 단 하나도 없다. 예수님은 "하나님의 나라가 우리의 것"이며 그 나라를 두 번째나 세 번째가 아니라 가장 먼저 구하면 우리에게 필요한 모든 것이 더해질 것이라고 말씀하셨다.

바로 이것이 사탄이 예수님을 공격할 때 첫 번째 표적이었다. 광야에서의 시험 중에 사탄은 예수님이 아버지 밖에서 공급을 찾게 만들려고 했다. 상태는 최악이었다. 40일의 금식 끝에 예수님은 극심한 굶주림에 시달리셨다. 예수님을 만족의 상태에서 탐욕의 상태로 끌어내는 것이 사탄의 목표였지만 예수님은 끝까지 거부하셨다. 그 후 천사들이 내려와 예수님께 하늘의 음식을 바쳤다! 원수의 계획은 실패했다. 하지만 그는 지금도 여전히 우리에게 같은 전술을 사용하고 있다. 사탄의 목표는 우리가 하나님 나라의 공급에 만족하지 않고 우리의 방식으로 공급을 얻게 만드는 것이다.

바울은 원하는 것을 얻어내기 위해 하나님을 이용하지 않고 하나님을 찾는 자들, 하나님의 마음과 기쁨을 열정적으로 갈망하는 자들은 위의 것을 바라본다고 말한다. 이런 상태에서 우리는 예수님처럼 된다. 우리를 보내신 하나님의 뜻을 행하는 것이 인생의 목적이 된다. 그러면 놀랍게도 예수님처럼 우리는 그 무엇에도 저지되거나 호도되지 않는다. 진정한 하나님 나라의 종이 된다. 바울의 말을 계속 들어보자.

> 그러므로 땅에 있는 지체를 죽이라. 곧 음란과 부정과 사욕과 악한 정욕과 탐심이니 탐심은 우상 숭배니라. 이것들로 말미암아 하나님의 진노가 임하느니라(골 3:5-6).

"탐심은 우상 숭배니라"라는 문장을 보라. 이것이 진정한 우상 숭배를 이해하기 위한 다음 열쇠다. 신상과 제단, 신전을 짓는 이방 국가들에서는 우상 숭배를 확인하기가 쉽다. 하지만 '문명사회'에서 우상 숭배를 찾으려면 이해력과 분별력이 필요하다. 바울은 만족에서 벗어나 탐심에 빠진 것이 하나님과의 친밀한 관계에서 벗어나 우상 숭배와 간음에 빠진 것이라고 말한다.

자 이제 이 구절에서 "탐심"으로 번역된 헬라어 단어 '플레어넥시아'(pleonexia)를 보자. 믿을 만한 세 자료에서 이 단어를 어떻게 정의하는지 보자.

> 필러(Pillar) : "더 가지려는 부적절한 욕구."
> BDAG : "적당한 수준보다 더 바라는 상태."
> CCE : "자신을 우상화하는 욕심 많은 정신을 의미한다."

마지막 정의 "자신을 우상화하는 욕심 많은 정신"에 초점을 맞춰 보자. 하나님의 나라를 가장 먼저 추구하지 않으면 자신의 생존이 최우선이 된다. 이제 자신의 만족을 위해 필요해 보이는 것을 움켜쥐게 된다. 자신의 쾌락과 부, 물질적인 이익, 명예, 지위, 자리, 평판, 우정, 만족, 힘, 권위, 정욕 같은 것을 추구하는 자기 우상화의 길을 걷게 된다. 만족하지 않을 때 이런 상태에 빠진다. 하나님이 주신 것에서 평안과 쉼을 얻지 못하기 때문에 다른 것을 더 많이 가지려고 애를 쓰게 된다. 하나님의 계획이니 방식과 충돌하게 된다.

당연히 만족과 탐심은 상충하는 힘이다. 만족은 우리로 하여금 우상 숭배에서 멀어져 하나님의 마음에 가까워지게 만드는 반면, 탐심은 우리로 하여금 하나님에게서 멀어져 우상 숭배의 제단으로 달려가게 만든다. 둘은 반대 의미를 지닌 상반된 단어들이다. 히브리서 기자가 다음과 같이 말할 만도 하다.

> 돈을 사랑하지 말고 있는 바를 족한 줄로 알라. 그가 친히 말씀하시기를 내가 결코 너희를 버리지 아니하고 너희를 떠나지 아니하리라 하셨느니라. 그러므로 우리가 담대히 말하되 주는 나를 돕는 이시니 내가 무서워하지 아니하겠노라. 사람이 내게 어찌하리요 하노라(히 13:5-6).

다음 장에서 설명하겠지만 경건한 만족은 어떤 어려움 속에서도 흔들리지 않게 해 준다. 만족한 사람은 세상이 신자들에게 던지는 미끼를 물지 않는다. 만족 안에 큰 이익과 이해를 초월하는 평안이 있다.

반면, 탐심은 불안의 근원이며, 끝없는 욕심으로 움직인다. 그것은 기만과 파괴를 부르는 상태다.

○ 내 삶의 크립토나이트 제거하기 ○

하나님 말씀의 진리를 분명히 이해하는 것이 너무도 중요하다. 성경은 우리를 위해 쓰였다. 따라서 누구도 변명할 수 있다. 누구도 훗날 하나님 앞에 서서 "주님, 몰랐습니다!"라고 말할 수 없다. 하나님이 피조세계를 통해 자신을 만인에게 드러내셨기 때문에 누구도 변명할 수 없는 것처럼 하나님이 성경을 통해 자신의 뜻을 드러내셨기 때문에 우리는 변명할 수 없다.

부분적인 순종이 우상 숭배와 같다는 말은 듣기 좋은 말이 아니지만 이 사실을 안 것에 감사해야 마땅하다. 무엇이 시험에 나오는지 알았기 때문에 매번 통과할 수 있다. 이것이 하나님의 선하심과 긍휼이다!

자신이 어떤 부분에서 부분적으로 순종하거나 고집을 부리거나 탐심에 빠져 있는지를 모르기가 쉽다. 삶의 어떤 영역이 이 영향력 아래에 있는지 밝혀달라고 성령께 요청하라. 성령이 그런 영역을 보여 주시면 회개하고 깨끗하게 씻겨달라고 기도하라. 마지막으로, 다시 성령으로 충만해져 전심으로 순종할 힘을 달라고 기도하라.

5
상 황 이 압 박 할 때 드 러 나 는
자 기 판 단 력

이전 장에서 나는 우상 숭배의 두 가지 측면을 제시했다. 고집과 탐심이 그것이었다. 이제 이 둘을 연결해 보자. 이 둘은 늘 같이 다니기 때문이다. 이 둘이 어떻게 함께 작용하는지를 알면 무엇이 신자를 크립토나이트에 노출시키는지를 이해한다는 목표에 한 걸음 더 가까이 다가갈 수 있다.

감당하기 어려운 역경 앞에서

사울 왕의 이야기를 다시 살펴보자. 사울은 하나님의 뜻 안에 거하는 데 만족하지 않았다. 고집으로 인해 그는 탐심에 빠져들었다. 그의 실수에 관한 첫 기록은 아말렉 사건이 아니다. 그의 첫 실수는 통치 초기에 블레셋 군대를 맞았을 때 나타났다. 이스라엘의 원수 국가인 블레셋은 3만 대의 전차로 이루어진 대군을 일으켰다. 당시의 전차는 오늘날로 치면 탱크다. 전차만 3만 대였으니 보병의 숫자는 바닷가의 모래알만큼이나 많았을 것이다. 이 대군은 믹마스에 진을 치고 이스라엘을 공격할 준비를 했다.

그에 비하면 사울의 군대는 어린애 장난이었다. 편성된 지도 얼마 되지 않아 겨우 걸음마 단계에 있었다.

> 이스라엘 사람들이 위급함을 보고 절박하여 굴과 수풀과 바위틈과 은밀한 곳과 웅덩이에 숨으며 어떤 히브리 사람들은 요단을 건너 갓과 길르앗 땅으로 가되 사울은 아직 길갈에 있고 그를 따른 모든 백성은 떨더라(삼상 13:6-7).

사울의 압박감이 느껴지는가? 경험과 힘, 숫자에서 상대가 되지 않는 대군을 맞은 아기 군대의 사령관. 최악의 악몽이 눈앞에 펼쳐지고 있다. 극도의 두려움으로 인해 병사들이 탈영하기 시작한다. 하지만 아직은 믿는 구석이 있다. 최고의 선지자 사무엘이 그날 전장으로 와서 하나님께 제사를 드리기로 되어 있다. 그렇게 되면 사울의 리더십에 대한 병사들의 신임과 사기가 회복될 것이다. 그런데 문제가 생긴다.

> 사울은 사무엘이 정한 기한대로 이레 동안을 기다렸으나 사무엘이 길갈로 오지 아니하매 백성이 사울에게서 흩어지는지라 사울이 이르되 번제와 화목제물을 이리로 가져오라 하여 번제를 드렸더니(삼상 13:8-9).

사울에게는 하나님께 제사를 드릴 권한이 없다는 것은 삼척동자도 다 아는 사실이었다. 제사는 오직 제사장만이 주관할 수 있었다(사무엘은 선지자인 동시에 제사장이었다). 하지만 상황이 상황이니만큼 사울을 이해할 만도 하다. 극단적인 상황에는 극단적인 조치가 필요하지 않겠는가. 하지만 사무엘은 이 문제에 관한 모든 혼란을 정확히 바로잡아 준다.

> 번제 드리기를 마치자 사무엘이 온지라 사울이 나가 맞으며 문안하매 사무엘이 이르되 왕이 행하신 것이 무엇이냐 하니 사울이 이르되 백성은 내게서 흩어지고 당신은 정한 날 안에 오지 아니하고 블레셋 사람은 믹마스에 모였음을 내가 보았으므로 이에 내가 이르기를 블레셋 사람들이 나를 치러 길갈로 내려오겠거늘 내가 여호와께 은혜를 간구하지 못하였다 하고 부득이하여 번제를 드렸나이다 하니라. 사무엘이 사울에게 이르되 왕이 망령되이 행하였도다. 왕이 왕의 하나님 여호와께서 왕에게 내리신 명령을 지키지 아니하였도다. 그리하였더라면 여호와께서 이스라엘 위에 왕의 나라를 영원히 세우셨을

것이거늘 지금은 왕의 나라가 길지 못할 것이라. 여호와께서 왕에게 명령하신 바를 왕이 지키지 아니하였으므로 여호와께서 그의 마음에 맞는 사람을 구하여 여호와께서 그를 그의 백성의 지도자로 삼으셨느니라 하고(삼상 13:10-14).

바로 이것이 선지자들이 하는 일이다. 선지자들은 하나님의 명령을 다시금 일깨워 줌으로써 모든 혼란을 해소해 주는 역할을 한다. 시련이 찾아오면 사람들은 하나님이 무엇을 원하시는지 쉽게 잊어버린다. 불안감과 불만족에서 비롯한 사울의 행동은 이스라엘 백성들에게 힘든 시기에는 하나님의 명령에 순종해야 할지 말아야 할지 상황에 따라 판단해도 좋다는 메시지를 던졌다. 전혀 그렇지 않다. 하나님의 명령에는 상황에 상관없이 무조건 순종해야 한다.

사울의 불안감은 만족감의 부족에서 비롯했다. 사울은 주변의 모든 상황을 스스로 통제하고 싶었다. 그런데 눈앞의 상황은 도저히 통제 불능이었다. 그는 자신을 짓누르는 압박감이 싫었고, 어떻게든 그것을 완화하고 싶었다. 그의 불만족은 평안을 향한 탐심을 일으켰다.

여기에 우리 모두가 되새겨야 할 진리가 있다. 하나님을 섬기다보면 역경과 고난을 당하기 쉽다. 아니, 예수님은 아예 시련을 약속하셨다. "세상에서는 너희가 환난을 당하나"(요 16:33). 역경은 믿음이 강한 곳을 찾아다니며 공격한다. 믿음이 흔들리는가? 믿음의 수치가 떨어지고 있는가? 그렇다면 하나님께 부르짖고 그분의 말씀을 가까이하며 성령 충만을 요청해야 할 때다. 그렇게 하면 전보다 더 강해진 믿음으로 시련의 터널을 통과할 수 있다.

우리의 믿음은 귀한 자산이다. 사실, 세상 그 무엇보다도 귀하다. 이런 식으로 생각해 보라. 누군가가 당신에게 실패 가능성 제로의 사업계획서와 투자자금까지 준다면 어떻게 하겠는가? 너무 힘들다고 거절하겠는가? 아니면 평생에 다시없을 기회로 여겨 당장 받아들이겠는가? 바보가아닌 이상, 막대한 보상을 기대하며 사업을 시작할 것이다.

우리의 힘으로 감당할 수 없는 역경 앞에서 우리의 상황이 바로 이와같다. 하나님은 우리가 이 기회를 놓치지 않기를 바라신다. 그것은 우리를 고달프게 하시려는 것이 아니라 우리가 '더 큰 믿음'이라는 진정한 보상을 얻게 하시려는 것이다.

또 다른 힘든 상황

사울과 정반대였던 다윗에 관해 생각해 보자. 다윗은 훨씬 더 큰 시련을 마주했다.

다윗과 마지막 남은 6백 명의 친구들은 내내 거부를 당했다. 참으로힘든 시절이었다. 하지만 훨씬 더 힘든 고난이 닥치기 직전이었다. 그들이 고향 시글락으로 돌아와 보니 그들이 떠나 있는 동안 아말렉 족속이쳐들어와 그들의 처자식과 전 재산을 끌고 가고 나머지는 모두 불태워버린 상태였다. 그야말로 개미 한 마리 남지 않았다!

다윗의 심정이 상상이 가는가? 그는 12년 넘게 이스라엘의 광야와사막에서 숨어 지냈다. 그렇게 긴 시간 동안 가족들이나 어린 시절 동무들의 얼굴을 볼 수 없었다. 그는 이스라엘 최고 특수부대의 추격을 피해 늘 숨고 필사적으로 도망쳐야 했다.

상황이 너무 위험해지자 다윗과 부하들, 그 가족들은 2년 동안 외국에 나가 있었다. 이 어두운 터널의 끝은 도대체 어디인가? 하나님을 섬긴 보상은 어디에 있는가? 다윗은 몇 번이나 자신의 손으로 문제를 해결할 수 있었다. 하나님이 세우신 이스라엘의 왕을 직접 죽일 수도 있었다. 그렇게 했다면 그를 짓누르는 압박감과 고통이 훨씬 줄어들었을 것이다. 하지만 그는 14년간 꿋꿋하게 만족의 상태를 유지했다.

여기서 잠깐 생각해 보자. 3주 정도 고생하다가 포기하고 싶었던 적이 있는가? 석 달은? 3년 정도까지는 참을 수 있겠는가?

지속된 역경을 3년간 견뎌내는 것만해도 대단한 일이다. 하지만 다윗이 참아낸 것에 비하면 아무것도 아니다. 사울은 겨우 한 주 만에 포기했다. 한 주 만에 그는 하나님의 뜻을 거역하고 사람들의 인기를 좇기로 선택했다. 그는 당장 압박감을 낮춰주고 자신의 명예는 높여줄 행동을 선택했다. 그는 하나님이 높여주실 때까지 기다리지 않았다.

다윗의 이야기로 돌아가서, 그와 그의 부하들이 고향에 돌아가 보니 소중히 여기던 모든 것이 사라지고 없었다. 그 모습에 그들은 기절하기 전까지 통곡했다. 다윗은 더 추락할 곳도 없다고 생각했는데 더 밑바닥이 존재했다. 게다가 여기서 끝이 아니었다. 곧 이어서 더 큰 고난의 먹구름이 밀려왔다. 지구상에 남은 마지막 친구들인 6백 명이 분노에 가득 차서 그를 죽이려고 한 것이다.

백성들이 자녀들 때문에 마음이 슬퍼서 다윗을 돌로 치자 하니(삼상 30:6).

위기 상황에서 사울의 부하들은 탈영을 했다. 홀로 남은 사울에게는 인정과 존경, 명예가 절실했다. 결국 그는 하나님의 명령을 어김으로써 그것들을 추구했다.

그런데 다윗의 부하들은 단순히 그를 버리고 떠난 것이 아니라 그를 죽이려고 했다! 다윗의 상황은 사울보다 훨씬 더 나빴다. 사울의 불만족은 하나님을 믿고 사무엘을 기다리는 대신 압박감을 줄이려는 행동으로 이어졌다. 하지만 다윗의 반응은 사뭇 달랐다.

다윗이 크게 다급하였으나 그의 하나님 여호와를 힘입고 용기를 얻었더라. 다윗이 아히멜렉의 아들 제사장 아비아달에게 이르되 원하건대 에봇을 내게로 가져오라. 아비아달이 에봇을 다윗에게로 가져가매 다윗이 여호와께 묻자와 이르되 내가 이 군대를 추격하면 따라잡겠나이까 하니 여호와께서 그에게 대답하시되 그를 쫓아가라. 네가 반드시 따라잡고 도로 찾으리라(삼상 30:6).

다윗은 변명으로 상황을 모면하려고 하지 않았다. 제멋대로 계획을 세우지도 않았다. 다윗은 이렇게 말하지 않았다. "이젠 지긋지긋해! 하나님을 충성스럽게 섬겨봐야 무슨 소용인가. 내 젊음을 다 바쳤건만. 나를 저런 폭군 밑으로 보내시다니. 내가 이 지옥 같은 상황에 처한 것은 바로 하나님 때문이야!"

다윗은 하나님을 탓하지 않았다. 왕좌를 탐내지도 않았다. 고난의 한복판에서 다윗은 사울을 죽이고 이미 약속받은 왕위를 스스로 쟁취할 수도 있었다. 하지만 그는 끝까지 기다렸고, 사울은 그러지 못했다. 다윗은 만족의 정신을 잃지 않고 하나님께 먼저 여쭈기로 선택했다.

하나님의 구원이나 공급은 반드시 찾아온다. 하지만 그러기 전에 언제나 그분의 말씀에 불순종할 유혹이 먼저 찾아온다. 천사가 내려와 수종을 들기 전에 사탄이 예수님께 고난에서 벗어날 길을 제시했던 것처럼 말이다. 거의 언제나 이런 패턴으로 진행된다. 이 함정을 피하기 위한 열쇠는 바로 만족이다. 만족한 상태를 유지하면 문제를 자신의 힘으로 해결하려고 하지 않는다.

다시 아말렉과의 전쟁 이야기로

아멜렉과의 전쟁 이야기로 돌아가서 사울의 삶을 계속해서 살펴보자. 물론 시간상으로 이 전쟁은 블레셋과의 전쟁 이후에 벌어졌다.

무엇이 아말렉과의 전투에서 사울을 불순종으로 이끌었을까? 하나님의 지시가 그토록 분명했는데도 왜 그는 아말렉 왕과 가장 좋은 가축들을 살려두었을까? 이번에도 이것은 다름 아닌 내면의 불안감과 하나님의 뜻에 대한 불만족에서 비롯한 탐욕스러운 행동이었다.

첫째, 왜 아말렉 왕을 살려 주었을까? 한 나라를 정복한 것은 보통 큰 업적이 아니다. 그리고 당시에는 전쟁에서 이긴 왕이 패국의 왕을 자신의 궁궐로 끌고 오는 일이 흔했다. 자신이 정복한 나라의 왕을 곁에 두는 것은 마치 살아 있는 트로피를 갖고 있는 것이나 다름없었다. 왕은 그 왕을 볼 때마다 한 나라 전체를 상대로 거둔 승리를 떠올리며 흐뭇한 미소를 지었다. 신하들과 왕궁의 종들은 그 왕을 볼 때마다 자신의 왕이 얼마나 강력한지를 다시금 떠올렸다. 패자를 볼 때마다 떨어졌던 자신감이 다시금 치솟았다. 무엇보다도 내면이 불안한 리더에게는 이 방법이 특히 유용했다.

둘째, 왜 가장 좋은 양과 염소, 소를 남겨두었을까? 역시 같은 이유에서다. 사울은 병사들과 백성들의 존경을 탐냈다. 그들에게 아말렉의 가장 좋은 가축들을 주면 왕의 위대한 리더십을 자자손손 기억하고 칭송할 것이 분명했다. 강국을 상대로 승리를 거둔 왕의 힘과 전략, 지혜를 두고두고 칭송할 게 분명했다. 하나님이 자신들의 편이었다고 믿고서 왕의 권위를 추호도 의심하지 않을 게 분명했다.

사울의 탐욕은 사람들의 인정을 끊임없이 추구하게 만들었다. 실제로 사울은 이 승리 이후 자신을 위한 기념비를 세웠다. 선지자가 불순종을 지적했을 때 그는 자신이 하나님께 거역했다는 사실보다 신하들과 백성들이 자신을 어떻게 볼지를 더 걱정했다(삼상 15:30을 보라). 그는 전국에서 가장 저명한 선지자인 사무엘이 자신과 동행하지 않으면 자신의 평판에 흠집이 갈 것이라고 생각했다. 특히, 사무엘의 질책이 있은 후라 그의 동행이 꼭 필요했다. 사울은 자신의 리더십과 권위를 확인받기를 원했다. 하나님이 이미 충분히 인정해 주셨는데 사람들의 인정에 더 목을 매는 모습이 안타깝기 그지없다. 사울은 존경과 명예, 위대한 자라는 칭호,

권위를 탐냈다. 그리고 이런 탐심은 하나님의 명령에 불순종하는 완고함으로 이어졌다.

간단히 말해, 사울은 하나님의 뜻에 만족하지 않았다.

탐심을 채우는 근원

보다시피 우상은 우리의 탐심을 채워 줌으로써 우리에게 뭔가의 근원이 될 수 있다. 다시 말해, 우상은 하나님의 자리를 대신할 수 있다. 우상은 행복과 안위, 평안, 의식주, 권위, 존경 등의 제공자가 될 수 있다. 하나님은 분명 "너희는 자기를 위하여 우상을 만들지 말지니"라고 명령하셨다(레 26:1). 그런데도 우리는 끊임없이 우상을 만들며, 우리의 우상은 꼭 돌이나 나무, 귀금속으로 만든 신상이 아니다. 우상의 힘은 우리 마음속에 있다.

뭐든 하나님보다 우선시하면 그것이 바로 우상이다! 우리가 하나님보다 더 사랑하거나 좋아하거나 믿거나 바라거나 관심을 두는 것이 바로 우상이다. 하나님은 내 아내에게 뭐든 우리가 힘의 근원으로 삼는 것이 곧 우상이라는 깨달음을 주셨다. 마음에 불만족이 틈을 타 하나님에 대한 순종 외에 다른 것에서 만족을 추구할 때 신자는 우상 숭배에 빠진다. 여기서 다른 것은 사람이나 재물, 활동이 될 수 있다.

지금쯤 우상이 단순히 신상이나 제단, 신전이 아니라는 사실을 분명히 알았으리라 믿는다. 이 점을 몰라서 성경의 중요한 경고들을 간과하는 사람이 너무도 많다. 이어지는 장들에서는 우상 숭배의 진정한 정체를 계속해서 파헤치고 그것이 현대 사회에 얼마나 만연해서 얼마나 큰 피해를 입히고 있는지를 확인해 보자.

○ 내 삶의 크립토나이트 제거하기 ○

우상 숭배의 기본 요소는 하나님이 아닌 다른 것이나 다른 사람에게서 힘을 얻는 것이다. 우상은 우리에게 필요한 뭔가의 근원이 될 수 있다. 그렇다고 해서 회사가 아닌 하나님이 우리에게 필요한 것을 공급해 주실 줄 믿고서 직장을 그만두어야 한다는 뜻은 아니다. 다만 하나님이 그 회사와 일을 공급해 주시는 분이라는 사실을 늘 인정해야 한다.

하나님은 가족을 통해 사랑을 공급해 주신다. 따라서 우리는 사랑의 근원으로서 하나님을 인정하고 높여야 한다. 무엇보다도 하나님을 우리 생명의 근원으로 높여드리고, 그분에게서 멀어지게 만드는 선택들을 거부해야 한다.

지금쯤 우상 숭배가 단순히 신상 앞에 절하는 것이 아니라는 점을 충분히 이해했으리라 믿는다. 당신이 사는 곳이 어떤 영역에서 우상 숭배에 빠져 있는지를 밝혀 달라고 하나님께 요청하고 나서 그런 영역을 위해 중보기도를 하라. 그런 영역에 진리의 빛을 비추고 그분의 빛인 그분의 백성들을 그곳에 보내 그분이 만유의 주이심을 모두가 알게 해 달라고 기도하라.

6
말씀을 듣기만 하고
행하지 않는 영적 기만

지난 몇 장에 걸려 다룬 내용을 간단히 되짚고 넘어가자.

우상 숭배의 본질은 신상이나 제단, 신전이 아니다. 그것들은 더 깊은 문제의 부산물에 불과하다. 우상 숭배는 하나님의 뜻에 어긋난 욕심을 채우기 위해 하나님이 분명히 원하시는 것을 등한시하는 것이다.

하나님에 대한 왜곡된 시각은 이런 탐심의 부산물이다. 그 결과, 하나님은 우상 숭배에 빠진 사람에게서 손을 떼어 자신의 타락한 본성에 따라 볼썽사나운 일을 저지르게 놔두신다. 그는 궁극적으로 생명이 아닌 죽음을 낳는 쾌락과 추구에 끌리게 된다.

크리스천의 경우도 전혀 다르지 않다. 자신의 욕심을 채우기 위해 하나님이 분명히 밝혀 주신 명령을 경멸하는 것은 우상 숭배다. 요컨대, 우상 숭배는 하나님의 뜻에 대한 '고의적인 불순종'이다. 이것은 신자가 '실수로 죄를 저지르고' 나서 회개하는 것과는 다르다. 우상 숭배는 '습관적인 죄에 빠지는' 것이다. 그런 사람은 자신의 바람을 하나님의 뜻보다 더 중요한 우상으로 삼은 것이다. 즉, 우상 숭배는 '영적 크립토나이트'다.

지금까지 소개한 다양한 사례를 다시 살펴보면 모든 죄가 이런 식으로 이루어졌다. 아간은 여리고성에서 취한 것은 모두 하나님께 바쳐야 한다는 분명한 명령을 받았다. 하지만 죄를 들키고 나서 그는 이렇게 고백했다. "내가 노략한 물건 중에…하나를 보고 탐내어 가졌나이다"(수 7:21).

아간에게는 자신이 원하는 것이 하나님이 요구하신 것보다 더 중요했다. 그는 경건한 두려움이 없었기에 알면서도 불순종을 저질렀다. 그의 고의적인 죄는 바로 '우상 숭배', 혹은 우리의 표현을 쓰자면 '영적 크립토나이트'였다. 그 우상 숭배로 그 자신과 그의 가족만 심판을 당한 것이 아니라 공동체 전체가 휘청거렸다. 이스라엘 국가 전체가 약해져서 더 이상 다른 나라들을 정복할 수 없었다.

고린도교회는 육신의 소욕을 충족시키고자 툭하면 하나님의 명령을 무시했다. 오죽하면 바울이 아예 "너희는 아직도 육신에 속한 자로다"라고 말했을 정도다(고전 3:3). 고린도 교인들은 서로를 질투하고 편을 갈라 싸웠으며 간음을 저지르고 방관했다. 그들이 행한 성찬은 예수님을 기리는 것과는 전혀 거리가 멀었다. 그들의 성찬은 그저 자신들의 육체적인 욕구를 채우는 자리였다. 그렇게 자신들의 욕심에 초점을 맞추다보니 하나님의 지시를 알면서도 어기게 되었다. 결국 바울은 이런 말까지 해야 했다. "그런즉 내 형제들아, 먹으러 모일 때에 서로 기다리라. 만일 누구든지 시장하거든 집에서 먹을지니"(고전 11:33-34). 그들의 탐심(우상 숭배)으로 인해 많은 사람이 약해지고 아프고 일찍 죽는 일이 벌어졌다. 그들은 하늘의 대사답게 살지 못했다.

야고보에게 쓴 소리를 들었던 사람들도 마찬가지였다. 그들은 서로를 지독히 시기했고 이기적인 욕심으로 움직였으며 끊임없이 다툼을 벌였다. 야고보는 그들이 "욕심을 내어도 얻지 못하여"라고 말했다(약 4:2). 이번에도 우리는 자신의 이기적인 욕심을 채우기 위해 죄를 짓는 신자들을 볼 수 있다. 그들은 우상 숭배에 빠진 탓에 "간음한 여인들"이란 부끄러운 호칭을 들어야 했다. 우상 숭배라고 해서 그들이 신상이나 제단, 신전을 지은 것은 아니었다. 성경에 특별히 언급되어 있지는 않지만 필시 그들은 영적 크립토나이트를 묵인 한 탓에 초자연적인 삶을 살지 못했을 것이다.

우상 숭배는 단순한 죄가 아니다. 그것은 고의적인 죄, 알면서도 짓는 죄다. 꼭 필요하다고 판단되면 하나님이 뭐라고 말씀하셨건 상관없이 소유하거나 행하는 것이 바로 우상 숭배다.

이런 죄는 그 옛날 에덴동산에서부터 시작되었다. 아담과 하와는 자신들의 눈에 좋고 유익하고 생산적이고 즐거워 보이는 것, 자신들을 지혜롭게 만들어줄 것이라 생각되는 것을 탐냈다. 그 탐심이 그들로 하여금 하나님의 분명한 지시를 어기게 만들었다.

우리가 이런 행동을 선택하는 순간, 기만이 들어온다. 실상은 전혀 그렇지 못한데도 우리가 여전히 하나님 앞에서 의인이라고 확신하게 된다. 그렇게 되면 하나님은 사자를 보내실 수밖에 없다. 사도나 선지자, 목사, 혹은 진실을 말해줄 만큼 우리를 사랑하고 아끼는 친구를 보내주신다. 하지만 이미 기만은 깊이 뿌리를 내린 상태다. 그래서 그 기만이 깨질 수는 있지만 결코 쉽지 않다. 로마서 1장은 이런 행동에 빠진 자들이 "불의로 진리를 막는" 자들이라고 말한다(18절). 하나님과 그분의 도에 관한 진리가 방해를 받으니 상황을 제대로 보고 이해하기가 그만큼 더 어렵다. 결과적으로, 그들은 "하나님을 알되 하나님을 영화롭게도 아니하며 감사하지도 아니하고 오히려 그 생각이 허망하여지며 미련한 마음이 어두워졌나니 스스로 지혜 있다 하나 어리석게 되어"(롬 1:21-22). 이제 진리에 관한 혼란이 일어나고, 하나님에 관한 거짓 혹은 왜곡된 가르침으로 죄와 그릇된 삶을 부추기는 현상이 벌어진다.

우상 숭배에 빠지면 그렇게 된다. 야고보는 이렇게 말한다. "너희는 말씀을 행하는 자가 되고 듣기만 하여 자신을 속이는 자가 되지 말라"(약 1:22).

하나님의 말씀을 분명히 듣고도 순종하지 않으면 우리 안에서 분명한 변화가 일어난다. '기만'이라고 불리는 막이 우리의 마음을 덮는다. 그래서 실상은 하나님과 하나가 되어 있지 않음에도 자신이 여전히 하나님과 예수님, 그분의 나라를 제대로 보고 있다는 지독한 착각에 빠져든다. '속이다'란 단어는 '거짓되거나 모순된 것을 참되거나 타당한 것으로 받아들이는 것'으로 정의된다(메리엄 웹스터 사전). 지금쯤 나처럼 건강한 두려움을 느끼기를 바란다. 고의적인 불순종은 결코 가볍게 받아들일 사안이 아니다.

신약은 하나님의 은혜와 용서, 사랑으로 뒤덮여 있으니까 신약의 이런 경고를 무시해도 좋다고 말하는 것은 스스로를 속이는 말이다. 신약에서 은혜와 용서, 사랑을 보여 주신 하나님이 습관적인 불순종의 위험을 보여 주신 하나님이기도 하다는 사실을 잊어서는 안 될 것이다.

마음에 드는 성경 구절들만 취사선택하고 마음에 들지 않는 구절들은 무시하거나 심지어 버리는 것은 있을 수 없는 일이다. 이런 태도 자체가 기만이다. 언제나 하나님의 말씀 전체를 받아들여야 한다. 안타깝게도 현대 교회 안에서 진리를 무시하는 일이 전염병처럼 확산되고 있다. 하나님이 진리를 알려 주시지 않기 때문이 전혀 아니다. 교회 안에서 끊임없이 벌어지는 우상 숭배가 원인이다.

야고보는 계속해서 이렇게 말한다.

> 누구든지 말씀을 듣고 행하지 아니하면 그는 거울로 자기의 생긴 얼굴을 보는 사람과 같아서 제 자신을 보고 가서 그 모습이 어떠했는지를 곧 잊어버리거니와(약 1:23-24).

하나님의 말씀을 듣고도 행하지 않는 자들은 자신이 그리스도 안에서 누구인지를 잊어버린 사람들이다. 그들은 하나님의 말씀이 선포되는 교회나 소그룹, 집회에서는 신자처럼 행동하다가 세상 밖으로만 나가면 세상 사람들과 전혀 다를 바 없이 군다. 하나님의 말씀은 거울이다. 그래서 그 말씀 앞에 서면 그에 따라 행동할 수밖에 없다. 그래서 그들은 세상 사람들과 똑같은 행동을 해도 괜찮은 이유를 설명하기 위해 왜곡된 가르침을 내놓을 수밖에 없다. 이를테면 이런 식으로 말하는 것이다. "크리스천도 불신자와 전혀 다르지 않아. 단지 우리는 용서받았다는 차이만 있지." "우리는 타락한 본성을 갖고 있기 때문에 이생에서는 완벽히 거룩하게 살 수 없어. 하나님은 이 점을 잘 알고 계시지. 그래서 우리를 은혜로 덮어주시는 거야."

성경 구절들을 각각 따로 떼어서 보면 이런 말에 부합하게 보이는 내용을 얼마든지 찾을 수 있다. 하지만 이런 거짓 신학을 유지하려면 다른 많은 구절을 버려야 한다.

이제 우리는 양단간에 결단을 해야 한다.

- 계속해서 죄의 늪에서 살 것인가?
- 크립토나이트로 인해 하나님의 초자연적인 대사로서 우리의 힘을 약해지도록 계속 둘 것인가?
- 거짓 가르침을 버리지 못해 하나님이 뜻하신 삶보다 훨씬 못한 삶을 살 것인가?
- 세상 사람들과 다를 바 없이 살다가 겨우 턱걸이로 천국에 들어갈 것인가?
- 아니면 몇 장 전에서 보았던 영광스러운 나중 성전(교회)의 비전을 이루어 하나님의 나라를 넓힐 것인가?

크립토나이트를 받아들인 탓에 우리는 활력과 생명력, 초자연적인 힘, 세상을 뒤흔들 능력을 잃어버리고 있다. 우리는 사실상 진리를 막고 있다. 우리는 세상 사람들이 보지 못하도록 예수님을 숨기고 있다. 이것이 바울이 마침내 참지 못하고 고린도 교인들에게 목소리를 높인 이유다.

> 똑바로 생각하십시오. 깨어나 거룩한 삶을 사십시오. 더 이상 부활의 사실에 대해 오락가락하지 마십시오. 지금 같은 시대에 하나님을 알지 못하는 것은 여러분이 부릴 사치가 아닙니다. 이러한 일을 오래도록 방치하다니 여러분은 창피하지도 않습니까?(고전 15:34, 메시지 성경)

바울은 이 교인들이 예수님처럼 살 능력이 있으면서도 여전히 우상 숭배를 일삼고 있다고 한탄한다. 그들은 자신들에게 중요한 것을 유지하기 위해서라면 하나님의 말씀 속에 드러난 진리를 무시할 만한 가치가 있다고 착각했다. 그들은 하나님의 말씀을 우습게 여기고 자신들의 삶 속에서 진리를 방해했다. 그 결과, 그들은 사회를 바꿀 힘이 전혀 없는 무기력한 존재들로 전락했다.

이 상황은 여러 차원에서 비극이었지만 무엇보다도 이 우상 숭배자들의 주변 교인들과 불신자들이 예수님을 보지 못했다는 것이 가장 안타까운 일이었다. 개역개정판은 이 구절을 이렇게 번역한다. "깨어 의를 행하고 죄를 짓지 말라. 하나님을 알지 못하는 자가 있기로 내가 너희를 부끄럽게 하기 위하여 말하노라." 바울은 고린도교회를 향해 이렇게 말한 것이다. "여러분은 고린도의 불신자들이 볼 수 있는 유일한 예수입니다. 그들이 여러분에게서 부활의 힘을 보지 못하면 어디서 볼 수 있겠습니까? 왜 여러분 자신과 교회에 대해서만이 아니라 주변의 불신자들에게 진리를 감춥니까?"

하나님과 하나가 되면 생명 자체와 조화를 이룬 셈이다.

주변의 불신자들이 우리에게 끌리지 않는 이유를 궁금하게 여겨 본 적이 있는가? 불신자들은 기껏해야 엉뚱한 것에 관심이 있어서 교회에 나올 뿐이다. 불신자들은 우리의 유머나 지식, 엔터테인먼트, 음악에 관심이 있을 뿐이다. 우리를 통해 살아 계신 전능자를 보기 때문에 교회에 오는 것이 아니다. 초대 교회를 생각해 보라. 초대 교인들은 자주 '신'으로 오해를 받아 손사래를 쳐야만 했다. "아니오. 우리는 신이 아니오. 우리는 지극히 높으신 하나님의 자녀라오."

베드로는 로마군의 한 장교에게 강하게 부인해야 했다. "일어서라. 나도 사람이라."(행 10:26)

바울은 루스드라 시민들을 적극적으로 만류해야 했다. "여러분이여, 어찌하여 이러한 일을 하느냐? 우리도 여러분과 같은 성정을 가진 사람이라"(행 14:14-15).

멜리데에서는 주민들이 "그(바울)를 신이라 하더라"(행 28:6).

데살로니가의 '저녁뉴스'는 "천하를 어지럽게 하던 이 사람들이 여기도 이르매"라고 보도했다(행 17:6).

예루살렘에서는 "백성이 칭송하더라"(행 5:13).

그런데 고린도에 대해서는 이런 보고가 없다. 그리고 현대 서구 사회에서도 도무지 이런 소식을 들을 수 없다. 그것은 우리가 크립토나이트에 만족했기 때문이 아닐까? 나는 우리가 문자를 보낼 수 없는 망가진 휴대폰과도 같은 교회 생활에 만족해왔다고 생각한다. 우리는 휴대폰 없는 생존을 받아들이기 위해 휴대폰이 영구적으로 망가졌다는 거짓말을 퍼뜨리고 또한 받아들여왔다.

나는 안주를 원치 않는다. 나는 하나님이 주신 생명력, 생명, 힘, 건강, 세상에 살아 계신 구주요 왕을 보여 줄 능력을 잃고 싶지 않다. 나는 그저 존재하고 생존하는 것에 신물이 난 신자들이 많다고 믿는다.

나는 하나님이 주시는 절박감으로 이 책을 썼다. 이 세상의 더러운 것과 만물의 찌꺼기 같은 삶이 지긋한가? 더 높은 삶, 부활한 삶을 갈망하는가? 하나님은 바로 당신과 같은 신자를 위해 이 책을 쓰라고 명령하셨다.

하나님은 당신이 더 높은 삶을 살기를 바라신다. 아니, '간절히' 바라신다. 하나님은 당신이 그분의 신성한 성품과 능력을 경험하기를 당신 자신보다도 더 간절히 원하신다. 하나님은 우리의 발목을 잡고 계시지 않는다. 우리가 현재 상태에 묶여 있는 것은 우리 자신의 우상 숭배 때문이다.

계속해서 현대 교회의 수많은 교인들의 눈을 가려온 기만을 더 깊이 파헤칠 것이다. 우리가 정상적인 기독교로 받아들여온 것이 하늘의 기준에서는 전혀 정상이 아니라는 사실을 보게 될 것이다. 위대한 소명, 운명, 임무가 우리를 기다리고 있다. 이제는 불순종과 무기력을 떨쳐버리고 예수 그리스도 안에서 위대함과 영광, 위엄, 능력을 입을 때다.

우상 숭배는 우리의 마음이 하나님의 말씀에 대해 굳어질 때 시작된다. 이것이 모든 우상 숭배의 뿌리다. 이것이 하나님이 이스라엘 백성들에게 옷이 아니라 마음을 찢으라고 말씀하신 이유다. 하나님은 그분의 말씀을 새겨듣지 않는 굳은 마음을 그대로 둔 채 겉으로만 회개하는 것을 원치 않으셨다.

신명기 8장은 이것이 하나님이 이스라엘을 징계하신 이유라고 말한다. 하나님은 사람이 떡으로만 사는 것이 아니고 그분의 입에서 나오는 모든 말씀으로 사는 줄을 가르치기 위해 채찍을 드신 것이다. 하나님의 말씀으로 살고 그분의 음성을 삶의 근원으로 삼는 것만이 우상 숭배에 빠지지 않고 그분이 부르시는 강력한 삶으로 나아갈 수 있는 길이다.

당신의 삶 속에서 하나님의 음성은 어떤 자리를 차지하고 있는가? 중요한 결정을 내릴 때 하나님의 지혜를 구한 적은 언제인가? 당신의 기도는 일방적인가 쌍방향 대화인가? 지금 바로 하나님 앞에 무릎을 꿇고 대화하라. 입을 다물고 그분의 음성에 귀를 기울이라. 그분과 상호작용하라. 그렇게 기도를 마친 뒤에는 그분이 주시는 말씀을 적어 보라.

7

서서히 마음이 죄로 뒤덮여도
알아채지 못하는 굳은 마음

죄. 감히 이것을 논할 용기가 있는가? 너무 논란이 많은 주제라고 피하고 싶은가? 하지만 적을 알아야 적절한 조취를 취할 수 있지 않겠는가.

죄는 대화나 설교 중에 주로 대충 넘어가거나 아예 회피되는 단어다. 아무래도 율법주의적인 비난에 상처를 받은 사람이 많은 탓이리라. 따라서 성경의 관점에서 죄를 보자.

오직 너희 죄악이 너희와 너희 하나님 사이를 갈라놓았고(사 59:2).

여기서 "죄악"에 해당하는 히브리어는 '아본'(avon)이다. 이것은 구약에서 죄를 지칭하는 네 가지 주된 단어 가운데 하나다. WSOTDICT에 따르면 이 단어는 "고의적인 왜곡의 의미를 강하게 함축하고 있기 때문에 특히 악한 죄를 지칭한다." 이것은 '고의적인' 죄, 우리의 표현을 쓰자면 '영적 크립토나이트'이며, 우리를 하나님에게서 갈라놓는다. 이 죄는 우리에게서 경건한 삶에 필요한 신성한 덕목들을 앗아간다. 아무런 죄책감 없이 죄를 짓는다면 이미 우상 숭배에 빠져 간음한 여인이 된 것이다. 하나님의 원수가 된 것이다.

신약에서 '죄'에 해당하는 단어는 '하마르티아'(hamartia, 동사는 '하마르타노'(hamartano)다. 이 두 단어는 신약에서 죄를 지칭할 때 가장 자주 사용된다. WSOTDICT에 따르면 '하마르티아'는 "우리 삶의 참된 목적과 범위 곧 하나님에게서 벗어나는 것"이다.

잠시 책을 놓고 생각해 보라. 죄를 짓는 것은 우리가 제정신에서는 절대 벗어나지 않을 본궤도에서 벗어나는 것이다. 모든 생명의 근원에서 떨어지는 것이다. 그와 함께 희락과 평강, 지혜, 만족, 공급까지 모든 것을 잃는다.

많은 선생들이 죄를 "과녁에서 벗어나는 것"으로 정의한다. 맞는 말이긴 하지만 내가 방금 전에 제시한 기본 정의를 생각하면 과연 "과녁에서 벗어나는 것" 정도로 죄의 심각성을 표현할 수 있을까?

신약에서는 다양한 죄에 대해 다른 용어들이 사용된다. 하지만 여기서 나의 목적은 각 용어를 연구하는 것이 아니라 죄의 주요한 측면들을 살피고, 사람들을 참된 생명의 근원에서 떼어 놓는 죄의 힘을 논하는 것이다.

죄는 우리의 생명력, 사랑, 힘, 온전한 마음, 열정, 목적을 공격한다. 이 점을 분명히 알아야 한다. 죄는 지독히 해롭다. 죄는 즐거울 수 있지만 그래봐야 잠깐뿐이다. 그런 의미에서 죄는 장기적인 고통을 대가로 단기적인 즐거움을 사는 짓이다. 죄는 결국 죽음이라는 장기적인 결과로 우리를 쏘기 때문이다. 우리의 육체는 죄에 끌리지만 하나님의 성품을 지닌 그리스도 안에서의 새 피조물로서는 본질적으로 죄의 욕구가 없다. 그래서 얼마든지 죄의 유혹을 뿌리칠 수 있다.

하나님은 가인에게 "죄가 문에 엎드려 있느니라. 죄가 너를 원하나 너는 죄를 다스릴지니라"라고 말씀하셨다(창 4:7). 보다시피 죄가 사람의 삶 속으로 들어오는 문이 있다. 이 문의 이름은 "욕심"이다. 그래서 야고보는 "욕심이 잉태한즉 죄를 낳고"라고 말한다(약 1:15). 이 문은 우리가 욕심에 대해 어떤 결정을 내리느냐에 따라 닫힐 수도 있고 열릴 수도 있다. 죄는 우리를 지배하려고 안달이 나 있다. 죄에도 욕심이 있으며, 그 욕심은 우리를 노예로 삼는 것이다. 그래서 예수님은 이렇게 경고하셨다. "진실로 진실로 너희에게 이르노니 죄를 범하는 자마다 죄의 종이라"(요 8:34).

바울은 예수님의 이 말씀을 이렇게 풀이해 준다. "너희 자신을 종으로 내주어 누구에게 순종하든지 그 순종함을 받는 자의 종이 되는 줄을 너희가 알지 못하느냐? 혹은 죄의 종으로 사망에 이르고 혹은 순종의 종으로 의에 이르느니라."(롬 6:16) 베드로도 습관적인 죄를 경고하는 대열에 동참했다. "누구든지 진 자는 이긴 자의 종이 됨이라"(벧후 2:19). 종이 되는 것만 해도 끔찍한데 죄는 지독히 가혹한 노예 주인이다. 정말이지 죄는 아예 근처에도 가지 말아야 할 대상이다. 죄는 곧 죽음이라고 생각해야 한다. 죄는 지으면 지을수록 더 짓고 싶고, 장기적으로 해로운 것으로 우리를 몰아간다.

죄는 우리를 종으로 삼으려는 의중을 좀처럼 드러내지 않는다. 죄는 기만적이다. 즉 성령의 인도하심을 느끼거나 듣지 못하도록 우리의 마음을 굳게 함으로써 우리를 통제한다(히 3:13을 보라). 죄는 우리를 해로운 우상 숭배로 이끈다. 알다시피 하나님은 솔로몬에게 두 번이나 나타나셨다. 감히 상상이 가질 않는 일이다! 그런데 그렇게 하나님을 두 번이나 본 사람이 어떻게 우상에게 넘어갈 수 있을까? 그럴 수 있다. 기만에 빠지면 그럴 수 있다. 그리고 하나님을 본 솔로몬이 그럴 수 있었다면 하나님을 보지 못한 사람들은 얼마나 더 쉽게 그럴 수 있겠는가.

죄는 근처에도 얼씬하지 말아야 한다. 워낙 강력해서 사람의 마음을 순식간에 변화시킬 수 있기 때문이다. 더 무서운 점은 우리의 마음이 일단 굳어지면 기만에 빠져 아무런 문제가 없다고 믿게 된다는 것이다. 눈이 멀어서 자신의 타락을 보지 못하게 된다. "나는 은혜로 덮여 있어서 죄를 지어도 괜찮다." 이런 거짓말에 속아 죄를 건드리는 것은 위험한 불장난이다. 이제부터 그 이유를 설명해 보겠다.

고의적인 죄는 습관적인 죄로 발전한다

'고의적인' 죄는 결국 '습관적인' 죄로 변한다. 그 과정은 이렇다. 처음 불순종을 저지르면 양심이 찔린다. 기분이 찜찜해진다. 마음속에서 무언의 외침이 들린다. "너는 과녁에서 벗어났어. 생명의 길에서 벗어났어. 어서 회개하고 용서를 구해 방향을 틀어야 해!" 그때 재빨리 진정한 회개로 죄에서 떠나면 우리의 마음이 깨끗이 씻겨 계속해서 성령의 음성에 민감한 상태를 유지한다. 그래서 성경은 이렇게 명령한다. "자기의 죄를 숨기는 자는 형통하지 못하나 죄를 자복하고 버리는 자는 불쌍히 여김을 받으리라"(잠 28:13).

그러나 양심의 소리를 무시하면 (이전 장에서 살폈던)막이 우리의 마음을 덮는다. 그런 상태에서 다시 또 죄를 지으면 찜찜한 감정이 전보다는 덜해진다. 이제는 양심이 더 작은 소리로 말한다. 이제는 양심의 찔림이라기보다는 살짝 꼬집는 정도만 느껴진다. 양심이 덜 민감해져서 성령의 음성을 듣기가 힘들어진다. 하지만 죄에 대해 진정으로 변화된 마음을 지닌 자라면 여전히 용서를 구하고 회복될 수 있다.

하지만 이 작은 양심의 소리조차 무시하면 마음에 또 다른 막이 덮이고 죄를 분간하는 능력이 더 약해진다. 이제는 하나님의 말씀을 거역해도 아주 희미한 간지러움 정도만 느껴질 뿐이다. 양심이 거의 완전히 무감각해졌기 때문에 성령의 음성을 듣기가 훨씬 더 어려워진다. 죄에 대해 진정으로 변화된 마음을 지닌 자라면 여전히 용서를 구하고 회복될 수 있지만 이제는 자신의 죄를 보기가 매우 어렵다.

이 희미한 느낌을 다시 무시하면 마음에 또 다른 막이 싸인다. 이 과정이 되풀이되면 우리의 양심은 결국 완전히 마비되어 자신의 우상 숭배를 전혀 느끼지 못하게 된다. 성령의 음성에 완전히 무감각해진다. 이제는 아무리 죄를 지어도 아무런 찔림도 느껴지지 않는다. '습관적으로' 죄를 짓는 상태에 빠진다. 지금도 여전히 용서를 받고 회복될 수는 있다. 하지만 자신의 죄를 더 이상 죄로 보지 않기 때문에 그럴 필요성을 거의 느끼지 못한다.

다음 단계는 하나님이 우리에게 선지자나 목사, 친구를 보내시는 것이다. 우리가 이 사자의 말까지 듣지 않으면 다음 단계로 하나님은 우리의 관심을 끌기 위해 어려운 상황, 심지어 고통까지도 사용하신다. 다윗은 이 단계를 겪었다. "고난당하기 전에는 내가 그릇 행하였더니 이제는 주의 말씀을 지키나이다"(시 119:67).

따라서 하나님이 시키시는 대로 순종하고 아예 죄를 멀리하는 것이 상책이다. 하지만 우리가 그렇게 하지 않으면 하나님은 우리를 너무 사랑하셔서 그냥 두시지 않고 고난을 통해서라도 우리를 가르치고 생명의 길로 돌아오게 하신다. NLT성경은 다윗의 말을 이렇게 번역한다. "주께서 징계하시기 전까지는 방황했지만 지금은 주의 말씀을 철저히 따릅니다."

바울이 고린도 교인들에게 보낸 편지에서도 우리를 회복시키기 위한 하나님의 징계를 볼 수 있다. "우리가 판단을 받는 것은 주께 징계를 받는 것이니 이는 우리로 세상과 함께 정죄함을 받지 않게 하려 하심이라"(고전 11:32). 고난과 고통을 통해 우리의 관심을 사로잡아 죽음의 길에서 생명의 길로 다시 불러오는 것이 하나님의 뜻이다.

계모와 간통을 저지른 남자에 관한 바울의 말에서도 같은 개념을 발견할 수 있다. "이런 자를 사탄에게 내 주었으니 이는 육신은 멸하고 영은 주 예수의 날에 구원을 받게 하려 함이라"(고전 5:5). 바울이 이 남자를 쫓

아내라고 명령한 것은 급속도로 퍼지는 죄의 전염병에서 고린도교회를 보호할 뿐 아니라 죄를 지은 사람을 위한 조치이기도 했다.

하나님은 그분의 자녀를 깊고도 끔찍이 사랑하신다. 그래서 우리가 죄의 종으로 얼마나 전락했느냐에 따라 다양한 방법으로 조치를 취하신다. 하나님은 우리에게 당장 편한 것보다 궁극적으로 무엇이 우리에게 최선인지를 고려하신다.

히브리서의 다음 구절은 죄의 작용에 관한 날카로운 통찰을 보여 준다. 모든 무거운 것과 얽매이기 쉬운 죄를 벗어버리고(히 12:1).

여기에서 "얽매이기 쉬운"이란 부분에 주목해 보자. 내가 얽매이기 쉬운 죄는 당신이 얽매이기 쉬운 죄가 아닐 수도 있다. 내가 빠지기 쉬운 죄는 술이나 탐심, 마약 중독, 험담처럼 겉으로 분명히 드러나는 죄가 아니다. 나를 가장 유혹했던 죄는 포르노였다. 포르노와의 전쟁은 내 평생에 가장 치열한 전쟁이었다. 뒤에 가서 내가 1985년에 이 지독한 노예 주인에게서 마침내 해방된 이야기를 하도록 하겠다. 일단 여기서 요지는, 자신이 어떤 유혹에 가장 약한지를 정확히 파악하고서 그 유혹에 빠질 기회 자체를 아예 차단해야 한다는 것이다. 심지어 예수님은 다음과 같이 말씀하셨다.

만일 네 손이 너를 범죄하게 하거든 찍어버리라. 장애인으로 영생에 들어가는 것이 두 손을 가지고 지옥 곧 꺼지지 않는 불에 들어가는 것보다 나으니라…만일 네 발이 너를 범죄하게 하거든 찍어버리라…만일 네 눈이 너를 범죄하게 하거든 빼버리라(막 9:43, 45, 47절).

물론 실제로 손발을 자르고 눈을 뽑아버리라는 말씀은 아니다. 우리가 빠지기 쉬운 죄의 기회를 아예 차단시키라는 말씀이다.

나는 지독한 알코올 중독에서 해방된 친구들이 많이 알고 지낸다. 그 중 한 명이 술을 끊도록 도왔을 때의 뿌듯함이 지금도 생생하다. 그 친구는 심지어 술을 한 방울도 입에 대지 않고 술의 유혹을 부르는 자리에는 아예 가지도 않는다. 그는 술이 자신이 쉽게 빠질 수 있는 죄의 영역이라는 것을 잘 알고 있다. 예수님의 경고를 되새겨 다시 노예 주인에게 빠질 기회 자체를 차단하는 모습이 너무도 지혜롭다.

한편, 나는 예수님을 영접하기 전인 대학 시절 친구들과 코가 삐뚤어지도록 술을 마시곤 했다. 그러던 어느 크리스마스 주간, 술집에 가보니 친구들이 인사불성으로 취해 있었다. 내가 새벽 12시 30분에 술집에 도착해서 친구들을 각자 집에 데려다주고 집에 가니 어머니께서 그때까지 나를 기다리고 계셨다. 나는 어머니에게 그날 있었던 일을 이야기하다가 불쑥 이렇게 말했다. "엄마, 저는 사실 술을 별로 좋아하지 않아요."

그러자 어머니는 소리 내어 웃으며 말씀하셨다. "그 아버지에 그 아들이구나."

퍼뜩 아버지가 술을 마시는 모습을 한 번도 보지 못했다는 사실이 떠올랐다. 우리 가문은 술을 좋아하는 체질이 아니다. 술은 우리 가문 사람들이 쉽게 빠지는 죄가 아니다. 하지만 우리 가문 사람들이 쉽게 빠지는 다른 죄들이 있다. 우리는 그런 죄가 들어올 틈을 아예 차단해야 한다.

히브리서 기자는 다음과 같이 덧붙인다.

또 아들들에게 권하는 것 같이 너희에게 권면하신 말씀도 잊었도다. 일렀으되 내 아들아, 주의 징계하심을 경히 여기지 말며 그에게 꾸지 람을 받을 때에 낙심하지 말라. 주께서 그 사랑하시는 자를 징계하시고 그가 받아들이시는 아들마다 채찍질하심이라 하였으니(히 12:5-6).

하나님은 우리가 죄를 지을 때 징계하신다. 하나님의 단계를 잠시 복습해 보자. 첫 번째 단계는 말씀으로 죄를 깨우쳐 바로잡아주신다. 우리가 그래도 듣지 않고 양심에 막을 씌우면 친구나 목사, 선지자를 통해 죄를 깨우치신다. 그래도 듣지 않으면 고난과 역경, 고통을 사용하신다.

생각해 보라. 위의 구절에서 왜 하나님은 징계가 힘들어도 "낙심하지 말라"라고 말씀하셨을까? 다음 구절에 답이 있다.

오직 하나님은 우리의 유익을 위하여 그의 거룩하심에 참여하게 하시느니라. 무릇 징계가 당시에는 즐거워 보이지 않고 슬퍼 보이나 후에 그로 말미암아 연단 받은 자들은 의와 평강의 열매를 맺느니라(히 12:10-11).

징계가 슬퍼 보인다는 대목에 주목하라. 징계는 고통스럽다. 하나님의 징계는 솜방망이기 아니다. 하나님은 자녀들에게 "사랑의 채찍"을 드는 것을 주저하시지 않는다. 그러니 하나님의 뜻을 거역하는 것이 얼마나 어리석은 짓인가. 잠시 죄의 쾌락을 즐기는 것보다 죄를 멀리하는 것이 훨씬 덜 고통스럽다.

하나님의 영은 사도 바울을 통해 고린도 교인들에게, 심지어 계모와 간음을 저지른 남자에게까지 다가가셨다. 지금도 하나님은 우리가 생명의 길로 돌아와 그분의 거룩하심에 참여하기를 바라는 마음으로 계속해서 그렇게 하고 계신다. 둘 다 누릴 수는 없다. 하나님의 말씀에 순종해서 풍성한 삶을 누릴 것인가? 잠시 우상 숭배 곧 의도적인 죄의 쾌락을 누린 뒤에 기나긴 고통을 겪을 것인가?

○ 내 삶의 크립토나이트 제거하기 ○

죄는 본질적으로 기만적이다. 죄는 만족을 준다는 거짓말로 우리를 속인다. 죄는 우리가 죄의 통제를 당하는 것이 아니라 죄를 통제하는 것이라고 속인다. 무엇보다도 죄는 우리가 살아야 할 참된 영광과 그리스도와의 생명력 넘치는 관계에서 멀어지게 만든다는 점에서 지독히 기만적이다. 하지만 하나님 안에서 우리에게 무엇이 가능한지(힘, 초자연적인 능력, 자유, 그분과의 친밀함 등)에 관한 분명한 비전으로 가득 차면 죄가 얼마나 지독한 기만인지를 분명히 볼 수 있다.

당신의 삶 속에서 하나님이 원하시는 삶에 관한 비전을 잃기 시작한 영역이 있는가? 그 비전보다 죄와 타협이 더 매력적으로 보이기 시작한 영역이 있는가? 하나님께 그런 영역을 밝혀 달라고 기도하라. 그리고 나서 그런 영역에 대해 새로운 비전을 보여 달라고 요청하고, 보여 주시는 대로 적어 보라.

175

KILLING KRYPTONITE

Part 3

영적 크립토나이트,
왜 깨야 하는가
- 개인과 공동체를 무너뜨리는 파괴력

1
은밀하고 강력한
죄의 힘에 사로잡히다

구약에서 가인은 이런 경고를 들었다. "죄가 문에 엎드려 있느니라. 죄가 너를 원하나 너는 죄를 다스릴지니라"(창 4:7). 비단 가인만이 아니다. 죄는 우리 모두를 원한다. 죄는 자신을 표현하기 위해 우리를 종으로 삼아 통제하길 원한다. 죄는 기만술로 우리를 현혹시키고 유혹하는 강력한 적이다.

그렇다면 어떻게 해야 이 죄를 다스릴 수 있을까? 답은 하나님의 뜻과 말씀, 도에 순종하는 것이다. 방금 전 창세기 4장 7절에서 하나님이 가인에게 하신 말씀을 다시 보자. "네가 선을 행하면 어찌 낯을 들지 못하겠느냐? 선을 행하지 아니하면 죄가 문에 엎드려 있느니라." 참된 순종은 죄로 가는 '욕심의 문'을 닫아 단단히 걸어 잠근다.

바울이 신자들에게 한 말을 다시 보자(그가 하나님의 은혜에 관한 가장 깊은 계시를 받은 사람이라는 사실을 기억하면서 읽어 보라).

> 너희 자신을 종으로 내주어 누구에게 순종하든지 그 순종함을 받는 자의 종이 되는 줄을 너희가 알지 못하느냐? 혹은 죄의 종으로 사망에 이르고 혹은 순종의 종으로 의에 이르느니라(롬 6:16).

바울의 말은 하나님이 가인에게 하신 말씀과 비슷하다. 하지만 아주 큰 차이가 하나 있다. 구약에서는 사람들의 영이 죽어 있었다. 그들의 속사람에게서 흘러나오는 생명은 없었다. 하지만 신약과 이 시대에는 예수님을 믿는 사람의 영이 살아 있다. 우리는 하나님과 하나가 되어 그분의 신성한 성품을 품고 있다. 따라서 우리는 우리의 속사람 곧 영에게 순종할 수도 있다. 물론 반대로 우리의 겉사람 곧 육체에 순종할 수도 있다.

이와 관련해서 하나님의 은혜도 작용한다. 하나님의 은혜는 우리를 구원하고 용서할 뿐 아니라 우리에게 진리에 순종할 힘을 준다. 그래서 성경은 은혜를 받으라고 명령한다. "은혜를 받자. 이로 말미암아 경건함과 두려움으로 하나님을 기쁘시게 섬길지니"(히 12:28). 은혜는 하나님께 순종할 힘과 의지를 준다.

베드로는 이렇게 말한다. "은혜와 평강이 너희에게 더욱 많을지어다. 그의 신기한 능력(은혜)으로 생명과 경건에 속한 모든 것을 우리에게 주셨으니"(벧후 1:2-3). 이 두 구절뿐 아니라 신약의 여러 구절에서 은혜는 우리에게 힘을 주는 요인으로 묘사된다. 우리는 하나님의 은혜를 통해 힘을 얻는 새로운 본성을 갖고 있다.

그렇다면 죄를 제대로 다스리지 못하는 신자가 왜 그리도 많은 것인가? 힘을 갖고 있어도 사용하지 않으면 무용지물이기 때문이다. 하나님은 우리 모두에게 선택할 힘을 주셨지만 실제 선택에 대해서는 관여하시지 않는다. 우리가 불순종을 선택하면 죄의 지배를 받게 된다. 그렇다면 불순종을 선택하는 신자들은 왜 그렇게 하는 것일까? 그것은 죄의 거짓말에 넘어갔기 때문이다. 자신이 바라던 것을 갖는 것이 하나님께 순종하는 것보다 이익이라는 죄의 사탕발림에 넘어간 탓이다. 이것이 바울이 다음과 같이 말한 이유다.

죄의 권능은 율법이라(고전 15:56).

이것은 많은 의미를 함축한 진술이다. 그리고 고개를 갸웃거리게 만드는 진술이다. "'법'이 죄에게 사람을 지배할 힘을 제공한다고? 하지만 우리는 모세 율법 아래 있지 않잖아!" 물론 그렇다. 하지만 성경에서 '율법'이 나올 때마다 모두 모세 율법을 말하는 것은 아니다. 예를 들어 야고보는 "최고의 법"을 언급했는데, 이것은 이웃 사랑을 말하는 것이다(약 2:8을 보라). 신자들의 마음에 기록된 "하나님의 법"도 있다(롬 8:7과 히 8:10을 보라). 서로의 짐을 져 줄 때 성취되는 "그리스도의 법"도 있다(갈 6:2를 보라).

또한 우리는 "자유의 율법"대로 심판을 받게 된다(약 2:12를 보라). 고린도전서 15장 56절에서 바울은 이런 법이나 모세 율법을 말한 것이 아니다.

그렇다면 바울이 죄에게 신자를 지배할 힘을 준다고 한 '법'은 무엇일까? 답을 말하기 전에 예부터 들어보겠다. 바울이 말한 법 아래에 있는 사람은 주로 이런 생각이나 말을 한다. "음란한 장면과 욕이 난무하기 때문에 이 영화는 보지 말아야 해." "십일조를 내야만 해." "야한 옷을 입은 저 여자를 훔쳐보지 말아야 해."

이런 말은 어떤 종류의 '법'을 말하는 것인가? 이런 말을 하는 사람은 하나님의 말씀을 기뻐하는 것이 아니라 제약이나 구속으로 여기는 사람이다. 그의 말은 시편 기자의 말과 심하게 비교된다. "나의 하나님이여, 내가 주의 뜻 행하기를 즐기오니 주의 법이 나의 심중에 있나이다 하였나이다"(시 40:8). '법 아래에 있는' 사람은 하나님의 뜻을 행하기를 즐기지 않는다.

이런 사람의 말은 이렇게 정리할 수 있다. "…을 하고 싶지만 성경에서 하지 말라고 하니 어쩔 수 없이…" 구약에서 이런 태도의 완벽한 사례 하나를 발견할 수 있다.

하나님과 동조되지 않은 선지자

발람은 선지자였다. 그는 하나님의 음성을 알았고 여호와의 도에 관한 전문가였다. 한편, 미디안 족속까지 다스린 모압의 왕은 발락이었다. 이 왕의 영토에 사는 백성들은 이스라엘 백성들이 다가오고 있다는 소식에 두려움에 떨었다. 이스라엘은 막 세계 최강대국 애굽을 유린하고 홍해를 건넌 상태였다. 애굽의 군대와 농업, 경제는 쑥대밭이 되고 모든 집의 장자가 원인 모를 증상으로 사망했다.

이스라엘 백성들이 애굽을 나온 뒤에는 아모리 족속의 도전을 받았지만 이번에도 거뜬히 대승을 거두었다. 이제 이스라엘 백성들은 모압의 평야에 진을 쳤다. 그곳의 백성들과 리더들, 왕은 애굽과 아모리처럼 자신들도 처참한 꼴을 당할까봐 공포에 사로잡혀 있었다.

그러던 차에 발락 왕은 발람이라는 강력하고도 유명한 선지자에 관한 이야기를 듣게 되었다. 그 선지자가 축복을 하면 좋은 일이 일어나고 저주하면 반드시 재앙이 내린다고 했다. 발락 왕은 즉시 사절단에게 선물을 딸려 발람 선지자에게 보내 간청했다. "청하건대 와서 나를 위하여 이 백성(이스라엘 백성)을 저주하라 내가 혹 그들을 쳐서 이겨 이 땅에서 몰아내리라"(민 22:6).

발람은 사절단에게 이렇게 대답했다.

이 밤에 여기서 유숙하라. 여호와께서 내게 이르시는 대로 너희에게 대답하리라. 모압 귀족들이 발람에게서 유숙하니라(민 22:8).

보다시피 발람은 "여호와"라고 말했다. 발람은 한 분이신 참된 하나님의 선지자였기 때문에 잡신에게 점을 본 것이 아니었다. 여호와는 하나님의 이름이며, 구약의 기자들은 거짓 신에 대해 절대 이 이름을 사용하지 않았다.

우리는 우리에게 생명을 주신 창조자요 지존자이신 하나님께 기도한다. 발람도 마찬가지였다.

그날 밤 하나님이 발람에게 하신 말씀을 유심히 살펴보자. 흥미롭게도 하나님은 발람이 찾을 때까지 기다리시지 않았다.

하나님이 발람에게 임하여 말씀하시되 너와 함께 있는 이 사람들이 누구냐(민 22:9)?

해석하자면 이렇다. "내게 온 이자들은 누구냐? 나와 전혀 언약을 맺지 않은 자들이구나! 그런데 내 언약의 백성들을 저주해도 되냐고 물으려고 하다니, 너 지금 제정신이냐? 도대체 무슨 생각으로 그런 기도를 하려는 거냐? 물으나 마나 답은 빤하지 않느냐?"

하나님께 물을 필요가 없는 문제들이 있다. 기록된 말씀을 통해 하나님의 뜻을 이미 충분히 알고 있는 문제들이 있다. 예컨대, 다른 신자들과 모여야 할지 말아야 할지에 관해서는 기도할 필요가 없다. 하나님은 이미 답을 주셨다. "모이기를 폐하는 어떤 사람들의 습관과 같이 하지 말고"(히 10:25).

목회자들에게 사례비를 주어야 할지도 굳이 여쭐 필요가 없는 문제다. "주께서도 복음 전하는 자들이 복음으로 말미암아 살리라 명하셨느니라"(고전 9:14).

동성애를 하거나 남들에게 권할지에 관해서도 여쭐 필요가 없다. 하나님은 이미 분명한 답을 주셨다.

불의한 자가 하나님의 나라를 유업으로 받지 못할 줄을 알지 못하느냐? 미혹을 받지 말라 음행하는 자나 우상 숭배하는 자나 간음하는 자나 탐색하는 자나 남색하는 자나 도적이나 탐욕을 부리는 자나 술 취하는 자나 모욕하는 자나 속여 빼앗는 자들은 하나님의 나라를 유업으로 받지 못하리라(고전 6:9-10).

탈세를 해도 될지도 여쭐 필요가 없다. 그것은 명백한 도둑질이다. 결혼 전에 남자친구나 여자친구와 동거해도 될지도 여쭐 필요가 없다. 그것은 성적인 죄다. 다른 남자의 부인과 사귀어도 될지도 여쭐 필요가 없다. 그것은 간음이다. 이 외에도 예를 들자면 끝이 없다. 성경에는 하나님의 뜻을 분명히 보여 주는 명령이 많다.

"좋다, 발람, 네가 알아듣지 못하니, 아니 알아들으려고 하지 않으니 내 뜻을 더없이 분명히 말해 주마." 아마도 하나님은 그런 심정으로 이렇게 말씀하셨을 것이다. "너는 그들과 함께 가지도 말고 그 백성을 저주하지도 말라. 그들은 복을 받은 자들이니라."(민 22:12)

더 이상의 설명은 필요 없었다. 자, 발람은 하나님의 명령에 어떻게 반응했을까?

발람이 아침에 일어나서 발락의 귀족들에게 이르되 너희는 너희의 땅으로 돌아가라. 여호와께서 내가 너희와 함께 가기를 허락하지 아니하시느니라(민 22:13).

어떤가? 칭찬할 만하지 않은가? "하나님께 당장 순종하는 것 좀 봐! 역시 훌륭한 선지자야!" 하지만 그의 말을 자세히 뜯어보면 꼭 그렇지만도 않다. "여호와께서 내가 너희와 함께 가기를 허락하지 아니하시니라"라는 대목을 눈여겨보자. 발람은 "여호와께서 뜻을 분명히 밝히셨으니 가지 않겠다"라고 말하지 않았다. 그는 "허락하지 아니하시니라"라는 표현을 사용했다.

예를 하나 들어보면 내가 무슨 말을 하려는지 쉽게 이해가 갈 것이다. 하루는 딸이 친구들과 쇼핑을 하고 영화를 보기로 한다. 그래서 부모에게 허락을 구했더니 부모가 오늘은 가족끼리 외식을 했으면 좋겠다고 말한다.

잠시 후 친구들이 딸을 데리러 집에 온다. "준비 다 됐어?"

딸은 잔뜩 찡그린 얼굴로 친구들에게 말한다. "나는 못 가!" 다시 말해 "너희랑 가고 싶지만 오늘밤은 가족끼리 외식을 한 대. 어쩔 수 없이 못 가!" 이 딸은 부모의 바람을, 자기가 정말로 하고 싶은 것을 막는 제약으로 여기고 있다. 이 딸에게 부모의 말씀은 '법'이다. 발람은 바로 이 딸처럼 말한 것이다.

더 좋은 거래 조건

모압의 사절단은 궁궐로 돌아와 왕에게 발람의 대답을 전했다. 하지만 왕은 포기할 줄 몰랐다. 그래서 이번에는 더 높은 인물들로 더 큰 규모의 사절단을 꾸려 더 큰 선물과 함께 발람에게 다시 보냈다. 왕의 조건은 실로 파격적이었다. "아무것에도 거리끼지 말고 내게로 오라. 내가 그대를 높여 크게 존귀하게 하고 그대가 내게 말하는 것은 무엇이든지 시행하리니 청하건대 와서 나를 위하여 이 백성을 저주하라"(민 22:16-17).

옆집 이웃이 가진 것 중에서 뭐든 주겠다고 하면 별로 솔깃하지 않겠지만 일국의 왕이 그런 제안을 한다면 보통 일이 아니다.

내가 고등학교에 다닐 때 플립 윌슨(Flip Wilson)이라고 하는 유명한 코미디언이 있었다. 그의 유행어 중 하나는 "악마가 이것을 하게 만들었다"였다.

그 말을 들을 때마다 많이 웃었고 많은 사람들이 자주 따라했지만, 전혀 틀린 말이다. 사탄은 신자가 뭔가를 하도록 만들 수 없다. 성경은 "오직 각 사람이 시험을 받는 것은 자기 욕심에 끌려 미혹됨이니"라고 분명히 말한다(약 1:14). 여기서 키워드는 "미혹됨"이다. 사탄이 신자에게 할 수 있는 한계는 미혹까지다. 다만 우리는 욕심이 생기지 않는 것에 미혹되지 않는다. 누군가가 내게 코카인을 내밀면 나는 숨도 쉬지 않고 "당장 치우세요!"라고 말할 것이다. 나는 마약에 일말의 흥미도 없기 때문에 코카인으로는 절대 나를 미혹할 수 없다.

하지만 사탄은 똑똑하고 절대 게으르지 않다. 부단히 당신의 삶을 연구할 뿐 아니라 당신의 부모와 조상까지 철저히 조사한다. 그래서 당신의 가문이 주로 무엇에 욕심을 낼 수 있는지 훤히 알고 있다.

사탄은 발람의 삶을 조사해서 그가 돈과 명예에 좋지 않은 욕심을 갖고 있음을 파악했다. 나는 이것이 사탄이 이 불경한 왕으로 하여금 발락에게 더 많은 재물을 제시하게 만든 이유라고 믿는다. 하지만 잠깐! 더 많은 선물에 대한 발람의 반응은 단호했다.

> 발락이 그 집에 가득한 은금을 내게 줄지라도 내가 능히 여호와 내 하
> 나님의 말씀을 어겨 덜하거나 더하지 못하겠노라(민 22:18).

더 많은 선물 앞에서도 하나님의 말씀에 불순종하지 않겠다는 발람
의 단호한 태도를 보니 다시 칭찬하고 싶은 마음이 생긴다. 하지만 자세
히 뜯어보면 이번에도 발람의 제약을 보여 주는 키워드가 눈에 들어온다.
발람은 "더하지 않겠노라"가 아니라 "더하지 못하겠노라"라고 말했다. 변
한 것이 없었다. 발람은 여전히 하나님의 말씀에 제약을 받고 있었다. 그
에게는 하나님의 말씀이 여전히 법이었다. 그의 다음 말을 보면 이 점을
확실히 알 수 있다.

> 그런즉 이제 너희도 이 밤에 여기서 유숙하라. 여호와께서 내게 무슨
> 말씀을 더하실는지 알아보리라(민 22:19).

뭐라고? 선물이 많아지면 하나님의 마음이 바뀌기라도 한단 말인가?
하나님이 다음 사절단이 훨씬 더 많은 선물을 가져올 줄 알고서 일부러
줄다리기를 하셨단 말인가? 얼토당토않은 말이다! 하나님은 더 좋은 거
래 조건을 위해 발람에게 첫 제안을 거절하라 명령하신 것이 아니었다.
따라서 처음만큼이나 두 번째도 더 이상 하나님의 뜻을 여쭐 필요가 없었
다. 하나님은 첫 번째 사절단이 왔을 때 이미 뜻을 분명히 밝히셨다. "너

는 그들과 함께 가지도 말고."

그럼에도 발람은 끝내 그날 밤 기도를 드렸다. 그런데 하나님의 대답은 뜻밖이다.

> 그 사람들이 너를 부르러 왔거든 일어나 함께 가라. 그러나 내가 네게 이르는 말만 준행할지니라(민 22:20).

잠깐! 함께 가라고? 방금 우리가 잘못 읽었나? 도대체 무슨 상황인가? 갑자기 상황이 바뀌었다. 이번에는 발락의 사절단과 함께 가라는 명령이 떨어졌다. 그래서 발람은 하나님이 시키시는 대로 했다. 당나귀를 타고 모압의 사절단을 따라나섰다. 그는 분명 하나님의 명령에 순종했다. 그런데 어떤 상황이 발생하는지 보라.

> 그가 감으로 말미암아 하나님이 진노하시므로(민 22:22).

이 무슨 해괴한 상황인가? 하나님이 이랬다저랬다 하는 정신분열증 환자가 되신 것인가? 전날 밤 시키신 대로 정확히 했는데 도리어 화를 내시다니! 이것을 도대체 어떻게 해석해야 할까?

성경 안에 논리적인 답이 있으며, 이 답은 우리에게 중요한 깨달음을 준다. 이 답은 '죄가 법에서 권능을 얻는다'라는 진리와 관련이 있다. 다음 장에서 이 답을 탐구해 보자.

많은 신자가 꼭 들어야 할 소망의 메시지가 있다. 그것은 죄의 권능에서 완벽히 해방될 수 있다는 것이다.

그렇다. 방금 잘못 읽은 것이 아니다. 죄를 이기는 것이 분명 가능하다. 예수님은 단순히 우리에게 천국행 티켓을 주기 위해서만 돌아가신 것이 아니다. 예수님은 죽음을 통해 우리를 죄와 죽음의 권능에서 해방시키셨다. 이제 죄는 우리를 어쩌지 못한다. 오히려 우리가 죄를 다스린다.

이것은 오직 하나님의 은혜를 통해서만 가능하다. 인간의 능력으로는 불가능한 것을 이루시는 하나님의 능력이 해방의 열쇠다. 우리는 값없이 은혜를 받고 그 힘을 소유할 수 있다. 하지만 그 힘을 사용하지 않으면 무용지물이다. 신자가 이 힘을 사용하지 않는 것은 대개 자신에게 그 힘이 있는지 모르기 때문이다.

오늘, 당신에게 정말로 죄를 이길 힘이 있음을 보여 주는 성경 구절들을 묵상하라. 그렇게 할수록 죄에 대한 방어력이 강해진다. 이 진리가 현실로 나타날 때까지 묵상하고 또 묵상하라. 혹시 당신을 다스릴 힘을 죄에 넘겨 준 삶의 영역이 있다면 회개하고, 오늘 그 죄에서 해방시켜 주실 하나님께 미리 감사하라. 지난 실수에 대해 자신을 용서하고, 당신의 미래를 하나님의 눈으로 볼 수 있게 해 달라고 기도하라. 하나님이 당신의 미래를 어떻게 보시는지, 그분이 보여 주시거나 말씀해 주시는 대로 적어 보라.

2
하나님이 우리를
욕심에 버려두시다

이전 장에 이어 발람 선지자의 이야기를 계속 해 보자.

발람 선지자는 모압과 미디안의 첫 사절단을 따라가지 말라는 하나님의 지시를 받았지만 더 높은 자들이 더 큰 선물을 들고 찾아오자 두 번째로 하나님께 나아갔다. 그는 이번에는 다른 응답이 내려올 줄 기대했다.

어떤가? 당신도 이런 적이 있는가? 하나님이 무슨 말씀을 하시는지

뻔히 알면서도 다른 응답을 기대하며 굳이 기도를 했던 적이 있는가? "기도해 보자" 혹은 "한 번만 더 기도해 보자"라는 말로 자신의 부적절한 동기를 포장한 적은 없는가?

당신은 어떤지 모르겠지만 나는 그런 적이 있다. 이번 장의 뒤에서 나의 실수담 두 가지를 고백하고 싶다.

발람은 이 강력한 왕이 제시한 부와 명예에 욕심이 났다. 하지만 감히 하나님의 '제약'이라는 선을 넘을 수는 없었다. 발람은 고의적으로 불순종하면 복을 받을 수 없다는 사실을 모를 만큼 어리석지 않았다. 그런데 때로는 인간적인 지혜가 더 큰 기만으로 가는 문을 열기도 한다.

그런데 하나님이 "일어나 함께 가라"라고 말씀하셨으니 발람이 얼마나 놀랐을까? 발람은 이렇게 생각했을지 모른다. '이럴 수가! 한 번 더 기도하길 정말 잘했군!'

어쨌든 그리하여 발람은 다음날 아침에 일어나서 전날 밤 하나님이 시키신 대로 그대로 따랐다. 그런데 황당하게도 "그가 감으로 말미암아 하나님이 진노하시므로"(민 22:22).

하나님이 정신분열증 환자이신가? 물론 이것은 얼토당토않은 질문이다. 답은 당연히 "절대 아니다"이다. 그렇다면 하나님은 왜 진노하셨을까? 분명 발람은 하나님이 시키시는 대로 정확히 따랐다. 그런데 하나님은 화를 내셨다. 도대체 어떻게 된 것인가?

여기에는 많은 사람이 알지도 이해하지도 못하는 이유가 하나 있다. 나도 적잖은 세월 동안 고난을 겪은 뒤에야 겨우 이 이유를 깨달았다. 그 이유는 다음과 같다.

하나님이 (그분의 말씀을 통해서 혹은 기도 중에)안 된다고 분명히 알려 주신 것을 우리가 계속해서 원하면(탐내면) 하나님은 우리에게 좋지 않고 결국은 우리가 그것으로 심판을 받게 될 줄 알면서도 그냥 주실 경우가 많다.

어떤가? 충격적인가? 하지만 분명한 사실이다. 성경 속의 사례들로 증명해 보겠다.

이루어진 응답들

이스라엘 백성들은 왕을 원했다. 백성들이 아우성을 치자 결국 국가의 리더들은 사무엘 선지자를 찾아가 백성들의 바람을 전했다. "모든 나라와 같이 우리에게 왕을 세워 우리를 다스리게 하소서"(삼상 8:5).

사무엘은 이 여론을 하나님께 아뢰자 답변이 내려왔다. 하나님의 답변은 왕을 세우는 것이 결코 현명하지 않은 이유들의 목록이었다. 하나님은 왕이 백성들의 아들들을 군사로 차출해갈 것이라고 경고하셨다. 군대로 끌려가지 않은 아들들도 편히 지낼 수 있는 것은 아니었다. 그들도 왕을 위해 밭을 갈고 곡식을 추수하고 무기와 장비를 만들어야 했다. 딸들은 딸들대로 요리와 청소, 향수 제조 같은 각종 노역에 시달릴 수밖에 없었다. 왕은 여기서 그치지 않고 백성들에게서 가장 좋은 밭과 포도원, 올리브 과수원, 소와 양을 빼앗아 자기 신하들에게 줄 것이었다. 하나님은 그렇게 되면 결국 백성들이 그토록 원했던 왕을 없애달라고 울부짖겠지만 도와주지 않을 것이라고 경고하셨다.

하지만 장황한 경고도 아무런 소용이 없었다. "백성이 사무엘의 말 듣기를 거절하여 이르되 아니로소이다. 우리도 우리 왕이 있어야 하리니 우리도 다른 나라들 같이 되어"(삼상 8:19-20).

어쩔 수 없이 사무엘은 백성들의 열렬한 바람을 다시 하나님께 아뢰어야 했다. 결국 하나님은 자신의 뜻에 반하는 응답을 하셨다. "그들의 말을 들어 왕을 세우라"(삼상 8:22). 하나님은 좋지 않은 줄 알면서도 어쩔 수 없이 그들이 탐내는 것을 주셨다. 결국 그들은 왕을 얻었고, 하나님이 경고하신 상황이 그대로 벌어졌다.

또 다른 예를 보자. 이스라엘 민족이 애굽에서 나오자 하나님은 신비한 음식으로 그들을 먹이셨다. 만나라고 하는 그 음식은 하늘에서 내려온 떡이었다. 성경의 다른 곳에서는 "힘센 자(천사들)의 떡"으로도 부른다(시 78:25). 이 음식은 워낙 영양가가 높아서, 나중에 엘리야의 경우 두 덩이를 먹고 40일 동안 쉬지 않고 달렸을 정도다. 가끔 내게도 이 음식이 있으면 얼마나 좋을까 하는 생각을 한다.

그런데 이스라엘 백성들은 이 좋은 음식에 신물이 나서 고기를 달라고 떼를 쓰기 시작했다. 시편 기자는 이렇게 말한다. "그들이 구한즉 메추라기를 가져 오시고"(시 105:40). 하나님은 유례없이 놀라운 방식으로 그들의 요구를 들어주셨다.

그가 동풍을 하늘에서 일게 하시며 그의 권능으로 남풍을 인도하시고 먼지처럼 많은 고기를 비 같이 내리시고 나는 새를 바다의 모래 같이 내리셨도다. 그가 그것들을 그들의 진중에 떨어지게 하사 그들의 거처에 두르셨으므로(시 78:26-28).

하나님은 이스라엘 백성들의 요구를 그냥 들어주신 것이 아니라 '거창하게' 들어주셨다. 하나님은 강력한 "권능"으로 헤아릴 수 없이 많은 새들을 이스라엘 진영으로 보내셨다. 그래서 사냥할 필요도 없었다. 사냥개와 활, 덫 따위도 필요 없었다. 메추라기들이 알아서 진영으로 날아들었다. 그냥 팔만 휘두르면 몇 마리씩 손에 걸렸다. 오늘날 이런 기적이 일어나면 뉴스에서 대서특필할 것이다. 하나님은 그야말로 거창한 잔치 한판을 벌이셨다. 그런데 시편 기자의 다음 글은 뜻밖이다.

그들이 먹고 심히 배불렀나니 하나님이 그들의 원대로 그들에게 주셨도다. 그러나 그들이 그들의 욕심을 버리지 아니하여 그들의 먹을 것이 아직 그들의 입에 있을 때에 하나님이 그들에게 노염을 나타내사 그들 중 강한 자를 죽이시며 이스라엘의 청년을 쳐 엎드러뜨리셨도다(시 78:29-31).

거짓 신이나 귀신이 아닌 하나님이 그들이 '원하는' 것을 주셨다. 그것도 기적적으로 주셨다. 그런데 그들이 다 먹기도 전에 하나님의 심판이 임했다!

우리는 하나님이 인류를 창조하기 전에 선택의 자유를 주기로 결정하셨다는 사실을 기억해야 한다. 하나님은 우리가 그분의 뜻에 어긋나고 우리에게 해로운 선택을 할 수도 있다는 사실을 알면서도 그렇게 결정하셨다.

예를 들어 탕자를 보라. 탕자는 유산을 미리 달라고 요구했다. 하지만 아버지는 탕자가 아직 거액을 제대로 관리할 만큼 성숙하지 못했다는 점을 잘 알고 있었다. 그럼에도 아들이 하도 졸라대자 아버지는 항복을 하고 말았다. 결국 아들은 받은 유산을 다 탕진하고 돼지우리에서 뒹구는 신세가 되었다.

성경에서 다른 예를 더 들 수 있지만 무슨 말인지 이해했으리라 믿는다. 하나님의 뜻에서 어긋난 것을 끈덕지게 요청하면 결국 우리에게 손해다.

똑똑한 나귀

이 점을 명심하면서 발람의 이야기로 돌아가 보자.

이제 발람은 사절단을 따라 모압 왕을 만나러 길을 나섰다. 그런데 하나님은 그의 선택에 진노하셨고, 갑자기 천사가 그의 앞을 가로막았다. 천사라고 해서 활과 화살을 든 작고 통통한 아기를 떠올리면 곤란하다. 원래 천사는 거대하고 강력한 존재다. 특히 이 천사는 3미터에 육박하지 않았을까 짐작해본다.

천사가 칼을 뽑은 채 발람의 앞을 막자 하나님은 기적적으로 '나귀'의 눈을 여셨다. 금방이라도 칼을 내려치려는 거대한 존재를 본 나귀는 혼비백산해서 길을 벗어나 밭으로 뛰어들었다. 이에 짜증이 난 발람은 나귀를 때려 다시 길 위로 몰았다.

어느새 천사는 양쪽에 벽이 있는 길 위로 이동했다. 천사를 본 나귀는 다시 도망가려다가 자신의 몸과 담 사이에 발람의 발이 짓눌리게 만들었다. 발람은 더욱 노발대발하며 나귀를 다시 때렸다.

이번에는 천사가 좌우로 틈이 거의 없는 좁은 길로 이동했다. 이에 나귀는 아예 엎드려버렸다. 화가 머리꼭지까지 오른 발람은 다시 나귀를 때렸다.

그때 하나님이 나귀의 입을 열어 발람에게 말하고 하셨다. "내가 당신에게 무엇을 하였기에 나를 이같이 세 번을 때리느냐"(민 22:28).

그때부터 발람과 나귀는 입에 침을 튀겨가며 언쟁을 벌였고, 마침내 하나님이 발람의 눈을 열어 천사를 보게 하셨다. 발람은 즉시 코가 땅에 닿도록 엎드렸다.

지금까지 나는 이 천사가 단순히 하나님을 섬기는 수많은 천사 중 하나인 것처럼 말했다. 하지만 NKJV성경의 번역자들은 이 천사를 사실상 하나님으로 본 것이 분명하다. 사실, 나도 같은 의견이다. 하지만 판단은 알아서 하길 바란다. 여기서 핵심은 그 문제가 아니니까 말이다.

천사는 발람을 꾸짖었다. "보라 내 앞에서 네 길이 사악하므로 내가 너를 막으려고 나왔더니 나귀가 나를 보고 이같이 세 번을 돌이켜 내 앞에서 피하였느니라. 나귀가 만일 돌이켜 나를 피하지 아니하였더면 내가 벌써 너를 죽이고 나귀는 살렸으리라"(민 22:32-33).

나귀가 발람의 생명을 구했다! 나귀가 하나님을 피하지 않았다면 발람은 죽은 목숨이었다. 이 정도면 발람이 모압과 미디안의 사절단에게 "나는 이만 빠지겠소. 당신네 왕께 가서 돈이 굳었다고 전하시오"라고 말하지 않았을까? 안타깝게도 그렇지 않았다. 대신 발람은 하나님께 죄를 고백했다.

> 내가 범죄하였나이다. 당신이 나를 막으려고 길에 서신 줄을 내가 알지 못하였나이다 당신이 이를 기뻐하지 아니하시면 나는 돌아가겠나이다(민 22:34).

발람은 자신의 죄를 인정했지만 "당신이 이를 기뻐하지 아니하시면"이라고 말한 것을 보아 여전히 정신을 차리지 못했다.

제발, 발람! 도대체 어떻게 해야 정신을 차리려는가? 심지어 하나님이 직접 찾아와 길을 막으셨는데도 여전히 자신의 뜻을 관철시키려고 하고 있다. 왕이 제시한 돈과 명예가 너무 탐이 나서 방금 전에 하나님께 징계를 당하고도 금세 잊어버렸다. 우상 숭배에 눈이 멀어 하나님의 마음을 전혀 읽지 못하고 있다.

우리의 욕심이 순종보다 중요해질 때, 하나님의 명령이 제약처럼 느껴질 때, 바로 이런 일이 벌어진다. 죄는 기만을 통해 힘을 키운다. 하나님과의 동조에서 완전히 벗어난 것이 이제 그 정도까지는 아니게 보인다. 물론 순종하는 사람은 하나님의 뜻이 아닌 것을 분명히 안다. 하지만 그런 사람조차도 우상 숭배에 사로잡히면 간절히 원하는 것에 대해 계속해서 하나님의 허락을 구하게 된다.

나의 실수

내가 삼십대 초였을 때 하나님은 한 유명한 출판사와 계약하는 것이 그분의 뜻이 아니라는 점을 우리 부부에게 분명히 알려 주셨다. 신규 원고 검토 편집자에게서 처음 연락이 왔을 때 나는 제안을 거절했지만 당시 나의 대답은 발람 선지자가 발락의 사절단을 처음 만났을 때와 크게 다르지 않았다.

내 대답이 그리 단호하지 않은 것을 감지한 편집자는 거의 하루가 멀다 하고 전화를 걸어왔다. 그는 내 메시지가 기독교계에 매우 중요하다며 무명의 저자들이 자기 회사를 통해 유명해진 사례들을 소개했다. 열 번 찍어서 안 넘어가는 나무가 없다고 했던가. 결국 나는 그의 사탕발림에 넘어가고 말았다. 당시 나는 자비로 두 권의 책을 낸 상태였는데 별로 반응이 없었다. 나는 이 출판사의 전국적인 영향력에 편승하고 싶었다. 하지만 하나님은 지금 이 메시지가 이 출판사를 통해 출간되는 것이 그분의 뜻이 아니라고 말씀하셨다. 게다가 내 동기도 잘못되어 있었다. 나는 유명해지고 싶었다. 나는 지위와 평판, 즉 이생의 자랑을 추구하고 있었다.

이 유명한 출판사를 통해 내 책을 출간하려는 욕심은 점점 커져만 갔고, 급기야 하나님의 분명한 지시와 아내의 조언, 온갖 불길한 조짐을 깡그리 무시하기에 이르렀다. 내 마음속에서 성령의 경고음은 점점 작아지더니 이내 욕심에서 비롯한 기만의 소리만 가득 찼다.

그 출판사는 다른 주에 있었다. 나는 일정상 시간을 낼 수 없어 아내가 대신 찾아가 계약을 진행하기로 했다. 그런데 아내가 떠나는 날 아침, 집에서 우리 아들 중 하나가 2층으로 내려오는 내내 계단에 토를 했다.

계단을 치우다 말고 결국 아내가 폭발했다. "여보, 아직도 모르겠어요? 하나님이 하지 말라고 하시잖아요."

하지만 나는 강하게 반발했다. "무슨 소리. 이건 마귀가 우리를 낙심시켜 이 일을 못하게 하려는 거라고." 이런 일이 생겼으면 내 결정을 진지하게 재고했어야 옳았다. 하지만 당시는 더 큰일이 벌어져도 정신을 차리지 못했을 것이다. 나는 내 죄의 권능에 철저히 현혹되어 완전히 눈이 멀어 있었다.

결국 그날 아내는 출판사를 찾아가 계약서에 도장을 찍었다. 그때부터 석 달간 내 삶이 지독한 혼란에 빠졌다. 평화롭던 내 삶에 시련의 광풍이 불었다. 석 달 내내 온갖 바이러스와 감기, 여러 질병이 내 몸을 공격했다. 출판사와도 손발이 맞질 않았다. 사사건건 이견이 발생했고, 결국 우리 사역 기관은 수천 달러를 날렸다.

하지만 나는 한 가지 점에서 발람과 달랐다. 나는 내 강한 욕심이 하나님의 뜻을 보는 눈을 가렸다는 사실을 마침내 깨달았다. 내가 내내 하나님의 심판(징계)을 받아왔다는 사실을 깨달았다. 바울이 기억나는가? "그러므로 너희 중에 약한 자와 병든 자가 많고 잠자는 자도 적지 아니하니 우리가 우리를 살폈으면 판단을 받지 아니하려니와 우리가 판단을 받는 것은 주께 징계를 받는 것이니 이는 우리로 세상과 함께 정죄함을 받지 않게 하려 하심이라."(고전 11:30-32) 내가 스스로 만든 우상을 보기까지는 쓸데없는 고난이 필요했다. 내가 결국 나의 고집을 회개하자 거의 즉시 모든 것이 회복되었다.

약 1년 뒤 또 다른 유명 출판사에서 죄에서의 자유에 관한 내 메시지를 출간하고 싶다는 뜻을 비쳐왔다. 이번에는 하나님이 이렇게 말씀하셨다. "이전 출판사는 너의 계획이었지만 이 출판사는 나의 계획이다." 1년 전의 채찍질 덕분에 나의 동기도 완전히 달라져 있었다. 이번에는 사람들이 참된 자유를 얻을 수 있도록 무조건 하나님께 순종했다. 이것은 하나님이 원하시는 메시지였고, 그렇게 탄생한 책 《관계》(The Bait of Satan)는 지금까지 2백만 부 가까이 팔렸다.

내가 완전히 정신을 차리고 다시는 그런 실수를 되풀이하지 않았노라 말할 수 있으면 좋으련만. 사십대 초에 나는 하나님이 분명히 밝혀 주신 뜻을 또 다시 무시했다. 이번에도 아내와 교회 중진들의 강한 만류를 끝내 뿌리쳤다. 이번에는 기만의 안개가 훨씬 더 짙었다. 덕분에 훨씬 더 큰 징계를 받아 거의 8개월 동안 극심한 고난과 고통, 고뇌에 시달려야 했다. 결국 다시 한 번 내가 만든 우상을 깨닫고 회개했지만 값비싼 대가를 치러야만 했다.

나는 발람이 하나님의 마음을 받아들였다면 나중에는 훨씬 더 잘되었을 것이라 확신한다. 하지만 안타깝게도 그는 우상 숭배에서 진정으로 돌아서지 못했고 결국 하나님의 심판을 받아 비참한 죽음을 맞고 말았다 (수 13:22를 보라).

당신은 이 교훈을 나처럼 힘들게 배우지 않았으면 정말 좋겠다. 나의 메시지로 인해 당신만큼은 내가 불필요하게 겪었던 고통과 고난을 피하게 되기를 간절히 바란다.

우리의 욕심을 하나님 앞에 내려놓지 않으면 그것이 우리를 그분에게서 멀어지게 만든다. 심하면 하나님이 우리를 욕심대로 하게 놔두실 수도 있다. 성경에서 우리는 하나님이 뜻을 분명히 밝히셨는데도 그 뜻에서 어긋나는 욕심을 고집하면 그로 인해 고난이 따를 것을 알면서도 그냥 들어주신 사례를 여럿 볼 수 있다.

하나님은 지금도 그렇게 하신다. 하나님은 그분의 뜻에 반하는 요청이라도 우리가 고집스럽게 조르면 들어주신다. 하지만 그것은 우리가 원하는 복으로 이어지지 않는다. 고통스러운 징계로 이어질 뿐이다.

따라서 굳이 고생을 사서 할 필요는 없다. 하나님께 맡기면 알아서 우리에게 가장 좋은 길로 인도해 주신다. 대개 하나님은 우리가 원하는 것을 주시지만 언제나 의로운 방법으로 주신다. 하나님을 따르면 우리를 복된 길로 인도하시지만 우리가 원하는 결과는 그분의 때에 찾아온다. 오늘 우리의 길을 그분께 맡기기로 결단하라. 당신의 뜻이 아닌 그분의 뜻에 따라 이끌어 달라고 요청하라. 그분을 더 가까이 따르기 위해 오늘부터 취해야 할 단계들은 무엇인지 구하라. 그것들을 적은 다음 실천하라.

3
자 기 가 듣 고 싶 은
말 씀 만 듣 다

방향을 잃지 않도록 우상 숭배의 본질을 다시 간단히 짚고 넘어가자. 우상 숭배는 신자든 불신자든 하나님의 뜻에서 어긋난 욕심을 채우기 위해 그분이 분명히 밝혀주신 명령을 무시하는 것이다. 그래서 바울은 다음과 같이 말한다.

너희도 정녕 이것을 알거니와 음행하는 자나 더러운 자나 탐하는 자 곧 우상 숭배자는 다 그리스도와 하나님의 나라에서 기업을 얻지 못하리니 누구든지 헛된 말로 너희를 속이지 못하게 하라. 이로 말미암아 하나님의 진노가 불순종의 아들들에게 임하나니 그러므로 그들과 함께 하는 자가 되지 말라(엡 5:5-7).

하나님의 진노는 불신자에게 임한다. 하지만 하나님은 우상 숭배(탐심)에 빠진 신자도 다시 그분의 마음을 닮게 회복시키기 위해 징계하신다. 하지만 신자가 발람처럼 끝까지 고집스럽게 불순종을 행하면 죽음처럼 무시무시한 결과가 찾아올 수도 있다. 그래서 바울은 신자들에게 이렇게 경고한다. "너희가 육신대로 살면 반드시 죽을 것이로되"(롬 8:13). 사도 야고보도 비슷한 경고를 하고 있다. "욕심이 잉태한즉 죄를 낳고 죄가 장성한즉 사망을 낳느니라. 내 사랑하는 형제들아 속지 말라"(약 1:15-16).

우상 숭배는 사람을 천천히 죽이는 독이다. 우상 숭배는 영적 크립토나이트다. 감히 불장난할 대상이 못 된다. 우상 숭배의 거미줄은 은밀하고도 강력하다. 발람의 이야기에서 그 무서움을 살짝 엿보긴 했지만 여기서 좀 더 깊이 살펴보자. 이스라엘의 리더들을 향한 하나님의 경고를 유심히 읽어 보라.

여호와의 말씀이 내게 임하여 이르시되 인자야, 이 사람들이 자기 우상을 마음에 들이며 죄악의 걸림돌을 자기 앞에 두었으니 그들이 내게 묻기를 내가 조금인들 용납하랴(겔 14:2-3).

이번에도 우상 숭배가 신상이나 제단, 신전에만 국한되지 않는다는 사실을 분명히 확인할 수 있다. 하나님은 "자기 우상을 마음에 들이며"라는 말씀으로 이 점을 분명히 확인시켜주셨다. 이 우상은 나무 아래나 도시 중심부 혹은 신전 안에 있는 신상이 아니다. 이 우상은 사람의 마음속에 세워진 우상이다. 이스라엘의 리더들은 하나님의 뜻에 어긋날 욕심을 품고 있었다. 하나님의 말씀이 계속된다.

> 그런즉 너는 그들에게 말하여 이르라. 나 주 여호와가 말하노라. 이스라엘 족속 중에 그 우상을 마음에 들이며 죄악의 걸림돌을 자기 앞에 두고 선지자에게로 가는 모든 자에게 나 여호와가 그 우상의 수효대로 보응하리니(겔 14:4).

사람이 (하나님의 뜻에 반하는 욕심을 고집하는)우상 숭배에 빠진 채 목사를 찾아가 지도나 조언, 성경적인 가르침을 구하면 하나님의 뜻과 다른 답을 얻을 수도 있다. 즉 발람이 얻은 것과 같은 답을 얻을 수 있다. NAS성경은 위의 구절을 이렇게 번역한다. "나 여호와가 그들의 많은 우상의 관점대로 답을 주리니."

이제 구도자들(seeker)의 우상 숭배를 지적하지 않고 다 괜찮다는 식으로 말하는 목회자에게 주시는 경고의 말씀을 들어보라(구약 시대의 선지자와 제사장들은 목회자들이었다. 그래서 현대 독자들이 이해하기 쉽게 지금부터는 그들을 그냥 목회자로 부르겠다).

> 만일 선지자가 유혹을 받고 말을 하면 나 여호와가 그 선지자를 유혹

을 받게 하였음이거니와 내가 손을 펴서 내 백성 이스라엘 가운데에서 그를 멸할 것이라(겔 14:9).

오늘날 특히 선진국의 목회자들이 흔히 전하는 메시지를 생각하면 너무 슬퍼서 눈물밖에 나오질 않는다. 기도 중에 나는 요즘 말이나 글로 선포되는 약한 복음의 메시지 이면에 무엇이 있는지 알려달라고 하나님께 부르짖었다. 그때 성령은 나를 에스겔 13장과 14장으로 이끌어 주셨다. 이 두 장은 습관적인 죄 곧 우상 숭배를 방관하는 물 탄 가르침의 이면에 무엇이 있는지를 보여준다. 목회자가 인기를 잃고 싶지 않아 불완전한 복음을 제시하는 것은 마음 깊은 곳에 탐욕이 들끓고 있기 때문이다. 그래서 가짜 목회자들이 판을 치던 시대에 예레미야는 다음과 같이 울부짖었다.

이는 그들이 가장 작은 자로부터 큰 자까지 다 탐욕을 부리며 선지자로부터 제사장까지 다 거짓을 행함이라. 예언자든 제사장이든, 누구 할 것 없이 모두가 말을 비틀고 진실을 조작한다. (렘 6:13 뒷부분은 메시지 성경)

현대 교회에서 뚜렷하게 나타나는 영적 약함(크립토나이트) 이면의 문제가 눈에 들어오기 시작했다. 신자들의 불만족이 '부족한 것'(대개는 실제로 필요한 것이 아니라 원하는 것 혹은 탐나는 것일 뿐이다)에 대한 욕심을 낳은 것이었다.

역시 탐욕스러운 욕심에 물든 리더들은 얼핏 구도자들의 악한 삶을 용인하는 것처럼 보이는 성경 구절들만 선포하고 악한 행동을 질책하는 성경 구절을 일체 언급하지 않았다. 이런 우상 숭배는 목회자나 성도나 할 거 없이 자기 욕심과 정욕의 가려운 구석을 긁어주는 메시지만을 받아들이게 만든다.

신약에서 바울은 예레미야와 에스겔이 예언했던 것과 비슷한 미래를 예언한다.

> 때가 이르리니 사람이 바른 교훈을 받지 아니하며 귀가 가려워서 자기의 사욕을 따를 스승을 많이 두고(딤후 4:3).

이때가 마침내 왔다! 이제 구도자들은 자신과 똑같이 탐욕에 물든 '목회자'를 찾기만 하면 언제라도 자신이 원하는 메시지를 들을 수 있다.

반면, 하나님을 경외하는 경건한 리더는 그분의 말씀을 조금도 가감하지 않는다. 성경에서 입맛에 맞는 부분만 취사선택해서 사용하지 않고 성경 전체를 있는 그대로 제시한다. 이런 리더는 지적하고 바로잡는 것을 주저하지 않는다. 물론 그에 못지않게 격려에도 힘을 쓰지만 말이다.

바울이 말한 목회자들은 자신의 평판과 외향, 성장, 목표에만 관심이 있다. 그들에게는 외적인 성과가 가장 중요하다. 그래서 상대방이 좋아하든 싫어하든 상관없이 하나님의 말씀을 있는 그대로 선포하지 않고 듣는 사람의 입맛을 고려해서 설교와 가르침을 조정한다.

오직 한 명의 목회자만 진실을 선포했다

유다 왕 여호사밧은 자녀의 혼인을 통해 이스라엘 왕 아합과 동맹을 맺었다. 하지만 여호사밧으로서는 이 동맹이 영 마음이 걸렸다. 그는 하나님을 두려워했지만 아합은 우상 숭배자였기 때문이다. 얼마 뒤 여호사밧은 아합을 만나러 사마리아로 찾아갔다.

아합은 여호사밧에게 이스라엘 군대와 힘을 합쳐 수리아와 싸워달라고 요청했다. "물론이오. 우리는 형제 국가이니 우리 군대가 곧 귀하의 군대가 아니겠소." 여호사밧은 흔쾌히 허락하되 한 가지 조건을 걸었다. "하지만 먼저 하나님이 뭐라고 말씀하시는지 알아봅시다."(대하 18장을 보라)

그리하여 아합은 이스라엘 전역에서 가장 저명한 목회자 4백 명을 소집했다. 이들은 바알이나 아세라, 그모스 같은 우상의 사제들이 아니라 여호와 하나님의 목회자들이었다. 아합은 그들에게 전쟁을 해야 할지 물었다.

그러자 모든 목회자가 한목소리로 대답했다. "올라가소서. 하나님이 그 성읍을 왕의 손에 붙이시리이다"(대하 18:5). 이 목회자들은 상대방, 특히 권력자들에게 듣기 좋은 말만 하도록 훈련을 받은 자들이었다. 그들은 '여호와'의 목회자들이었지만 탐욕에 빠져 있었다. 결국 그들은 우상 숭배자들이었다.

이 목회자들은 이스라엘 전역에서 최고의 존경을 받은 자들이었지만 여호사밧은 왠지 찜찜했다. 평생 하나님을 경외하며 살아온 터라 분별력이 날카롭게 살아 있었기 때문이다. 고민 끝에 여호사밧은 이렇게 물었다. "이 외에 우리가 물을 만한 여호와의 선지자가 여기 있지 아니하니이까?"(6절) 그들이 '여호와'의 선지자들이긴 하지만 여호사밧은 뭔가 잘못되었다는 느낌을 지울 수 없었다.

하지만 아합은 고개를 절레절레 저었다. "아직도 이믈라의 아들 미가야 한 사람이 있으니 그로 말미암아 여호와께 물을 수 있으나 그는 내게 대하여 좋은 일로는 예언하지 아니하고 항상 나쁜 일로만 예언하기로 내가 그를 미워하나이다."(7절) 우상 숭배자나 아첨에 익숙해진 신자들의 공동체에게 참된 복음의 목회자는 맥 빠지는 소리만 해대는 눈엣가시일 뿐이다.

미가야는 많은 추종자들에 관심이 없고 아합에게 바라는 것도 없었기 때문에 여느 목회자들과 달랐다. 그는 사람보다 하나님을 두려워했고 성공보다 하나님의 인정을 갈망했다. 그는 하나님이 자신의 근원이심을 알았다. 그래서 크립토나이트에 당한 왕보다 하나님을 기쁘시게 하는 편을 선택했다. 덕분에 그는 다른 모든 목회자가 빠진 기만에서 빠지지 않고 깨끗함을 유지할 수 있었다.

결국 아합은 미가야를 찾으러 사람들을 보냈다. 그들이 진짜 하나님의 사람을 찾는 동안 다른 목회자들은 두 왕 앞에서 예언을 계속했다. 그들 중에서 베냐민 족속의 시드기야란 목회자는 직접 쇠로 뿔들을 만들어 선언했다. "여호와께서 이같이 말씀하시기를 왕이 이것들로 아람 사람을 찔러 진멸하리라 하셨다"(10절).

그 즉시 모든 목회자들의 합창이 터져 나왔다. "길르앗 라못으로 올라가서 승리를 거두소서. 여호와께서 그 성읍을 왕의 손에 넘기시리이다"(11절). 당연히 다수의 의견을 따르는 것이 안전하지 않을까? 다수 정도가 아니라 하나같이 전국적으로 유명한 목회자들이 한목소리로 하는 말이지 않은가. 하지만 그들은 자신들의 '욕심'을 위해 아합의 '욕심'을 대변해 준 것이었을 뿐이다. 다시 말해, 그들은 우상 숭배자였다!

목회자들이 한목소리로 두 왕을 부추기는 사이에 사자는 미가야를 찾아 이렇게 말했다. "선지자들의 말이 하나같이 왕에게 좋게 말하니 청하건대 당신의 말도 그들 중 한 사람처럼 좋게 말하소서"(대하 18:12).

나도 몇몇 유명한 교회에 강사로 초빙되어 갔다가 비슷한 말을 들었다. "교인들을 격려해 주세요. 긍정적인 메시지를 부탁드립니다. 교인들을 북돋우고 위로해 주세요. 저희가 밝은 찬양으로 분위기를 띄우면 밝은 메시지로 마무리하시면 됩니다." 정말 한낱 사자가 왕의 전갈을 함부로 고칠 수 있다고 생각하는 것인가? 하나님의 말씀을 함부로 뜯어고치면 그는 더 이상 하나님의 계시를 전하는 대사가 아니라 성경에서 귀에 즐거운 구절만 취합해서 자신이 원하는 메시지를 만들어 내는 자일 뿐이다.

미가야는 아첨 따위는 관심이 없었기 때문에 퉁명스럽고도 단호하게 대답했다. "여호와께서 살아 계심을 두고 맹세하노니 내 하나님께서 말씀하시는 것 곧 그것을 내가 말하리라"(13절).

오, 하나님, 우리 시대에도 이런 리더를 보내 주소서!

왕궁에 도착한 미가야는 수많은 목회자들이 이미 대답한 것과 똑같은 질문을 받았다. 이에 미가야는 빈정거리는 투로 아합에게 대답했다. "올라가서 승리를 거두소서. 그들이 왕의 손에 넘긴 바 되리이다"(14절).

아합은 자신을 조롱하는 미가야에게 화를 냈다. 그제야 미가야는 진짜 하나님의 말씀을 전했다. "내가 보니 온 이스라엘이 목자 없는 양 같이 산에 흩어졌는데 여호와의 말씀이 이 무리가 주인이 없으니 각각 평안히 자기들의 집으로 돌아갈 것이니라 하셨나이다"(16절).

그러자 아합이 여호사밧에게로 고개를 돌려 말했다. "저 사람이 내게 대하여 좋은 일로 예언하지 아니하고 나쁜 일로만 예언할 것이라고 당신에게 말씀하지 아니하였나이까?"(17절)

하지만 미가야는 꿋꿋하게 진실만을 선포했다.

> 그런즉 왕은 여호와의 말씀을 들으소서. 내가 보니 여호와께서 그의 보좌에 앉으셨고 하늘의 만군이 그의 좌우편에 모시고 섰는데 여호와께서 말씀하시기를 누가 이스라엘 왕 아합을 꾀어 그에게 길르앗 라못에 올라가서 죽게 할까 하시니 하나는 이렇게 하겠다 하고 하나는 저렇게 하겠다 하였는데 한 영이 나와서 여호와 앞에 서서 말하되 내가 그를 꾀겠나이다 하니 여호와께서 그에게 이르시되 어떻게 하겠느냐 하시니 그가 이르되 내가 나가서 거짓말하는 영이 되어 그의 모든 선지자들의 입에 있겠나이다 하니 여호와께서 이르시되 너는 꾀겠고 또 이루리라. 나가서 그리하라 하셨은즉 이제 보소서. 여호와께서 거짓말하는 영을 왕의 이 모든 선지자들의 입에 넣으셨고 또 여호와께서 왕에게 대하여 재앙을 말씀하셨나이다(18-22절).

하나님은 아합에게 그의 우상 숭배(탐심)에 어울리는 답을 주셨다. 위에서 에스겔이 전한 진리가 바로 이런 상황을 이야기하는 것이다. 지난 장의 발람과 이번 장의 아합을 통해 보듯이 하나님은 우상 숭배자에게는 우상 숭배에 어울리는 답을 주신다. 그리고 이것은 메시지를 듣는 사람만이 아니라 전하는 사람들에게도 똑같이 적용된다.

아합은 자기가 듣고 싶은 메시지를 들었고 실제로 자신을 보호하고 구해줄 하나님의 참된 말씀은 거부했다. 그리하여 끝내 그는 전쟁에 나섰다. 전쟁 통에 그는 수리아 병사들이 알아보지 못하도록 변장을 했지만 결국 엉뚱한 화살에 맞아 그날이 다 가기 전에 목숨을 잃고 말았다. 이처럼 사람을 피해 숨을 수는 있지만 하나님에게서 숨을 수는 없다!

오늘 우리는 어떠한가? 우리가 하나님이 약속하신 보호와 공급, 구원을 갈망하는가? 아니면 귀에 듣기 좋은 소리를 원하는가? 기만의 바다에서 시련의 먹구름이 몰려오는 것이 현실인데도 "평안"이란 말을 듣기 원하는가?

모든 상황을 성경의 관점에서 볼 수 없을까? 하나님의 말씀 전체를 마음에 새길 때 찾아오는 장기적인 보호. 징계와 심판이 임박한 상황에서 잠시 누리는 피상적인 복. 둘 중 무엇이 더 나은가?

○ 내 삶의 크립토나이트 제거하기 ○

많은 교인이 기분 좋은 말만 듣기를 원한다. 그리고 많은 목회자들이 탐욕과 인간에 대한 두려움 탓에 추종자들을 격려하는 말만 한다. 그들의 달콤한 말은 귀에 즐겁지만 본질이 없으며, 듣는 자나 말하는 자나 모두 파멸로 인도한다.

당장은 마음이 아파도 언제나 진실을 들어야 한다. 진실이 아무리 고통스러워도 기만 속에 살다가 닥치는 고난만큼 고통스럽지는 않다.

진실을 추구하는 사람이 되라.

먼저 당신 삶에 관한 진실을 보여 달라고 기도하라. 부지불식간에 기만에 빠진 삶의 영역은 없는가? 하나님이 밝혀 주시는 진리를 계속해서 묵상할 수 있도록 종이에 적으라. 나아가, 인기를 잃거나 상대방의 기분을 상하게 하더라도 진실을 말할 수 있는 힘을 달라고 기도하라. 상대방을 공격하라는 뜻이 아니다. 하지만 어떤 상황에서도 미가야처럼 말할 수 있어야 한다. "여호와께서 살아 계심을 두고 맹세하노니 내 하나님께서 말씀하시는 것 곧 그것을 내가 말하리라."

4

욕 심 을 채 워 줄
가 짜 신 을 만 들 다

가짜 예수? 도대체 무슨 말인가? 이번 장은 신자들을 우상 숭배에 빠뜨리는 교묘한 기만을 다룬다. 이 기만을 다루고 나면 교회로서나 개인으로서나 우리의 힘을 갉아먹는 영적 크립토나이트에 당하는 교인들이 현대 교회에 그토록 많은 이유를 이해하는 데 도움이 될 것이다.

하나님의 마음

앞서 말했듯이 출애굽은 우리의 구원을 상징한다. 다시 말해, 우리가 세상에서 나오는 것을 의미한다. 모세는 이스라엘 백성들을 시내로 이끌고 갔다. 그런데 알다시피 시내는 모세가 불타는 덤불에서 하나님을 만났던 장소다. 모세는 이 감동적인 만남을 백성들도 경험하기를 원했다. 백성들을 약속의 땅에 이끌고 들어가기 전에 응당 그 약속을 주신 분을 소개시켜주어야 하지 않겠는가. 이스라엘 백성들이 시내에 도착했다.

> 모세가 하나님 앞에 올라가니 여호와께서 산에서 그를 불러 말씀하시되 너는 이같이 야곱의 집에 말하고 이스라엘 자손들에게 말하라. 내가 애굽 사람에게 어떻게 행하였음과 내가 어떻게 독수리 날개로 너희를 업어 내게로 인도하였음을 너희가 보았느니라(출 19:3-4).

여기서 "내게로 인도하였음"이라는 말씀을 보라. 이 말씀은 하나님이 왜 우리를 세상으로부터 구원하시는지 그 동기를 정확히 한마디로 요약하고 있다. 하나님은 바로 우리를 원하고 계신다. 하나님은 우리와의 교제를 원하신다. 하나님은 우리와 부자 관계를 맺길 원하신다.

하나님이 수백 년 동안 노예로 붙잡혀 있던 이 백성들을 만날 날을 얼마나 고대하셨을지 상상이 가는가? 아내가 아들을 임신했던 때가 기억난다. 아들을 어서 빨리 보고 싶어서 견딜 수가 없었다. 아홉 달이 마치 천 년처럼 길게 느껴졌다. 어서 녀석을 품에 안고 녀석이 자라는 모습을 보고 녀석의 목소리를 듣고 녀석의 성격을 경험하고 녀석과 좋은 부자 관계로 나아가고 싶었다.

바로 이것이 하나님의 마음이었다. 차이점은 하나님은 아홉 달보다 훨씬 더 오래 기다리셨다는 것이다!

이스라엘 백성들은 감동적인 만남을 위해 특별한 준비를 해야 했다. "너는 백성에게로 가서 오늘과 내일 그들을 성결하게 하며 그들에게 옷을 빨게 하고 준비하게 하여 셋째 날을 기다리게 하라. 이는 셋째 날에 나 여호와가 온 백성의 목전에서 시내 산에 강림할 것임이니"(출 19:10-11).

하나님은 그분의 백성들에게 이렇게 말씀하신 것이다. "어서 너를 보고 싶구나. 하지만 우리의 만남이 진정한 만남이 되려면 너희 옷에서 애굽의 때를 씻어내야 한다. 나는 너의 아버지다. 하지만 거룩한 하나님이기도 하다. 그래서 너희와 피상적인 관계를 맺지는 않을 것이다."

이기적인 사람과 진정한 관계를 맺는 것은 불가능하다. 하나님은 우리에게 자신을 온전히 내어 주셨다. 그런데 우리가 자신의 욕심을 좇아 세상 사람들과 똑같이 행동하면 하나님은 그런 우리와 관계를 맺으실 수 없다.

시내에서 이틀이 지나가고 세 번째 날이 시작되자 하나님이 땅으로 내려와 자신을 소개하셨다. 그런데 뜻밖에도 사람들이 부들거리는 다리로 뒷걸음을 치며 다급하게 모세에게 말했다. "당신이 우리에게 말씀하소서. 우리가 들으리이다. 하나님이 우리에게 말씀하시지 말게 하소서. 우리가 죽을까 하나이다"(출 20:19).

모세는 어안이 벙벙했다. 어떻게 자신들을 종살이에서 구해내신 분을 야멸치게 밀어낼 수 있단 말인가. 어떻게 창조주의 음성을 싫다고 할 수 있단 말인가. 무엇보다도 하나님이 얼마나 실망하셨을지 상상이 가는 가? 하나님은 이 순간만을 학수고대하셨다. 모세를 아신 것처럼 그들을 알기를 간절히 원하셨다. 그런데 그들이 그분의 임재를 거부했다.

만약 내 아들 중 한 명이 "아빠, 할 말이 있으면 나한테 직접 말하지 말고 형들을 통해 알려 주세요"라고 한다면? 정말이지 상상만 해도 끔찍하다!

제사장 제도 확립

사람들이 직접적인 소통을 원치 않았기 때문에 하나님은 제사장 제도를 확립하기로 결정하셨다. 제사장은 사람들의 말을 하나님께 전하고 응답을 받는 사람이다. 이스라엘에는 이미 제사장이 있었다. 바로, 하나님의 말씀을 백성들에게 전한 모세가 제사장이었다. 하지만 하나님은 백성들과 관계의 외형이라도 갖추기 위해 제사장 제도를 확립하실 수밖에 없었다.

이에 하나님은 모세에게 말씀하셨다. "가라. 너는 내려가서 아론과 함께 올라오고"(출 19:24). 아론을 첫 제사장으로 삼으시려는 것이었다. 하지만 이것은 본래 하나님의 계획이 아니었다. 원래 하나님은 모든 백성이 제사장이길 원하셨다. 이스라엘 백성들이 시내에 도착했을 때 분명 하나님은 모세에게 이렇게 말씀하셨다. "너희가 내게 대하여 제사장 나라가 되며 거룩한 백성이 되리라. 너는 이 말을 이스라엘 자손에게 전할지니라"(출 19:6). 하나님은 이스라엘의 모든 백성이 그분과 소통할 능력을 갖기를 원하셨다.

　어쨌든 하나님은 모세에게 아론을 데리고 다시 산으로 올라오라고 지시하셨다. 하지만 성경에 아론이 산으로 올라갔다는 기록은 없다. 어떤 이유에서인지 아론은 백성들과 함께 진영에 머물렀고, 모세는 산에서 40일 밤낮을 보냈다. 왜 아론은 하나님보다 사람들의 곁을 더 편안해했을까? 하나님과 단 둘이 있기가 두려웠을까? 우리는 이유를 알지 못한다. 하지만 아론이 참담한 짓을 벌이기 직전이라는 사실은 안다.

가짜 여호와

　　백성이 모세가 산에서 내려옴이 더딤을 보고 모여 백성이 아론에게 이르러 말하되(출 32:1).

　무슨 상황인가? 첫째, 백성들은 나름의 욕심을 품고 있었고 그 욕심을 채워 줄 하나님의 사람이 필요했다. 둘째, 아론은 리더십의 재능이 있었고 이 재능이 사람들을 끌어당겼다. 이렇듯 사람들은 하나님께 순종하는지를 따지지 않고 그저 강한 리더에게 끌리는 경향이 있다. 따라서 따르는 사람이 많다고 해서 꼭 그 리더가 하나님과 동조되어 있다고 볼 수는 없다. 사람들이 아론에게 뭐라고 말했는지 들어보라.

　　일어나라. 우리를 위하여 우리를 인도할 신을 만들라. 이 모세 곧 우리를 애굽 땅에서 인도하여 낸 사람은 어찌 되었는지 알지 못함이니라(출 32:1).

여기서 먼저 눈여겨보아야 할 점은 이스라엘 백성들이 "하나님, 그분은 어찌 되었는지 알지 못함이니이다"라고 말하지 않았다는 것이다. 이 점이 왜 중요한지는 잠시 뒤에 이야기하겠다.

둘째, 이스라엘 백성들은 "신을 만들라"라고 말했다. 여기서 "신"에 해당하는 히브리어는 '엘로힘(elohiym)'이다. 이 단어는 구약에서 무려 2,600번 이상 등장하는데, 그 중에서 2,250번은 전능하신 하나님을 지칭한다. 예를 들어, 창세기 1장에서만 32번이나 등장한다. 사실, 성경의 바로 첫 구절에서부터 등장한다. "태초에 하나님(엘로힘)이 천지를 창조하시니라."

또 다른 예는 신명기 13장 4절이다. "너희는 너희의 하나님(엘로힘) 여호와를 따르며 그를 경외하며 그의 명령을 지키며 그의 목소리를 청종하며 그를 섬기며 그를 의지하며." 보다시피 이 구절은 하나님의 이름을 "여호와"로 제시한 뒤에 다시 그분을 우리의 '엘로힘'으로 부른다. 그분은 절대적인 권위이자 궁극적인 근원이신 하나님이시다.

그런데 구약에서 '엘로힘'은 250번 이상 다곤(삼상 5:7)이나 바알(왕상 18:21) 같은 우상을 지칭할 때 사용된다. 따라서 이 단어가 나올 때는 항상 누구를 지칭하는지 잘 파악해서 읽어야 한다.

백성들의 요구에 아론은 귀걸이의 금들을 모아 오라고 지시했다. 그는 그 금들을 녹여 그 유명한 금송아지를 주조했다. 금송아지가 완성되자 사람들은 환호했다. "이스라엘아, 이는 너희를 애굽 땅에서 인도하여 낸 너희의 신이로다"(출 32:4). 그런데 여기서도 "신"에 해당하는 히브리어는 '엘로힘'이다. 하지만 "너희를 애굽 땅에서 인도하여 낸"이란 말에서 우리는 그들이 누구를 지칭하는 것인지 충분히 짐작할 수 있다. 바보가 아닌 이상 그들이 누가 자신들을 애굽 땅에서 인도하여 냈는지 모를 리가 없었다. 바로 다음 구절을 보니 우리의 짐작이 맞다.

> 아론이 보고 그 앞에 제단을 쌓고 이에 아론이 공포하여 이르되 내일은 여호와의 절일이니라 하니(출 32:5).

CWSB의 설명을 보자.

> 이 단어(여호와)는 이스라엘 하나님의 고유 명칭, 특히 그분이 모세에게 직접 밝히셨던 이름을 지칭한다(출 6:2, 3). 하나님의 이름은 무엇보다도 그 신성함에 대한 존경심의 차원에서 소리 내어 읽지 않는 것이 전통이었다. 르네상스 이전까지 구약의 히브리어 원문에서는 모음 없이 YHWH로 기록되었다.

위의 사례를 제외하고 성경 전체에서 이 단어가 우상에 대해 사용된 적은 단 한 번도 없다. 상황은 더없이 분명하다. 달리 해석할 여지가 전혀 없다. 도저히 믿을 수 없는 일이 벌어지고 있다. 아론과 백성들이 이 금송아지를 똑바로 쳐다보며 "여호와"라고 부르고 있다. 그들은 이 금송아지를 바알이나 다곤, 아세라 혹은 라와 네프티스 같은 애굽 신의 이름으로 부르지 않았다. 그들은 "너희를 애굽 땅에서 인도하여 낸 라 신"이라고 말하지 않았다.

그들이 "모세…어찌 되었는지 알지 못함이니이다"라고 말했던 것이 기억나는가? 그들은 "하나님이 어찌 되었는지 알지 못함이니이다"라고 말하지 않았다. 그렇다면 그들은 하나님의 건재하심을 잘 알고 있었다. 그들은 여호와의 존재나 역사를 부인하지 않았다. 그들은 자신들을 구원하고 치유하고 공급해 주신 분이 여호와이셨다는 점을 여전히 인정하고 있었다. 하지만 그들은 그분의 참된 형상을, 자신들이 원하는 것을 해 줄 고분고분한 '여호와'의 형상으로 바꾸었다.

이해하기 쉽게 이 상황을 현대 배경으로 각색해 보자. 우리가 운영하는 사역 기관인 메신저 인터내셔널에는 훌륭한 팀이 있다. 따라서 우리 팀원 중에 이런 행동을 할 사람은 절대 없기 때문에 지금부터 하는 이야기는 철저히 가상의 이야기다. 기관의 리더로서 나와 아내가 조직의 운영 및 문화와 관련해서 항상 강조하는 원칙들이 있다. 그 중 몇 가지만 소개해 보면, 우리는 팀원들에게 8시간 활동에 9시간의 생산성을 요구한다. 또한 우리는 즐거운 분위기를 유지하면서도 일을 훌륭히 하고, 만나는 모든 사람이나 파트너, 리더를 사랑으로 섬기며, 매일과 매주의 목표량을 무조건 완수할 것을 강조한다. 여기서는 팀(Tim)이란 가명으로 부를 우리의 COO(최고운영책임자)는 운영 및 문화에 관한 이런 원칙이 잘 이루어지도록 관리하는 책임을 맡고 있다.

나와 아내만이 아니라 COO까지 멀리 출장을 가게 되었다고 해 보

자. 그러면 다음 책임자는 CFO(최고재무책임자)인 조던(Jordan)(역시 가명)이 된다. 팀이 가자마자 조던이 팀원들에게 이렇게 말한다. "자, 대표님이 즐거운 분위기를 만들라고 하셨으니 디제이를 부르고 스피커와 조명도 설치합니다. 며칠간 파티를 여는 겁니다."

파티가 열리는 내내 팀원들은 정확히 내가 시키는 대로 했다고 말한다. "이것이 대표님의 뜻이다. 대표님이 재미있게 일하라고 하셨다." 그러던 어느 날, 팀원 중 한 명이 소리를 지른다. "이보게들! 방금 대표님과 통화를 했는데 파티 이야기를 하니까 정말 기뻐하시더군." 물론 이것은 거짓말이다. 내가 그런 상황을 알았다면 필시 당장 파티를 그만두라고 소리를 쳤을 것이다.

이제 우리의 COO가 우리 부부보다 먼저 사무실로 돌아온다고 해보자. 그도 불같이 화를 낼 것이다. 당장 음악을 끄고 조명을 떼어버린 뒤에 팀원들에게 소리를 지를 것이다. "이건 대표님의 뜻이 아닙니다! 다들 대표님의 뜻을 잘못 해석했어요!" 그러고 나서 가짜 문화를 조장한 주동자들을 전부 해고할 것이다.

이제 이스라엘 백성들이 요리하기 쉬운 '여호와'를 만든 뒤에 어떤 행동을 했는지 보자.

> 이튿날에 그들이 일찍이 일어나 번제를 드리며 화목제를 드리고 백성이 앉아서 먹고 마시며 일어나서 뛰놀더라(출 32:6).

이것은 '여호와'의 절일이다. 리더들과 백성들이 '여호와'께 제물을 드리고 나서 미쳐 날뛰기 시작한다. 그들 모두는 자신들이 '여호와'께서 용인, 아니 기뻐하시는 행동을 하고 있다고 철석같이 믿고 있다. 하나님이 자신들의 폭식과 흥청망청(난잡한 성행위도 있지 않았을까?)을 전혀 개의치 않는다고 착각하고 있다. 하지만 그들의 행동은 하나님이 전혀 기뻐하시지 않는 행동이었다.

이제 그들은 가장 기만적인 형태의 우상 숭배에 빠져들었다. 그들은 진짜와 전혀 다른 가짜 '여호와'를 만들어 냈다. 이 '여호와'는 뭐든 그들이 원하는 대로 해도 박수를 쳐 주는 신이었다. 본질적으로 그들의 모습은 하나님께 예배(순종)하기를 거부하는 이방 나라들과 조금도 다르지 않았다. 다시 바울의 표현을 빌자면 그들은 하나님에 관한 "생각이 허망하여지며 미련한 마음이 어두워졌나니."(롬 1:21) 이방 나라들은 자신들의 우상을 다곤이나 바알, 같은 이름으로 부른 반면 이스라엘은 '여호와'로 불렀다는 차이만 있을 뿐이다.

이윽고 모세가 돌아왔고 문책이 이루어졌다. "모세가 본즉 백성이 방자하니 이는 아론이 그들을 방자하게 하여 원수에게 조롱거리가 되게 하였음이라. 이에 모세가 진 문에 서서 이르되 누구든지 여호와의 편에 있는 자는 내게로 나아오라 하매."(출 32:25-26) 그들이나 우리나 하나님의 이름을 부르거나 그분께 찬양을 부른다고 해서 그분의 편이 되는 것이 아니다. 그분의 뜻대로 사는 것만이 그분의 편에 서는 것이다.

이 대목에서 우리는 매우 중요한 질문들을 마주하게 된다.

우리도 우리의 그릇된 욕심을 채워 줄 '예수'를 만들어 내지는 않았는가? 우리는 예수님이 우리를 위해 피를 흘림으로 우리를 세상에서 구원하셨다고 인정한다. 우리는 예수님에 관한 노래를 부르고 예수님이 우리에게 천국의 문을 열어 주었노라 고백한다.

하지만 우리의 '예수'는 하늘 아버지의 우편에 앉아 계신 진짜 예수님이 아니지 않을까? 우리가 가짜 예수를 만들어 낸 것은 아닌가? 애굽에서 나왔을 당시의 이 이스라엘 백성들처럼 지금 교회 안의 수많은 사람이 기만에 빠져 있지는 않은가?

(추가 질문) 하나님의 산에서 내려와 불과 사랑이 가득한 마음으로 기만에 빠진 자들에게 쓴 소리를 전할 모세 같은 COO는 어디에 있는가?

그들이 나서지 않으면 우리의 기만은 점점 더 깊어만 질 것이다. 크립토나이트가 계속해서 우리를 약화시켜 끝내 죽게 만들 것이다.

○ 내 삶의 크립토나이트 제거하기 ○

우리 사회에서는 예수님을 믿는다고 말하기가 쉽다. 하지만 신자들이 세상 사람들과 별로 다를 바가 없어서 기독교에 신물이 난 사람들이 많다. 말로는 예수님을 외치면서 정작 삶으로는 하나님이 미워하시는 악을 행하는 교인들이 너무도 많다. 모세가 이스라엘 백성들을 문책하면서 선포한 것처럼 "누구든지 여호와의 편에 있는 자는 내게로 나아오라!" 이제는 진정한 크리스천들이 일어나서 믿음의 형제자매들을 진리로 불러내야 할 때다.

예수님을 따르려면 우리의 전부를 걸어야 한다. 이제 우리의 삶은 우리의 것이 아니다. 하나님 앞에 우리의 뜻을 내려놓지 않으면 그분은 진정 우리의 주인이 아니시다. 그분이 필요한 모든 것을 공급해 주실 줄 믿고 모든 욕심을 내려놓아야 한다. 이것이 기독교의 부름이다. 와서 구원을 받으라. 단, 옛 자아에 대해 죽고 새 사람이 되라!

기독교의 진정한 부름을 되새기라. 이것이 당신이 지금까지 배워온 것과 같은가? 아니면 어떻게 다른가? 적어 보라. 그러고 나서 가족과 교인들에게 이 문제를 알리고 토론하라.

5
그릇된 복음을
전하다

모세가 하나님의 산에서 내려왔을 때 이스라엘 백성들은 완전히 우상 숭배에 빠져 미쳐 날뛰고 있었다. 그들이 아무리 금송아지를 자신들을 애굽에서 구해낸 "여호와"라 불러도 그것은 엄연한 우상이었다. 누누이 말했듯이 우상 숭배의 뿌리는 하나님이 우리에게 분명히 밝혀주신 뜻을 거역하는 것이다. 예수 그리스도를 구주로 고백한다 해도 그분의 뜻을 거역하면 그것은 가장 기만적인 형태의 우상 숭배다.

메신저 인터내셔널 팀에 관한 가상의 이야기로 돌아가 보자. 사무실에 돌아와 난장판을 본 우리의 COO인 팀은 불같이 노한다. 하지만 CFO 조던은 이렇게 변명할 가능성이 크다. "도대체 왜 이러십니까? 우리는 대표님이 시키시는 대로 하고 있을 뿐입니다! 즐거운 분위기를 만들었잖아요!"

그러면 필시 팀은 이렇게 대답할 것이다. "물론 대표님이 즐거운 분위기를 조성하라고 하셨지. 하지만 다른 지시는? 8시간에 9시간 가치의 일을 해내고 만나는 모든 사람을 잘 섬기고 매일의 할당량을 잘 채우라는 지시는 다 잊어버렸는가? 지금 자네는 하나만 지키고 나머지 지시는 다 무시하고 있네."

현대 교회가 이런 오류에 빠져 있지는 않은가? 나는 우리가 신약에서 우리 입맛에 맞는 지시들만 추려냈다고 생각한다. 우리는 우리가 믿음으로 구원을 받고, 이 구원이 하나님의 은혜이므로 우리의 노력으로 얻을 수 없다고 선포했다. 우리는 서로를 사랑하고 삶을 즐기고 서로를 섬기고 새 노래로 찬양하고 세상 속으로 들어가고 뛰어난 리더십을 발휘하고 건강한 공동체를 창출해야 한다고 강조했었다. 우리는 이 모든 것을 열정적으로 선포하고 있다. 물론 다 좋은 일이고 신약에서 강조하고 있는 사항이다.

하지만 우리는 온유와 거룩함, 성적 순결, 포르노 같은 죄에서 떠나는 것의 중요성은 무시하고 있다. 우리가 사랑하는 사람들에게 동성애와 혼전 성관계, 만취, 욕설, 어리석은 말, 비용서, 원한, 험담에서 떠나라고 경고했는가? 이 외에도 신약의 많은 명령과 지시를 강조했는가? 예수님의 말씀 중 사회의 악한 흐름과 충돌하지 않는 부분들에만 초점을 맞추어도 되는 것인가? 우리 문화의 불경한 방식에 왈가왈부하지 않는 '예수'를 맘대로 만들어 내 도 되는 것인가? 예수님이 미워하시는 것들은 다루지 않고 오직 사회가 환영할 만한 말씀만 선포해도 되는 것인가? 생명으로 이어지는 길과 문을 우리 맘대로 넓혀도 되는 것인가? 주문처럼 몇 마디만 따라하면 자동으로 구원을 받는다고 믿어도 되는 것인가? 우리가 성경 전체에서 보여 주는 분과 다른 가짜 예수를 만들어 낸 것은 아닌가? 우리가 신약에서 부담스러운 부분들은 일부러 무시하고 있지는 않은가?

바울의 다음 말을 우리 모두가 귀담아들어야 할 것이다.

> 오늘 여러분에게 증언하거니와 모든 사람의 피에 대하여 내가 깨끗하니 이는 내가 꺼리지 않고 하나님의 뜻을 다 여러분에게 전하였음이라(행 20:26-27).

바울은 복음 중에서 듣기 좋은 말만 전하지 않고 하나님이 전하라고 하신 것을 빠짐없이 '다' 전했다. 바울은 팀원들에게 나의 뜻 중에서 재미에 관한 이야기만 전한 우리 CFO와 같지 않았다.

만약 우리가 성경에서 불편한 가르침은 빼고 전하지 않는다면 바울처럼 "모든 사람의 피에 대하여 내가 깨끗하니"라고 자신 있게 말할 수 없다. 성경에서 중요한 가르침을 뺐으니 오히려 우리가 모든 책임을 져야 마땅하다. 우리는 온전한 진리를 전할 능력이 있으면서도 그렇게 하지 않았다. 그것은 구도자들이 다음 번 예배나 집회, 소그룹 모임에 오지 않을까 걱정한 탓이 아닐까?

기독교계가 성경에서 다룬 중요한 인격 문제들을 피해온 지 벌써 꽤 오래되었다. 덕분에 이제 우리는 그런 근무태만의 쓰디쓴 열매를 거두고 있다. 많은 사람이 완악한 길로 가고 있다. 이에 관한 사례를 끝없이 댈 수 있지만, 가장 먼저 유명한 목사이자 베스트셀러 저자이며 인기 있는 집회 강사 한 명이 생각난다. 2016년 이 여성 목사는 자신의 결혼생활이 '만료'되었다고 선언했다. 그녀는 남편과 이혼했고, 내가 이 글을 쓰고 있는 지금 같은 여성과 약혼하고서 함께 살고 있다.

이 목사는 자신의 추종자들에게 새로운 결혼생활의 현황을 수시로 보고한다. 한번은 동성 배우자에게 열렬한 키스를 받는 사진을 SNS에 올리면서 그 결혼에 골인하게 된 과정을 설명하고 그 결혼생활이 하나부터 열까지 "거룩하다"고 자랑했다. 하지만 그것은 성경이 말하는 거룩함과 거리가 멀다. 이 목사를 생각하면 가슴이 찢어진다. 자신이 하나님 앞에 올바로 서 있다고 진정으로 믿는 '복음'의 사역자! 사람들을 돕고 섬기고 사랑할 열정도 있지만 그는 지독한 기만에 빠져 있다.

더 황당한 것은 수천수만의 추종자들이 그 포스트에 단 격려와 지지의 댓글이 끝없이 이어졌다는 것이다. 그의 포스트를 보면 그는 하나님을 잘 대변하고 있고 추종자들은 이 점에 전적으로 동의하고 있다. 동성 결혼 덕분에 그의 인기는 추락하기는커녕 오히려 천정부지로 치솟았다. 이 얼마나 가슴 아픈 동시에 심장이 떨리도록 두려운 비극인가.

또 다른 비극이 하나 생각난다. 미국에서 가장 유명한 복음주의 리더 중 한 명이 최근 모든 교인과 추종자들에게 동성 부부를 예수님의 참된 제자로 온전히 받아들여야 한다고 선언했다. 그는 동성 부부와 많은 시간을 보낸 결과 보통 남녀 사이의 결혼과 거의 다를 바가 없다고 판단했다고 말했다. 하지만 신약의 수많은 구절을 가지치기하고 성경 전체의 내러티브를 무시해야만 이런 결론에 이를 수 있다. 아론과 금송아지의 경우처럼 이 리더의 선언에 수많은 무리가 진리에서 멀어질 것을 생각하니 안타깝기 그지없다.

이것은 비극적인 기만이다. 현대 목회 철학의 토양에서 싹튼 가짜 예수로 인해 진짜 구주께서 잃어버린 사람들을 찾기가 점점 더 어려워지고 있다. 우리는 항상 이렇게 물어야 한다. "이것이 진짜 예수인가? 이것이 진짜 하나님의 사랑인가? 과연 진정한 사랑이 인내와 양보로만 이루어지는가?" 이런 속성이 모두 선하고, 우리 사회에서 인기가 있다. 하지만 사랑에 대한 성경의 정의를 무시할 수는 없다. "하나님을 사랑하는 것은 이것이니 우리가 그의 계명들을 지키는 것이라"(요일 5:3).

우리가 사랑을 마음대로 정의하기 위해 성경을 부분적으로만 받아들인 것은 아닌가?

회개할 필요성

이 그릇된 복음은 회개의 부재에서 비롯한 것이다. 앞서 말한 여성 목사를 비롯한 많은 목회자들은 예수님을 따르기 위해 죄에서 떠나야 한다는 얘기를 못 들은 것이 분명하다. 아니면 "예수님, 저를 구원해 주십시오!"라고 영접 기도만 드리면 된다고 배운 것이 분명하다.

바울의 말을 들어보라.

유익한 것은 무엇이든지 공중 앞에서나 각 집에서나 거리낌이 없이 여러분에게 전하여 가르치고 유대인과 헬라인들에게 하나님께 대한 회개와 우리 주 예수 그리스도께 대한 믿음을 증언한 것이라(행 20:20-21).

복음의 메시지는 하나뿐이다! 첫 번째 단계는 죄에서 회개할 '필요성'이다. 회개는 선택사항이 아니라 하나님의 자녀가 되기 위한 '필수사항'이다. 그런데 안타깝게도 우리가 구도자에게 구원을 설명하고 영생으로 초대할 때 이 점을 언급하지 않는 경우가 너무도 많다.

몇 년 전 했던 금식의 첫 번째 날, "마가복음 1장을 읽어라"라는 성령의 음성을 들었다. 즉시 성경을 펴서 그 장 전체를 읽었지만 예전에 읽을 때와 별로 다른 점을 발견하지 못했다. "다시 읽어라." 성령의 음성이 또 느껴져 다시 읽었지만 역시 새로운 것을 발견하지 못했다. 하지만 성령은 세 번, 네 번, 다섯 번까지 같은 지시를 되풀이하셨다. 나는 순종하여 계속해서 읽었지만 새롭게 깨달아지는 바는 전혀 없었다. 그렇게 일곱 번쯤 읽었던 것 같다. 마침내 달팽이 속도로 읽었더니 첫 문장이 눈에 확 들어왔다.

하나님의 아들 예수 그리스도의 복음의 시작이라(막 1:1).

다음 문장이 열쇠였다. "보라. 내가 내 사자를 네 앞에 보내노니 그가 네 길을 준비하리라." 여기서 사자는 바로 세례 요한이었다. 세례 요한의 사역은 '회개의 세례'였다. 세례는 부분적인 담금이 아니라 온전한 담금을 의미한다. 온전한 회개에 관한 요한의 메시지는 복음의 시작 혹은 출발점이다. 진정한 회개로 시작하지 않고서는 누구도 예수님과의 진정한 관계 속으로 들어갈 수 없다.

이어서 성령은 내게 이렇게 말씀하셨다. "요한의 사역은 모든 복음의 출발점이다. 요한의 책이 구약에 들어가지 않은 것은 그의 메시지가 신약 복음에 절대적으로 필요한 부분이기 때문이다."

이어서 성령은 나를 예수님의 말씀으로 이끄셨다.

모든 선지자와 율법이 예언한 것은 요한까지니(마 11:13).

순간 나는 자리에서 팔짝 뛰면서 외쳤다. "바로 이거야!" 예수님은 "모든 선지자와 율법이 예언한 것은 나(예수 그리스도)까지니"라고 말씀하시지 않았다. 따라서 완전한 회개에 관한 요한의 메시지는 신약 복음의 출발점이다. 스스로 아는 죄들을 온전히 회개하지 않았다면 아직 예수님과의 관계 속으로 들어가지 못한 것이다.

회개는 현관이다!

철수와 영희의 이야기가 기억나는가? 결혼에 대한 영희의 관념은 실로 이상했다. 영희는 옛 남자친구들을 버리지 않았다. 물론 남편을 깊이 사랑했다. 남편은 그녀가 세상에서 가장 좋아하는 남자요 가장 많은 시간을 보내는 남자였다. 하지만 그녀는 한 남자와 혼인의 언약을 맺기 위해서는 정신적으로나 감정적으로나 육체적으로나 옛 남자친구들과의 관계를 끊는 것이 '필수'라는 사실을 배운 적이 없었다. 그런 관계를 끊는 순간이 남편과의 언약으로 들어가는 '출발점'이다.

남자친구와 데이트를 하고 오겠다는 말에 남편이 불같이 화를 내자 영희는 충격을 받았다. '왜 저렇게 화를 내는 거지? 질투하는 건가?' 물론 철수는 질투한 것이다. 그리고 질투해야 마땅하다. 하나님도 우리로 인해 질투하시며, 그렇게 하시는 것이 너무도 당연하다. 우리는 그분과 언약을 맺었다. 그런데 어찌 우리가 다른 애인들을 끌어들일 수 있겠는가.

성경에 기록된 요한의 첫 말이 "회개하라. 천국이 가까이 왔느니라!"인 것이 우연일까?(마 3:2)

이런 말을 한 것이 요한뿐일까? 신약 전체에서 이런 메시지는 요한의 말이 유일무이할까? 전혀 아니다. 예수님의 첫 명령도 똑같았다.

회개하라. 천국이 가까이 왔느니라(마 4:17).

예수님은 회개가 하나님과 영원한 관계를 맺는 데 꼭 필요한 단계임을 아셨다. 사실, 회개는 그분이 사람들이 하나님께 속했는지를 판단할 때 사용하신 기준이었다.

예수님은 수많은 기적을 보고도 '죄를 회개하지 않고' 하나님께로 돌아오지 않는 마을들을 꾸짖으셨다(마 11:20 보라).

사람이 구원받기 위해 해야 할 일이 '하나님께로 돌아오는' 것이라면 예수님이 오직 그것만 말씀하셨을 것이다. 하지만 영희가 철수와 진정한 관계를 맺기 위해 옛 남자친구를 버려야 했던 것처럼 우리도 예수님과 진정한 관계를 맺기 위해서는 죄를 회개해야만 한다.

이런 메시지는 성경에서 반복적으로 나타난다. 그것은 회개가 예수님 사역의 핵심이기 때문이다. "내가…죄인을 불러 회개시키러 왔노라"(눅 5:32). 예수님이 이렇게까지 말씀하실 정도면 회개는 선택사항이 아니다. 예수님은 한 집단에게도 같은 말씀을 하셨다. "너희도 만일 회개하지 아니하면 다 이와 같이 망하리라"(눅 13:3).

따라서 회개 없이는 하나님께로 돌아갈 수 없다.

이번에는 예수님의 제자들이 복음을 어떤 식으로 전했는지를 보자. 제자들이 첫 노방 전도 때 선포한 메시지는 이것이었다. "제자들이 나가서 회개하라 전파하고"(막 6:12).

제자들은 '만나는 모든 사람에게' 이 메시지를 전했다. 그것은 회개 없이는 절대 구원이 없기 때문이다. 심지어 지옥 불에서 괴로워하는 부자도 회개의 중요성을 알았다.

> (부자가) 이르되 그렇지 아니하니이다, 아버지 아브라함이여. 만일 죽은 자에게서 그들에게 가는 자가 있으면 회개하리이다(눅 16:30).

부활 후에는 어떻게 되었는가? 메시지가 바뀌었는가? 누가는 부활하신 예수님이 제자들에게 나타나 굳은 마음을 꾸짖어 열어 주신 사건을 기록하고 있다. 그 뒤에 예수님은 그분에 관한 선지자들의 예언을 인용하셨다.

또 그의 이름으로 죄 사함을 받게 하는 회개가 예루살렘에서 시작하여 모든 족속에게 전파될 것이 기록되었으니(눅 24:47).

선지자들은 먼저 회개가 이루어질 때 오직 구주 안에서만 용서가 이루어진다고 예언했다. 사도 베드로도 같은 말을 했다. 오순절에 그가 구원을 받는 방법을 구도자들에게 어떻게 설명했는지 보라.

너희가 회개하여 각각 예수 그리스도의 이름으로 세례를 받고 죄 사함을 받으라. 그리하면 성령의 선물을 받으리니(행 2:38).

역시나 먼저 회개하지 않고서는 하나님께로 돌아갈 수 없다는 말이다. 바울은 어떤가? 바울이 이방인들에 대해서는 메시지를 바꾸었는가? 전혀 아니다.

그러므로 하늘에서 보이신 것을 내가 거스르지 아니하고 먼저 다메섹과 예루살렘에 있는 사람과 유대 온 땅과 이방인에게까지 회개하고 하나님께로 돌아와서 회개에 합당한 일을 하라 전하므로(행 26:19-20).

위의 구절은 회개를 권하는 것이 아니라 명령하고 있다. 바울은 '모든' 사람이 '반드시' 자신의 죄를 회개해야 한다고 말하고 있다.

바울은 하나님이 유대인이든 이방인이든 상관없이 모든 이에게 회개를 구원의 조건으로 정하셨다고 설명한다.

> 알지 못하던 시대에는 하나님이 간과하셨거니와 이제는 어디든지 사
> 람에게 다 명하사 회개하라 하셨으니(행 17:30).

예수 그리스도의 기본적인 가르침들을 보면 역시나 가장 먼저 나오
는 것이…

> 그러므로 우리가 그리스도의 도의 초보를 버리고 죽은 행실을 회개
> 함과 하나님께 대한 신앙…에 관한 교훈의 터를 다시 닦지 말고 완전
> 한 데로 나아갈지니라(히 6:1-2).

신약에서 이 명령이 나오는 구절을 다 소개하려면 아직 멀었지만 이
정도면 회개의 중요성을 충분히 이해했으리라 믿는다. 먼저 자신이 아는
불순종의 죄를 회개하지 않고서는 우리 주 예수 그리스도를 믿을 수 없
다. 포르노를 아예 끊을 생각이 없다면 크리스천이 될 수는 없다. 이성 친
구와의 성관계를 그만둘 생각이 없다면 신자가 될 수 없다. 동성애를 버
리지 않겠다고 고집을 부리면 크리스천이 될 수 없다. 탈세를 그만둘 생
각이 없다면 신자가 될 수 없다. 성도착을 끝까지 고집할 생각이라면 예
수님의 제자가 될 수 없다. 원한을 버릴 생각이 없다면 크리스천이 될 수
없다. 이 외에도 예를 들자면 끝이 없다.

신약의 명령 중 일부만 취사선택하면 '가짜 예수'를 만든 셈이다. 그

런 사람은 기만에 빠져 있다. 그의 믿음은 자신만의 착각일 뿐이다. 성경은 분명 이렇게 경고한다. "너희는 말씀을 행하는 자가 되고 듣기만 하여 자신을 속이는 자가 되지 말라"(약 1:22).

우리가 이 경고를 전하지 않으면 구도자들이 어떻게 알겠는가? 그들이 알아서 알아낼 것이니 우리가 신경 쓸 필요가 없을까? "하나님은 당신이 돌아오길 간절히 기다리고 계십니다. 어서 저와 함께 영접 기도를 드리십시오." 과연 구도자들에게 이렇게만 말하는 것이 그들을 진정으로 사랑하는 것인가?

우리가 이렇게 한다면 영희의 친정 부모나 다름없다. 그들은 결혼하면 옛 남자친구들과의 관계를 끊어야 한다는 점을 딸에게 가르쳐주지 않았다. 가르쳐주지 않아도 딸이 차차 알게 될 것이라고 생각했을까? 하지만 결과를 보라. 지금 딸은 영문을 몰라 혼란에 빠져 있고, 그녀를 사랑해서 결혼에 진정으로 헌신한 사위는 극도의 분노에 휩싸여 있다.

상대에 상관없이 우리가 전해야 할 진정한 복음은 오직 하나뿐이다. 먼저 자신이 아는 모든 죄를 남김없이 '회개하고' 나서 하나님께로 돌아오라! 먼저 '회개'가 선행되지 않고서는 참된 믿음이 있을 수 없다.

요즘 복음을 전하는 방식은 구도자들에게 먼저 믿고 기도하게 한 뒤에 몇 주나 몇 달, 심지어 몇 년 뒤에 차차 죄에서 돌아서게 하는 것이다. 하지만 자신이 이미 구원받았다고 믿게 된다면 나중에 굳이 회개할 필요성을 느낄 수 있을까?

영희는 남편과의 결혼을 결심하기 전에 진실을 듣지 못한 것을 안타까워하고 있다. 우리도 구원에 필요한 것을 솔직히 다 말해 주지 않으면 가짜 교인들만 양산할 뿐이다.

신약은 회개 없이는 구원이 없다고 분명히 말한다. 세상과 관계를 맺은 채로 예수님과 결혼할 수는 없다. 새로운 삶을 시작하려면 먼저 옛 삶에 대해 죽어야 한다.

커뮤니케이션 전문가들은 가장 중요한 요점을 더없이 분명히 전달해야 한다는 점을 잘 알고 있다. 그렇게 하지 않으면 자칫 오해가 발생할 수 있다. 하나님도 당연히 이 점을 잘 알고 계신다. 이것이 성경에서 우리에게 회개하라고 계속해서 강조하는 이유다.

혹시 이 책을 읽으면서 여러 번 회개했는가? 이번 장을 통해 회개가 얼마나 중요한지를 확실히 알았는가? 그로 인해 삶이 어떻게 변했는가? 세상 사람들이나 사랑하는 사람들, 불신자들에게 복음을 전하는 방식이 어떻게 달라졌는가? 회개의 중요성을 삶에 반영하기 위해 구체적으로 취해야 할 행동 하나를 보여달라고 기도하라. 이번에도 하나님이 알려 주시는 행동과 함께 그 행동을 실천하기 위한 당신의 계획을 적어 보라.

6

하 나 님 의   비 전 에
더 는   관 심 이   없 다

이전 장에서 우리는 "죄를 회개하고 하나님께로 돌아오라"라는 성경의 소리를 여러 번 들었다. 회개는 선택이 아니라 영생을 받기 위해 꼭 필요하므로 이 주제를 좀 더 논해 보자. 이 진리를 정확히 이해하면 신자들이 하나님과 친밀한 관계를 유지하는 데도 '회개'가 중요하다는 사실을 이해하는 데 도움이 될 것이다. 이 점은 뒤에 가서 다시 논하기로 하자.

첫째, 신약의 회개가 구약의 회개와 다르다는 점을 이해하는 것이 중요하다. 구약 시대에 하나님의 백성들은 회개할 때 베옷을 입고 재에 앉왔다. 그들은 회개를 표현하기 위해 땅바닥에 엎어져 통곡하며 많은 눈물을 쏟아냈다. 이것은 죄를 후회하고 경건한 순종으로 돌아가겠다는 의지의 외적 표현이었다. 하지만 신약에서는 외적 표현보다 마음을 강조한다.

신약의 회개

신약에서 '회개'란 명사(metanoia)와 '회개하라'란 동사(metanoeō)는 각각 24번과 34번 등장한다. 회개의 가장 흔하고도 널리 인정되는 정의는 '생각의 변화'다. 하지만 여기서 머물면 회개의 진정한 힘을 놓칠 수밖에 없다.

《베이커 성경 백과사전》(*Baker Encyclopedia of the Bible*)는 회개가 "개인의 계획이나 의도, 신념의 변화라기보다는 악한 행동에서 하나님께로 돌아서는 '전인격적' 변화"라고 말한다.

여기서 '전인격적'이란 표현에 주목해야 한다. 생각이 변해도 온전한 확신은 이루어지지 않을 수 있다. 학자들은 '전인격적'이란 표현을 통해 회개는 단순히 생각이나 정신의 변화가 아니라고 말한다. 《렉스햄 신학 단어집》(*The Lexham Theological Wordbook*)은 회개가 "생각과 의지를 죄에서 하나님께로 다시 향하는 과정"으로 정의한다.

회개는 분명 생각의 변화를 포함하지만 더 깊은 차원까지 들어가 의지와 감정의 변화를 수반한다. 회개는 우리 존재의 깊은 곳으로 뚫고 들어가 존재의 중심으로부터 굳은 확신을 일으킨다. 예수님의 말씀을 들어

보자.

> 마음에서 나오는 것은 악한 생각과 살인과 간음과 음란과 도둑질과 거짓 증언과 비방이니 이런 것들이 사람을 더럽게 하는 것이요(마 15:19-20).

자발적이든 습관적이든 우리의 행동은 존재 깊은 곳에서 흘러나온다. 참된 회개를 위해 필요한 것이 생각의 변화가 전부라면 예수님은 이런 행동이 우리의 생각에서 나온다고 말씀하셨을 것이다. 그런데 성경은 이렇게 말한다. "대저 그 마음의 생각이 어떠하면 그 위인도 그러한즉."(잠언 23:7) 내면 깊은 곳에서 삶을 바라보는 시각이 우리의 행동이나 반응을 통제하고 우리의 사람됨을 결정한다.

물론 행동으로 사람됨까지 평가받는 것은 기분 좋은 일이 아니다. 하지만 예수님의 말씀을 무시할 수는 없다. "그들의 열매(행동)로 그들을 알지니"(마 7:16). 우리는 의도만이 아니라 행동으로 정의된다.

바로 여기에 복음의 진정한 힘이 있다. 복음은 내면 깊은 곳을 바꿔 우리의 행실을 변화시키는 힘이 있다. 복음에 진정으로 영향을 받으면 단순히 생각이 바뀌거나 감정으로 충만해지는 것이 아니라 내면 깊은 곳이 바뀌어 진정한 행동의 변화로 표출된다.

회개는 진리에 눈을 떠서, 우리의 철학이나 행동이 창조주와 다르다는 사실을 존재 깊은 곳에서 철저히 확신하게 되는 것이다. 이런 진정한 깨달음은 시각의 변화만이 아니라 바람과 행동의 변화로 이어진다. 하나님의 뜻에서 어긋난 것을 바라고 사랑하던 사람이 그것을 버리고 심지어 미워하기로 깊이 결단하게 된다. 회개는 진정한 겸손이며, 겸손은 하나님의 값없는 은혜로 가는 문을 열어 준다. 이 은혜는 우리로 하여금 경건한 삶을 살 힘을 준다.

불신자

회개는 불신자와 신자 모두에게 필요하지만 약간의 차이가 있다. 먼저 불신자의 경우부터 살펴보자.

이전 장에서 우리는 세례요한과 예수님, 제자들을 통해 "죄를 회개하고 하나님께로 돌아오라"는 말을 반복적으로 들었다. 사실, 이 두 명령은 서로 밀접하게 연결되어 있어서 전혀 별개의 명령이 아니다. 다시 말해, 동전의 양면처럼 둘 중 한 명령만 실천하는 것은 불가능하다. 성경적인 회개는 모든 측면에서 하나님께로 돌아서는 것이다. 진정 그리스도께로 오는 사람은 다음과 같이 고백하게 되어 있다.

> "이제껏 어떤 길이 좋은지를 스스로 판단하며 살아왔지만 이제 그것이 얼마나 잘못되었는지를 절실히 깨달았다. 이제부터는 하나님이 가라고 하시는 대로 믿고 온 마음과 정신과 행동으로 따라갈 것이다."

이 사람은 하나님의 뜻을 행하기로 (정신과 감정, 의지를 포함한) 마음으로 결심했다. 이 결심에 따르는 복은 늘 하나님의 음성을 들으며 살게 된다는 것이다. 예수님은 이렇게 말씀하셨다. "사람이 하나님의 뜻을 행하려 하면 이 교훈이 하나님께로부터 왔는지 내가 스스로 말함인지 알리라."(요 7:17) 회개하는 순간, 불신자는 자치의 삶에서 하나님께 철저히 복종하는 삶으로 돌아서며, 그로 인해 마음이 열려 하나님의 음성을 듣게 된다.

불신자가 진정으로 회개하면 우상 숭배를 떠나 하나님의 권위에 절대적으로 복종하고 순종하는 자세를 취하게 된다. 그는 마음으로 이렇게 선언하게 된다. "하나님의 말씀 위에 서려는 그 어떤 생각이나 신념, 이론, 주장도 받아들이지 않겠다." 바울은 다음과 같이 대담한 선포를 했다.

우리의 싸우는 무기는 육신에 속한 것이 아니요 오직 어떤 견고한 진도 무너뜨리는 하나님의 능력이라 모든 이론을 무너뜨리며 하나님 아는 것을 대적하여 높아진 것을 다 무너뜨리고 모든 생각을 사로잡아 그리스도에게 복종하게 하니(고후 10:4-5).

하나님의 무기는 그분의 말씀과 지혜, 권고다. 세상의 무기는 하나님의 말씀에 반하는 철학이나 문화, 관습, 법, 라이프스타일이다. 혹시 "세상이 무기를 갖고 있는가?"라고 물을지 모르겠다. 물론이다. 지옥은 신자나 불신자나 할 것 없이 우리 모두를 약화시키기 위해 세상의 시스템을 통해 끊임없이 맹공격을 퍼붓고 있다.

위의 성경에서 "무너뜨리다"라는 표현을 눈여겨보라. 이것은 구약에서 사람들이 우상 숭배에서 떠날 때 자주 사용되는 단어다. 이스라엘 백성들은 세워진 우상들을 무너뜨렸다(그들이 실제로 무엇을 한 것인지 잘 생각해 보라. 우상 숭배의 근원은 고의적이고 습관적인 죄의 패턴이다. 그들이 무너뜨린 것은 신상이라기보다는 사실상 이 패턴이었다).

바울이 말한 원칙도 다르지 않다. 우리는 그리스도에게서 멀어진 사람들의 우상 숭배적인 생각을 하나님의 말씀으로 지적한다. 그러면 듣는 이들이 모든 인간적인 이론과 주장, 하나님의 권위에 대한 불순종을 회개한다(무너뜨린다). 기본적으로 이것이 습관적인 죄의 회개의 의미다. 그렇게 하면 실제로 하나님께로 돌아가 자유를 얻게 된다.

철학적인 차이

여기서 우리는 신약 시대와 현대, 특히 서구 목회 철학의 큰 차이점 중 하나를 생각하지 않을 수 없다. 불신자를 전도하기 위해서는 복음에서 부담스럽지 않은 측면들에 초점을 맞춰야 한다는 생각이 교회 리더들 사이에서 팽배해 있다. 다시 말해, 긍정적인 면을 부각시키고 회개가 필요한 죄를 지적하는 것은 삼가야 한다는 것이다. 이런 접근법으로 인해 알게 모르게 우리는 물건의 장점만 부각시키고 단점은 은근슬쩍 넘어가는 판매원처럼 되어가고 있다. 안타깝게도 이런 접근법이 어느새 전도의 정석이 되어버렸다.

이런 왜곡된 목회 철학에는 무엇보다도 두 가지 유익이 있다. 첫째, 사람들을 들들 볶을 소지가 사라진다. 율법주의는 연민이 부족해서 그저 자신의 옳음을 증명하고 남들의 행동을 통제하며 권위자란 허명을 얻겠다는 그릇된 동기로 율법의 자구를 물고 늘어진다. 이런 가혹함으로 인해 율법주의는 지나가는 곳마다 상처 입은 영혼들의 무덤을 만든다. 이 불쌍한 영혼들은 예수님을 대변하는 개인들과 집단들에게 너덜하게 뭇매를 맞아 이제 감히 하나님을 찾을 엄두도 내지 못한다. 율법주의는 수많은 사람이 하나님과의 진정한 관계에서 등을 돌리는 가장 큰 원인 중 하나다.

예수님은 율법주의적인 '목회'의 폐해를 분명히 지적하셨다. "너희는 천국 문을 사람들 앞에서 닫고 너희도 들어가지 않고 들어가려 하는 자도 들어가지 못하게 하는도다"(마23:13).

따라서 율법주의를 제거하려는 것은 옳은 것이다. 하지만 그렇다고 해서 추가 반대편 극단으로 쏠려서도 곤란하다. 사람들을 다시 괴롭히지 않기 위해서 진정한 신약의 목회를 버려야 할까? 율법주의의 냄새조차 풍기지 않기 위해 되도록 죄를 지적하거나 회개를 촉구하지 말아야 할까? 그것은 더러운 목욕물과 함께 아기를 버리는 짓이 아닐까?

우리는 이런 질문을 던지고 답해야 한다. 왜냐하면 오늘날 전도의 정석으로 통하는 방식은 전혀 성경적이지 않기 때문이다. 성경이 분명 회개를 '필수사항'으로 제시하는데 어찌 우리가 회개 없는 구원을 제시할 수 있는가? 우리가 그런 반쪽짜리 복음으로 전도한 사람들이 과연 정말로 구원을 받았을까?

회개에 관한 언급을 피하는 방식의 두 번째 '유익'은 회심자들을 쉽게 얻어 사역이나 교회, 소그룹을 금세 키울 수 있다는 것이다. 하지만 다수가 아론의 죄를 따라갔다는 사실을 잊었는가? 따르는 사람들의 머릿수가 많고 적음은 우리가 하나님의 마음과 일치해 있느냐를 결정하는 기준이 되지 못한다. 숫자가 아니라 진리가 기준이다.

우리가 예수 그리스도를 따르기 위한 대가를 잊었는가? 예수님이 죄를 버리고(자신을 부인하고) 자기 십자가(무조건 그분을 따르겠다는 확고한 의지)를 지라고 누누이 명령하셨던 것을 잊어버렸는가?

우리가 습관적인 죄를 지적하지 않으면 구도자는 예수님을 영접한 뒤에도 여전히 말씀이 아닌 세상의 기준에 따라 살아갈 것이다. 세상에서는 혼전 동거와 성관계, 동성애, 심지어 동성결혼까지도 지극히 정상이다. 만취하고 마약을 상용하는 것도 그리 큰 흠이 아니다. 음란하고 불경하고 상스러운 프로그램이나 동영상, 영화 등을 보는 것이 당연시되고 있다. 예를 들자면 끝이 없을 정도다. 하지만 이 모든 행동은 신약의 계명들에 정면으로 반한다.

하늘의 기준

신약 안에 계명들이 있는가? 물론이다. 있는 정도가 아니라 여러 생각이나 행동에서 떠나라는 계명이 무려 5백 개 이상이다. 바울은 하나님의 은혜에 관한 계시를 누구보다도 많이 받았던 사람이지만 이렇게 말했다. "할례 받는 것도 아무 것도 아니요 할례 받지 아니하는 것도 아무 것도 아니로되 오직 하나님의 계명을 지킬 따름이니라"(고전 7:19).

예를 들어, 하나님은 반드시 심판을 받을 것이니 외도를 절대 하지 말라고 명령하셨다. 다음 말씀들은 허튼소리가 아니다.

> 너희도 정녕 이것을 알거니와 음행하는 자나 더러운 자나…다 그리
> 스도와 하나님의 나라에서 기업을 얻지 못하리니 누구든지 (이런 죄에
> 대해)헛된 말로 너희를 속이지 못하게 하라. 이로 말미암아 하나님의
> 진노가 불순종의 아들들에게 임하나니(엡 5:5-6).

> 음행하는 자들과 간음하는 자들을 하나님이 심판하시리라(히 13:4).

우리가 방금 읽은 구절은 혼외정사만이 아니라 포르노 같은 모든 음
란에 대하여 다루고 있다. 그런데 우리가 알려 주지 않으면 구도자들이
어떻게 이것을 알 수 있겠는가. 과연 이런 진리를 숨기는 것이 그들을 진
정으로 사랑하는 것인가?

하나님은 간음과 동성애, 도둑질, (마약을 포함한)취함을 비롯해서 현
대 사회가 대수롭지 않게 여기는 행동들을 하는 자들이 그분의 나라를 물
려받지 못할 것이라고 분명히 말씀하셨다.

> 불의한 자가 하나님의 나라를 유업으로 받지 못할 줄을 알지 못하느
> 냐? 미혹을 받지 말라. 음행하는 자나 우상 숭배하는 자나 간음하는
> 자나 탐색하는 자나 남색하는 자나 도적이나 탐욕을 부리는 자나 술
> 취하는 자나 모욕하는 자나 속여 빼앗는 자들은 하나님의 나라를 유
> 업으로 받지 못하리라(고전 6:9-10).

율법주의자들은 진정한 사랑과 연민이 없어서 큰 피해를 입혔다. 그들은 신약의 명령에다 자신들의 규칙들까지 더해 사람들을 자신들이 정한 행동의 틀 안에 가두려고 했다. 그런데 우리는 이런 율법주의에 대한 반발이 지나쳐, 예수님이 직접 말씀하시거나 사도들의 글을 통해 알려 주신 계명들을 아예 선포하지 않는 오류를 범하고 있다.

최근 한 대형 교회에서 고린도전서의 이 구절을 본문으로 메시지를 전한 적이 있다. 내가 여러 예배 중 1부 예배에서 설교하고 난 뒤에 담임 목사가 나머지 예배에서는 동성애 얘기를 꺼내지 말아달라고 간곡히 부탁했다. 아이러니하게도 바로 그 순간, 20년 넘게 동성애자로 살았던 여자 경찰관이 눈물을 흘리며 우리 자료를 진열해놓은 곳으로 찾아왔다. "오늘밤 강사님이 《무엇이 선인가》(Good or God?)란 책으로 설교를 하신 거라고 하셨죠? 한 권 주세요. 오늘 정말 많은 것을 깨달았습니다."

우리가 현재와 같은 목회 철학을 고집하면 사람들이 하늘의 기준을 어떻게 알겠는가? 세례 요한의 메시지를 생각해 보라. 그의 가르침은 당시 사회에 만연했던 죄를 날카롭게 지적했다. 그는 축적한 부를 가난한 사람들에게 나눠 주고 도둑질과 협박을 그만두며 일꾼들은 각자의 임금에 만족하라고 촉구했다(눅 3:10-14를 보라). 사람들은 진리를 갈망했기에 그의 메시지를 듣기 위해 거친 광야까지 찾아왔다. 그리고 그의 메시지를 들은 뒤에는 진정으로 반응하고 죄를 고백했다. 그들은 동성애의 심각한 결과를 전혀 모르고 살다가 그 교회 예배에 참석해서 마침내 자기 죄를 깨달은 그 여자 경찰관과 전혀 다르지 않았다.

세례 요한은 유대 왕 헤롯이 형수와 잠자리를 한 것이 하나님의 말씀을 어긴 것이라고 공개적으로 비판했다. 결국 그는 이 진리를 가르친 덕분에 참수를 당했다. 그는 권력자의 비위를 맞추려고 하지 않았지만 결국 진정한 높임을 받았다. 그가 헤롯의 죄를 공개적으로 지적하지 않았다면 더 오래 살았을 것이다. 하지만 이 땅에서의 삶보다 훨씬 더 장기적인 결과를 생각하라. 예를 들어, 나중에 예수님은 많은 무리 앞에서 요한을 치켜세우셨다(마 11:7-15). 무엇보다도 요한이 심판의 날 받게 될 영원한 상이 얼마나 클지 도저히 상상이 가질 않는다. 요한은 불신자들에게 하늘의 기준을 가감 없이 정확하게 말해 주었다.

바울도 글과 설교로 같은 가르침을 펼쳤다. 그가 불신자들에게 전한 메시지는 더없이 분명했다. "회개하고 하나님께로 돌아와서 회개에 합당한 일을 하라"(행 26:20). 또한 그는 디모데에게 이렇게 권면했다. "너는 말씀을 전파하라…가르침으로 경책하며 경계하며 권하라."(딤후 4:2) 그리고 또 다른 목회자에게도 비슷한 조언을 했다. "모든 권위로 책망하여"(딛 2:15).

바울의 사전에 타협은 없었다. 한번은 벨릭스라는 거물 정치인과 그의 아내 드루실라에게 복음을 전할 놀라운 기회가 있었는데, 바울은 권력자 앞이라고 해서 잘못을 지적하지 않고 듣기 좋은 말만 하지 않았다. 성경은 그 일을 다음과 같이 기록한다.

바울을 불러 그리스도 예수 믿는 도를 듣거늘 바울이 의와 절제와 장차 오는 심판을 강론하니 벨릭스가 두려워하여 대답하되 지금은 가라. 내가 틈이 있으면 너를 부르리라(행 24:24-25).

AMPC 성경으로 읽어보면 상황을 더 정확히 알 수 있다. "바울이 계속해서 곧음과 순결한 삶(정욕 통제), 다가올 심판에 관해 논하자 벨릭스가 놀라고 두려워하여 그에게 가라고 말했다."

전체 이야기를 읽어보면 원래 벨릭스 총독은 하나님과 내세에 관해 듣고자 사람을 시켜 바울을 불러왔다. 그렇다면 그는 창조주와의 관계를 원했던 것이 분명하다. 오늘날로 치면 진리에 관심이 있어 교회를 처음 찾아온 구도자였던 셈이다. 그런데 그가 겁에 질려 바울을 당장 보낸 것을 보아 바울이 그의 죄를 직접적으로 지적했던 것이 분명하다.

오늘날로 치면, 교회에 처음 나온 유력한 정치인이 예배를 다 마치기도 전에 "설교가 무서워서 다시는 오지 않겠다!"라며 서둘러 교회를 빠져나간 상황이라고 할 수 있다. 왜 무서웠을까? 설교자가 지적한 죄를 버릴 생각이 없었기 때문이다.

바울이 현대 서구 철학에 물들었다면 그의 메시지는 이런 식이었을 것이다. "벨릭스 각하, 하나님은 각하를 사랑하십니다. 하나님은 각하를 구원하기 위해 예수님을 이 땅에 보내 죽게 하셨습니다. 예수님을 마음으로 영접하시겠습니까? 그렇다면 저와 함께 이 기도를 드리십시오. '예수님, 지금 제 마음속에 오셔서 저를 하나님의 자녀로 삼아주십시오.'" 그것으로 전도가 마무리되었을 것이다.

하지만 바울의 메시지는 벨릭스에게 큰 부담감을 주었다. 그것은 바울이 스스로 아는 죄를 남김없이 회개해야만 크리스천이 될 수 있다는 사실을 정확히 알았기 때문이다. 만약 바울이 부담스럽지 않고 편안하기만 한 메시지를 전하고 영접 기도로 마무리한 뒤에 구원을 선언했다면 벨릭스는 오랫동안, 어쩌면 평생 기만에 빠져 살았을 것이다. 실상은 여전히 '구원받지 못한 우상 숭배자'일 뿐인데 자신이 '거듭났다고' 굳게 믿은 채 살다가 죽은 뒤 심판의 자리에서 충격에 빠지게 될 것이다. 그렇게 된다면 바울은 크립토나이트가 교회에 침투할 틈을 열어 준 셈이다. 하지만 예수 그리스도의 충성스러운 목회자인 바울은 그런 실수를 저지르지 않았다.

어떤가? 정신이 번쩍 들지 않는가? 오늘날 복음의 사자로서 우리도 바울처럼 해야 한다.

○ 내 삶의 크립토나이트 제거하기 ○

요즘 대부분의 교회들이 구도자들에게 단순히 예수님의 희생을 인정하고 그분을 마음속으로 초대하는 영접 기도만 시키면서 교세를 확장해왔다. 당신 교회의 목회자들이 처음 온 방문자들에게 죄를 회개하고 하나님께로 돌아오라고 촉구하기 시작하면 어떤 일이 벌어질지 상상해 보라. 얼마나 많은 사람이 끝까지 예배를 드리고 다음 주에도 돌아올까?

이것이 특히 목회자들의 입장에서는 생각하기도 싫은 방식일 수 있다. 하지만 남은 사람들이 어떻게 변할지 상상해 보라. 1차 신앙부흥운동 (First Great Awakening) 때 부흥사들이 교회마다 돌며 회개를 촉구하면 듣는 이들이 의자를 꽉 부여잡거나 아예 땅바닥에 엎드려 통곡으로 회개하며 하나님께 구원을 간청했다. 이렇게 회개한 수천수만의 사람들이 세상을 변화시켰다. 온 도시들이 죄에서 하나님께로 돌아서는 역사가 꼬리를 물었다.

회개를 촉구하면 교회가 텅텅 빌 수도 있지만, 오히려 꽉 찰 가능성이 훨씬 더 크다. 하나님께 회개의 잠재력을 보게 해달라고 요청한 뒤에, 그 잠재력을 당신의 삶과 당신의 교회 속으로 발산시켜 달라고 기도하라.

7

크립토나이트에 빠진
구약의 왕들의 삶

구약성경 중 여섯 권을 다시 읽은 것이 내가 이 책을 쓰게 된 계기였다.

지난 40년간 나는 사무엘상하와 열왕기상하, 역대기상하를 여러 번 읽었다. 그런데 최근에는 특별히 기도를 드리고 나서 전에 없이 유심히 읽었다. 그때 하나님이 전에는 전혀 눈치 채지 못했던 사실에 새롭게 눈을 뜨게 해 주셨는데 그 깨달음이 실로 놀라워 숨이 막힐 지경이었다.

이번 장의 내용은 다소 학문적이어서 지루할 수도 있을 것이다. 하지만 구약의 왕들을 간단히 살펴보지 않고 곧바로 내가 얻은 깨달음의 결론만 이야기하면 감동이 반감될 수밖에 없다. 이 왕들의 삶을 정리해 보면 깨달아지는 강력한 진리가 있다. 줄거리들이 여섯 권의 책에 흩어져 있기에 이 책들을 다 읽지 않고서는 이 진리가 눈에 들어오지 않는다.

전에 이 책들을 읽을 때는 항상 '여호와 보시기에 정직히 행한' 왕들과 '우상을 숭배한' 왕들, 이렇게 기본적으로 두 종류의 왕이 있었다고 생각했다. 그런데 이번에 사실상 '세' 종류의 왕들이 있었다는 사실을 깨달았다.

일단, 이스라엘에서는 예후를 제외하곤 진정으로 여호와 보시기에 정직히 행한 왕이 없었다. 사실, 예후조차도 말년에는 악으로 돌아섰다. 그래서 유다로 눈을 돌려 보자. 사울과 다윗, 솔로몬 외에 유다를 다스렸던 왕은 총 스무 명이다. 그 중에서 우상 숭배를 일삼았던 왕은 르호보암, 아비얌, 요람, 아하시야, 아달랴(여왕), 아하스, 므낫세, 아몬, 여호아하스, 여호야김, 여호야긴, 시드기야였다. 이 왕들의 치리 기간에 유다는 유례없이 힘들었고 적들의 공격을 받아 극심한 피해를 입곤 했다.

옳은 일을 행한 왕들도 있었다(다윗과 솔로몬은 옳은 일을 행했지만 솔로몬은 나중에 그릇된 길로 빠졌다). 왕국이 분열된 뒤에는 아사와 야호사밧, 요아스, 아마샤, 웃시야, 요담, 히스기야, 요시야가 선한 왕이었다. 하지만 이 여덟 왕은 다시 두 부류로 나눌 수 있다. 첫 번째 부류는 개인적으로는 여호와 보시기에 정직히 행했지만 국가 차원의 우상 숭배를 다루지 않고 이방 신전들을 그냥 놔두었다.

그에 반해 두 번째 부류는 개인적으로도 여호와 보시기에 정직히 행했을 뿐 아니라 백성들이 세운 우상들을 찍어 버리고 이방 신전들을 허물었다. 이 왕들의 치리 아래서는 국가가 이방 신전들을 방치했던 시대와는 확연히 차이가 날 만큼 번영했다. 이제부터 각 왕을 살펴보자.

첫째, 다윗. 그가 다스리는 동안에는 전국에서 우상 숭배가 전혀 없었다. 그는 백성들에게 온 마음과 뜻과 목숨을 다해 하나님을 섬기라고 계속해서 강조했다. 그는 전쟁에서 지지 않았고 국가는 매우 부강했다. 나아가 그는 아들이 왕위를 이어받아 나라를 잘 다스리도록 잘 준비시켰다.

둘째, 솔로몬. 그의 통치 기간 중 상당 부분은 아버지 다윗의 본보기를 잘 따른 기간이었다. 그의 순종 덕분에 그 자신만이 아니라 온 나라가 태평성대를 구가했다. "솔로몬이 사는 동안에 유다와 이스라엘이 단에서부터 브엘세바에 이르기까지 각기 포도나무 아래와 무화과나무 아래에서 평안히 살았더라"(왕상 4:25).

생각해 보라. 온 국가에 부가 넘쳐 생활보호대상자가 단 한 명도 없었다. 솔로몬의 리더십은 너무도 훌륭해서 "사람들이 솔로몬의 지혜를 들으러 왔으니 이는 그의 지혜의 소문을 들은 천하 모든 왕들이 보낸 자들이더라"(왕상 4:34).

그리고 "온 세상 사람들이 다 하나님께서 솔로몬의 마음에 주신 지혜를 들으며 그의 얼굴을 보기 원하여"(왕상 10:24). "솔로몬이…형통하니 온 이스라엘이 그의 명령에 순종하며"(대상 29:23). "왕이 예루살렘에서 은금을 돌 같이 흔하게 하고 백향목을 평지의 뽕나무 같이 많게 하였더라"(대하 1:15).

하지만 시간이 지날수록 솔로몬은 하나님께 불순종하여 숱한 외국 여인들과 혼인을 했다. 이방 여인들의 부추김에 솔로몬의 마음은 점점 우상들(알면서 짓는 죄)에게로 향했고, 그 결과 하나님이 일으키신 적들이 그의 전진을 막고 백성들을 괴롭혔다(왕상 11:14, 23절을 보라). 이런 고의적인 불순종으로 인해 결국 나라가 둘로 갈라졌다. 그의 아들이 두 부족을 차지했고 나머지 열 부족은 떨어져 나갔다.

지금부터는 유다의 왕들만 소개하겠다.

셋째, 르호보암. 여호와 보시기에 정직히 행했다.

넷째, 아비얌. 여호와 보시기에 정직히 행했다.

다섯째, 아사. 그는 하나님을 열정적으로 따랐다. 그는 개인적인 삶에서도 여호와 보시기에 정직히 행했을 뿐 아니라 국가 차원에서도 백성들의 우상 숭배를 철저히 조사해 근절시켰다. 이방 신전의 남성과 여성 매춘부들을 추방시키고 모든 우상을 파괴했으며, 역겨운 아세라 상을 세운 자신의 모친 마아가를 태후에서 폐위시켰다(왕상 15:11-13을 보라). 또한 온 유다 땅에서 이방 제단들과 신전들을 쓸어버리고 주상을 파괴하고 아세라 상들을 찍어버렸다. 그러고 나서 온 유다 백성들에게 자신들이 지은 죄를 회개하고 하나님의 법과 명령에 철저히 순종하라고 명령했다(대하 14:2-4를 보라).

그가 백성들에게 죄를 떠나라고 명령한 덕분에 "나라가 그 앞에서 평안함을 누리니라"(대하 14:5). 이 태평성대 기간에 그는 유다 전체를 요새화할 수 있었다. 덕분에 그가 다스리는 동안에는 어느 나라도 감히 유다를 침범할 엄두조차 내지 못했다. 나중에 백만 대군이 쳐들어오긴 했으나

"여호와 앞에서와 그의 군대 앞에서 패망하였음이라 노략한 물건이 매우 많았더라"(대하 14:13). 유다는 적군을 몰아냈을 뿐 아니라 오히려 외세의 침입 덕분에 막대한 부를 챙겼다.

개인적으로 하나님께 순종하고 고의적인 죄에서 떠날 뿐 아니라 백성들에게도 같은 결단을 촉구한 왕이 국가에 얼마나 큰 복인지를 알 수 있다.

여섯째, 여호사밧. 그도 사적으로나 공적으로나 여호와 보시기에 정직히 행한 왕이었다. 그는 백성들에게 우상 숭배(고의적이고 습관적인 죄)에 대한 회개를 촉구했다. 그는 남은 산당 매춘부들을 마저 추방했고(왕상 22:46을 보라) 전국의 이방 신전과 아세라 상들을 쓸어버렸다(대하 17:6을 보라). 치리 3년째 그는 관리들을 전국으로 보내 백성들을 가르치게 했다. 관리들은 하나님의 율법책을 가지고 유다 온 마을을 돌며 하나님의 말씀을 가르쳤다.

여호사밧이 선한 리더십을 발휘한 결과는 무엇인가? "여호와께서 유다 사방의 모든 나라에 두려움을 주사 여호사밧과 싸우지 못하게 하시매 블레셋 사람들 중에서는 여호사밧에게 예물을 드리며…여호사밧이 점점 강대하여"(대하 17:10-12). 그리고 "여호사밧이 부귀와 영광을 크게 떨쳤고"(대하 18:1). 적군들이 쳐들어왔지만 하나님은 그들이 스스로 무너지게 만드셨다. 덕분에 여호사밧과 유다는 가만히 앉아서 막대한 전리품만 챙겼다.

또 성경은 이렇게 기록한다. "그러므로 여호와께서 나라를 그의 손에서 견고하게 하시매…그가 부귀와 영광을 크게 떨쳤더라. 그가 전심으로 여호와의 길을 걸어"(대하 17:5-6).

단 하나, 그가 우상 숭배를 일삼은 아합 가문과 사돈을 맺은 것은 큰 실수였다. 그로 인해 그는 거의 목숨을 잃을 뻔했고 결국 그의 아들이 부패하고 말았다. 예후라는 선지자는 이 죄를 직접적으로 비판했다. "왕이 악한 자를 돕고 여호와를 미워하는 자들을 사랑하는 것이 옳으니이까?"(대하 19:1-2) 하지만 전반적으로 여호사밧은 하나님께 순종했고, 그로 인해 그의 개인적인 삶과 유다 국가 전체는 큰 번영을 누렸다. 특히 백성들의 고의적인 죄(우상 숭배)를 지적하고 바로잡은 것은 큰 순종이었다.

일곱째, 여호람. 여호와 보시기에 정직히 행하지 않았다.

여덟째, 아하시야. 여호와 보시기에 정직히 행하지 않았다.

아홉, 아달랴(여왕). 여호와 보시기에 정직히 행하지 않았다.

열, 요아스. 성경은 그에 관해 이렇게 기록한다. "요아스가 여호와 보시기에 정직하게 행하였으며"(대하 24:2). 하지만 국가를 다스리는 리더십에 관해서는 이야기가 달라진다. 그는 우상 신전들을 허물지 않았다. 다시 말해, 그는 백성들에게 죄를 회개하라고 촉구하지 않았다. 결국은 "유다 방백들이 와서 왕에게 절하매 왕이 그들의 말을 듣고 그의 조상들의 하나님 여호와의 전을 버리고 아세라 목상과 우상을 섬겼으므로"(대하 24:17-18).

그가 변화시켜야 할 사람들이 오히려 그를 변화시키셨다. 성경에 따르면 "그 죄로 말미암아 진노가 유다와 예루살렘에 임하니라."(18절) 하루는 한 선지자가 그를 찾아와서 울분을 토했다. "너희가 어찌하여 여호와의 명령을 거역하여 스스로 형통하지 못하게 하느냐?"(20절) 결국 "일 주년

말에 아람 군대가 요아스를 치려고 올라와서…모든 방백들을 다 죽이고 노략한 물건을 다메섹 왕에게로 보내니라. 아람 군대가 적은 무리로 왔으나 여호와께서 심히 큰 군대를 그들의 손에 넘기셨으니…이와 같이 아람 사람들이 요아스를 징벌하였더라"(23-24절). 그는 아람 병사들에게 상처를 입었다가 결국 암살을 당했다. 그는 사람들의 고의적인 죄를 방치했다가 끔찍한 대가를 치른 리더의 전형적인 예다.

열하나, 아마샤. 성경은 이렇게 기록한다. "아마샤가 여호와께서 보시기에 정직하게 행하기는 하였으나 온전한 마음으로 행하지 아니하였더라"(대하 25:2). 그는 "오직 산당들을 제거하지 아니하였으므로 백성이 여전히 산당에서 제사를 드리며 분향하였더라"(왕하 14:4). 그로 인해 유다는 큰 시련을 겪어야 했다. 아마샤는 에돔을 무찌르고 득의양양해서 이스라엘 왕 요아스에게 싸움을 걸었다. 요아스는 함부로 덤비지 말라고 경고했지만 아마샤는 듣지 않고 덤볐다가 이스라엘 군대에 "패하여" 포로로 붙잡혔다.

그때 이스라엘 군대는 예루살렘을 둘러싼 유다의 벽 180미터를 허물고 하나님의 성전에서 금은을 비롯한 모든 물건을 깡그리 가져갔다. 뿐만 아니라 왕궁에서도 보물과 함께 사람들까지 인질로 끌고 갔다. 결국 아마샤는 암살을 당했다(대하 25:11-28을 보라). 이번에도 처음에는 하나님을 기쁘시게 했지만 자신이 맡은 사람들의 고의적인 죄를 다루지 않은 리더의 결말은 반드시 좋지 않다는 사실을 다시금 확인할 수 있다.

열둘, 웃시야. 그는 하나님을 기쁘시게 했고, 하나님을 찾는 동안에는 번영을 누렸다. 그는 더없이 강한 왕이 되었다. 그가 우상 숭배의 소굴

들을 어떻게 했는지에 관한 기록은 전혀 없지만 개인적으로는 그가 교만으로 인해 문둥병자로 생을 마감했다는 기록은 있다.

열셋, 요담. 이 왕에 관해서는 별다른 기록이 없다. 그는 하나님 앞에서 선을 행했지만 백성들은 계속해서 악한 길을 걸었다. 안타깝게도 그가 "오직 산당을 제거하지 아니하였으므로 백성이 여전히 그 산당에서 제사를 드리며 분향하였더라"(왕하 15:35). 그 결과 "그때에 여호와께서 비로소 아람 왕 르신과 르말랴의 아들 베가를 보내어 유다를 치게 하셨더라"(왕하 15:37).

열넷, 아하스. 여호와 보시기에 정직히 행하지 않았다.

열다섯, 히스기야. 히스기야의 아버지 아하스는 지독히 악한 왕이었다. 아하스는 성전의 문을 닫고 모든 참된 예배를 중단시켰다. 그런데 히스기야가 왕위에 올라 가장 먼저 한 일은 성전의 문을 다시 활짝 열고 불경한 물품들을 모조리 치워내고 건물 전체를 보수한 것이었다. 성경은 그에 관해 이렇게 기록한다. "히스기야가 그의 조상 다윗의 모든 행위와 같이 여호와께서 보시기에 정직하게 행하여 그가 여러 산당들을 제거하며 주상을 깨뜨리며 아세라 목상을 찍으며 모세가 만들었던 놋뱀을 이스라엘 자손이 이때까지 향하여 분향하므로 그것을 부수고 느후스단이라 일컬었더라"(왕하 18:3-4).

이어서 그는 유월절 절기를 다시 제정했다. 새로운 유월절은 대규모 행사였고, 행사가 끝난 뒤 백성들은 각자 자신이 사는 "유다 여러 성읍에 이르러 주상들을 깨뜨리며 아세라 목상들을 찍으며 유다와 베냐민과 에브라임과 므낫세 온 땅에서 산당들과 제단들을 제거하여 없애고"(대하

31:1).

성경은 히스기야에 관해 이렇게 기록한다. "그가 여호와께 연합하여 그에게서 떠나지 아니하고 여호와께서 모세에게 명령하신 계명을 지켰더라. 여호와께서 그와 함께 하시매 그가 어디로 가든지 형통하였더라"(왕하 18:6-7). 한번은 앗수르 군대가 쳐들어왔지만 하나님의 천사가 그 진영으로 찾아가 185,000명의 적군을 죽였다. 히스기야는 자신이 맡은 사람들의 고의적인 죄를 다루었기 때문에 그 자신만이 아니라 온 국가가 크게 형통했다.

열여섯, 므낫세. 여호와 보시기에 정직히 행하지 않았다.

열일곱, 아몬. 여호와 보시기에 정직히 행하지 않았다.

열여덟, 요시야. 그는 개인적인 삶에서나 리더로서의 삶에서나 지극히 순종적인 왕이었다. 성경은 그에 관해 이렇게 기록한다.

> 왕이 여호와의 성전 안에서 발견한 언약책의 모든 말씀을 읽어 무리의 귀에 들리고(왕하 23:2).

이어서 그는 하나님과 언약을 새롭게 맺었고, 하나님은 제사장들에게 바알과 아세라를 비롯한 온갖 우상의 신전으로 오용되던 하나님의 성전에서 모든 물품을 치우라고 지시하셨다. 요시야는 그 모든 물품을 불태운 뒤에 그 재를 우상 숭배자들의 무덤 위에 뿌렸다.

성경에는 요시야가 백성들의 고의적인 불순종을 제거하기 위해 한 일에 관해서 수많은 기록이 있다. 내 성경책에 "제거하고 불태우고 없애고 더럽게 하고 파괴하고 부수고 찍어내고 허물고"와 같은 식으로 유다의 고의적인 죄를 없애기 위한 요시야의 행동을 표현한 단어들에 전부 동그라미를 쳐봤다.

그 결과, 열왕기하 23장에서만 이런 단어가 25번이나 나타나는 것을 확인했다. 열왕기하 23장은 요시야에 관해 이렇게 기록한다. "요시야와 같이 마음을 다하며 뜻을 다하며 힘을 다하여 모세의 모든 율법을 따라 여호와께로 돌이킨 왕은 요시야 전에도 없었고 후에도 그와 같은 자가 없었더라"(왕하 23:25).

그로 인해 요시야 자신과 그가 이끌었던 사람들이 다 잘되었다.

열아홉, 여호아하스. 여호와 보시기에 정직히 행하지 않았다.

스물, 여호야김. 여호와 보시기에 정직히 행하지 않았다.

스물 하나, 여호야긴. 여호와 보시기에 정직히 행하지 않았다.

스물 둘, 시드기야. 여호와 보시기에 정직히 행하지 않았다.

이제 이 왕들의 이야기를 정리해 보자. 왕이 개인적으로 거룩한 삶을 사는 동시에 자신이 이끄는 사람들의 습관적인 죄(우상 숭배)를 지적하고 다루었을 때 장기적으로 나라가 형통했다. 하지만 왕이 개인적으로는 경건한 삶을 살되 백성들의 습관적인 죄는 방관한 시대에는 나라가 그리 평안하지 못했다.

오늘날 교회는 여기서 교훈을 얻어야 한다. 우리는 구도자들에게 진정한 회개를 촉구하지 않고 간단한 영접 기도만 권함으로써 어려움을 자초하고 있다. '새 교인들'이 죄를 떠날 계획이 아예 없다면 어떻게 되는가? 그렇다면 결국 우상 숭배자들을 교회 안으로 들이는 꼴이 되어 버린 것이다.

교회의 리더들이 사적으로 경건한 삶을 사는 것은 좋지만 자신만 똑바로 살고 공동체 안에 있는 죄의 산당들을 허물지 않으면 대가가 따를 것이며, 그 대가는 위의 왕들이 치른 대가와 비슷할 것이다. 잠깐은 형통하게 보일지 모르지만 그런 형통은 사상누각처럼 오래 가지 않는다. 백성들의 불순종을 지적하지 않은 몇몇 왕들의 경우, 처음에는 나라가 잘 되는 듯하다가 결국에는 추락했다.

복음을 전할 때 죄를 어물쩍 넘어가면 스스로 하나님 앞에서 의인이라고 확신하는 우상 숭배자들을 대거 양산할 수밖에 없다. 그것은 우리 공동체를 영적 크립토나이트에 노출시키는 지름길이다.

○ 내 삶의 크립토나이트 제거하기 ○

세부사항만 보다가 큰 그림을 놓치는 경우가 얼마나 많은지 모른다. 오죽하면 나무는 보고 숲은 보지 못한다는 격언까지 나왔을까. 성경을 공부할 때, 특히 긴 시대를 살필 때 이런 우를 범할 수 있다. 이번 장처럼 시대 전체를 아울러 보면 평소에 보이지 않던 패턴이 눈에 들어온다.

이스라엘과 유다 역사의 큰 그림은, 왕이 자신의 삶만 챙기는 수준을 넘어 하나님이 맡겨 주신 모든 것을 제대로 책임질 때 진정한 형통과 번영이 찾아왔다는 것이다.

당신은 왕이나 여왕이 아닌가? 심지어 직장에서도 관리자가 아닌가?

하지만 누구에게나 하나님이 맡겨주신 영역이 있다. 자신의 개인적인 삶만이 아니라 그 영역을 어떻게 책임지느냐에 따라 하나님이 형통을 주실 수도 있고 주시지 않을 수도 있다. 당신이 맡은 영역은 무엇이며 그 영역의 의를 어떻게 책임져야 할지 지혜를 달라고 기도하라. 하나님이 말씀해주신 것을 적고 그것을 어떻게 실천할지 계획을 세우라.

KILLING
KRYPTONITE

Part 4

영적 무기력을 깨고
온전한 신앙으로!
- 마침내 크립토나이트를 깨뜨리다

1
공 동 체 와 함 께
싸 우 라

　먼저 이 치명적인 물질을 방치했을 때 우리가 개인적으로나 공동체 전체로서 치러야 할 대가를 직시하면서 크립토나이트 제거를 위한 여행을 시작해 보자.

　중학교에 다닐 때 학교에서 마약의 끔찍한 결과를 보여 주는 이틀간의 불법 마약 교육을 받았던 기억이 난다. 덕분에 나는 그리스도를 만나기 전에 그렇게 질펀하게 놀면서도 마약만큼은 절대 입에 대지 않았다. 마약 복용의 대가에 대한 두려움이 나를 안전하게 지켜 주었던 셈이다.

266

물론 좋지 않은 두려움도 있다. 예수님은 이런 두려움에서 우리를 구해 주셨다. 하지만 내가 마약 교육을 통해 얻은 두려움처럼 생명을 앗아가는 것을 가까이 하지 않게 도와주는 좋은 두려움도 있다. 그래서 성경은 이렇게 말한다. "그러므로 우리는 두려워할지니 그의 안식에 들어갈 약속이 남아 있을지라도 너희 중에는 혹 이르지 못할 자가 있을까 함이라"(히 4:1.) "여호와를 경외함으로 말미암아 악에서 떠나게 되느니라"(잠 16:6).

이번 장도 주로 기독교계의 리더들을 향한 메시지다. 하지만 사실상 우리 모두가 이번 장을 읽으면서 경각심을 가져야 한다. 왜냐하면 모든 신자는 "머리가 되고 꼬리가" 아니기 때문이다(신 28:13). 우리 모두가 하나님 나라의 사자 즉 중요한 리더로 부름을 받았다.

우리가 성경의 관점에서 현재의 목회 전략을 점검해봤는가? 우리는 왜 죄의 산당을 다루는 것을 주저하고 있는가? 우리에게는 하나님을 알기 원하는 사람들에게 진실을 말해 줄 책임이 있다. 하지만 우리는 하나님과 진정한 관계를 맺기 위해 필요한 것을 그들에게 말해 주지 않고 있다. 과연 그것이 그들을 보호하는 길인가? 진실을 회피하면 장기적으로 구도자들에게 오히려 피해를 입히는 것이라는 생각은 안 해봤는가? 왜 영생에 관해 듣고자 오는 사람들을 기만하는가?

많은 구도자들이 진실을 정확히 듣지 못한 탓에 이혼의 위기에 처한 영희와 같은 상황에 처해 있다. 왜 우리는 죄를 그대로 품고서도 얼마든지 예수님과의 관계 속으로 들어갈 수 있다는 오해를 조장하고 있는가? 예수님과 그런 식으로 관계를 맺는 것은 불가능하다. 그렇다면 우리는 실제로 존재하지도 않는 관계를 제시하고 있는 셈이다. 이것은 가짜 구원이 아닌가?

이것을 모든 각도에서 살펴보자. 구도자들이 치를 대가, 그리고 크립토나이트를 다루지 않은 리더들이 치를 대가, 마지막으로 교회 전체가 치를 대가에 관해 생각해 보자. 세 차원 모두에서 장기적인 대가가 실로 극심하다.

구도자들

심판의 날에 천국에 입장할 줄 백 퍼센트 확신하고 예수님께 찾아왔다가 문전박대를 당할 사람이 몇 사람이 아니라 '많다'는 점을 기억해야 한다. "불법을 행하는 자들아, 내게서 떠나가라!"(마 7:23)

이들은 누구일까? 사이비 종교인들일까? 타 종교의 신봉자들일까? 예수님의 말씀을 가만히 살펴보면 그들은 바로 우리 중에 있다. 그들은 교회에 다니며 스스로 크리스천이라고 말하는 자들이다. 예수님은 위의 말씀 전에 이렇게 말씀하셨다. "나더러 주여 주여 하는 자마다 다 천국에 들어갈 것이 아니요 다만 하늘에 계신 내 아버지의 뜻대로 행하는 자라야 들어가리라"(마 7:21). 그들은 예수님을 주라고 부르는 자들이다. 예수님은 조셉 스미스나 마호메트, 하레 크리슈나교단, 공자, 라, 시크교도 같은 거짓 선지자나 신을 말씀하신 것이 아니다. 천국 입장을 거부당한 그들은 예수 그리스도를 "주여"라고 부르는 자들이다. 그것이 그냥 부르는 것이 아니라 열정적으로 부르고 있다.

왜 이 구절에서 "주여"란 말이 반복되었을까? 다시 말하지만, 성경에서 똑같은 단어나 문장이 두 번 반복된 것은 우연이 아니다. 그것은 기자가 그 단어나 문장을 강조한 것이다. 특히, 이 구절과 같은 경우는 단순한 강조가 아니라 강한 감정을 의미한다.

예를 들어, 요압의 군대가 자신의 아들을 처형했다는 소식에 다윗 왕은 극도로 고통스러운 반응을 보였다. "왕이 그의 얼굴을 가리고 큰 소리로 부르되 내 아들 압살롬아 압살롬아 내 아들아 내 아들아 하니"(삼하 19:4). 실제로는 다윗이 아들의 이름을 두 번 부르지는 않았을 가능성이 높다. 단지 그의 부르짖음에서 극심한 고통이 묻어나왔기 때문에 독자들이 그 격한 감정을 느낄 수 있도록 기자가 같은 단어를 반복한 것이다.

마차가지로, 예수님도 그분을 향한 이 사람들의 강한 감정을 표현하신 것이다. 그들은 단순히 예수님이 하나님의 아들이라는 가르침을 머리로 수긍한 것이 아니라 가슴으로 뜨겁게 믿었다. 자신의 믿음에 관해 말할 때면 입에서 침이 튈 정도로 열을 올리는 사람들을 떠올리면 된다.

그들은 하나님의 일을 말로만 외치는 것이 아니라 실제로 열심히 했다.

> 벌써부터 내 눈에 훤히 보인다. 최후 심판 날에 많은 사람이 거들먹거리며 내게 와서 이렇게 말할 것이다. '주님, 우리는 메시지를 전했고, 귀신을 혼내줬으며, 하나님이 후원해 주신 우리의 사업은 모든 사람들의 입에 오르내렸습니다(마 7:22, 메시지 성경).

메시지 성경을 보면 이 사람들이 방관자가 아니었다는 점을 분명히 확인할 수 있다. 그들은 교회의 일에 직접 참여하거나 후방에서 지원했다. 또한 그들은 복음에 대한 믿음을 당당하게 드러냈다. "우리는 메시지를 전했고." 그들은 사람들의 삶을 변화시키는 일에 적극 참여했다.

위의 구절은 "많은"이란 표현을 사용한다. 그런데 이 표현에 해당하는 헬라어 '폴루스'(polus)는 '대부분'이란 의미로도 자주 사용된다. 어떤 경우든 예수님은 소수가 아니라 다수, 어쩌면 대다수를 말씀하신 것이다.

따라서 정리해 보자. 예수님은 복음의 가르침을 믿는 사람들을 말씀하신 것이다. 그들은 그분을 주라 부르고 신앙과 전도, 섬김에 열정적인 사람들이다. 얼핏 봐서는 참된 크리스천으로 보이는 사람들이다. 그렇다면 그들이 참된 신자와 다른 점은 무엇일까? "그때에 내가 그들에게 밝히 말하되 내가 너희를 도무지 알지 못하니 불법을 행하는 자들아 내게서 떠나가라 하리라"(마 7:23).

여기서 키워드는 "불법을 행하는"이다. 일단, 불법이 무엇인가? 헬라어로는 '아노미아'(anomia)다. 《세이어의 헬라어 사전》(*Thayer's Greek Dictionary*)은 이 단어를 "법을 모르거나 어김으로써 법이 없는 상태"로 정의한다. 간단히 말해, 불법을 저지르는 사람은 하나님 말씀의 권위에 절대복종을 하지 않는 사람이다. 그는 진정한 회개 없이 주기적으로 죄를 짓는다. 그는 현대의 우상 숭배자다.

따라서 불법은 일종의 '크립토나이트'다.

이런 사람은 '가끔씩' 실수하지 않는다. 그들은 습관적으로 하나님의 말씀을 외면하거나 무시하거나 거역한다. 그들은 불경의 습관을 기른 사람들이다. 성경의 일부가 말 그대로를 의미하지는 않는다고 믿는 사람들부터 특정한 구절들이 오늘날에는 적용되지 않는다고 생각하는 사람들까지 다양하다. 그들 중 대부분은 비성경적인 은혜를 믿고 있다.

내가 볼 때 그들이 계속해서 죄를 짓는 이유 중 하나는 그들 주변에 죄를 지적하고 진정한 회개를 촉구하는 리더들이 하나도 없었기 때문이다. 참으로 안타까운 노릇이다. 그들은 우상 숭배적인 애인들을 예수 그리스도와의 언약 관계 속으로 데리고 들어오는 것이 불가하다는 말을 들은 적이 없다. 진정 은혜로 구원받은 사람이라면 악한 생각을 미워할 뿐 아니라 실제로 고의적이고도 반복적인 죄에서 떠난다. 육체를 그 소욕과 함께 십자가에 못 박고 거룩한 성품과 경건한 열매를 추구한다. 이것이 참된 신자의 증거다.

예수님이 "너희를 도무지 알지 못하니"라고 선언하셨다는 점이 흥미롭다. 여기서 "알다"에 해당하는 헬라어는 '기노스코'(ginosko)로, "친밀하게 알다"라는 뜻이다. 예수님이 말씀하신 사람들은 그분과 진정한 관계를 맺은 적이 없는 사람들이다. 그들이 아무리 "주여"라고 불러도 실제로 순종하지 않았으니 그것은 형식적인 호칭일 뿐이다. 사람이 하나님과 진정으로 관계를 맺었다는 증거는 그분의 말씀에 순종하는 것이다.

우리가 그의 계명을 지키면 이로써 우리가 그를 아는 줄로 알 것이요 그를 아노라 하고 그의 계명을 지키지 아니하는 자는 거짓말하는 자요 진리가 그 속에 있지 아니하되(요일 2:3-4).

위 구절은 "이러므로 그들의 열매로 그들을 알리라"라는 예수님의 말씀과 정확히 일치한다(마 7:20). 여기서 예수님이 말씀하신 열매 곧 행동은 교회 봉사나 전도, 교회 출석을 말하지 않는다. 천국에서 문전박대를 당하는 사람들도 그런 면에서는 남들에게 뒤지지 않을 테니까 말이다. 오늘날, 예수님을 "주여"라고 부르고 예배 시간마다 감정적으로 충만한 반응을 보이며 봉사에 열심을 내기만 하면 당연히 하나님의 아들로 여김을 받는다. 하지만 예수님의 말씀을 보면 그런 것은 참된 신자냐를 판가름하는 결정적인 요인이 못 된다.

물론 참된 신자들은 분명 그런 모습을 보인다. 사실, 그런 모습 없이는 참된 신자라고 말할 수 없다. 하지만 그런 모습을 보인다고 해서 무조건 진정한 하나님의 자녀인 것은 아니다. 결정적인 증거는 따로 있다. 그들이 고의적인 죄를 회개하고 하나님께 열심히 순종하고 있는가? 핵심적인 리트머스 시험은 이것이다. "다시는 죄를 범하지 말라"는 예수님의 말씀을 선택사항으로 보는가? 무조건적으로 따라야 하는 명령으로 보는가?(요 5:14를 보라)

복음전도자들

하나님의 말씀을 전할 책임을 맡은 리더나 공동체들이 진리의 부담스러운 측면들을 전하지 않을 때 발생하는 장기적인 결과가 얼마나 심각한지를 생각해 보자. 하나님이 그분의 사자들에게 주신 다음의 경고를 집중해서 읽어 보라.

가령 내가 악인에게 말하기를 너는 꼭 죽으리라 할 때에 네가 깨우치지 아니하거나 말로 악인에게 일러서 그의 악한 길을 떠나 생명을 구원하게 하지 아니하면 그 악인은 그의 죄악 중에서 죽으려니와 내가 그의 피 값을 네 손에서 찾을 것이고 네가 악인을 깨우치되 그가 그의 악한 마음과 악한 행위에서 돌이키지 아니하면 그는 그의 죄악 중에서 죽으려니와 너는 네 생명을 보존하리라. 또 의인이 그의 공의에서 돌이켜 악을 행할 때에는 이미 행한 그의 공의는 기억할 바 아니라. 내가 그 앞에 거치는 것을 두면 그가 죽을지니 이는 네가 그를 깨우치지 않음이니라. 그는 그의 죄 중에서 죽으려니와 그의 피 값은 내가 네 손에서 찾으리라. 그러나 네가 그 의인을 깨우쳐 범죄하지 아니하게 함으로 그가 범죄하지 아니하면 정녕 살리니 이는 깨우침을 받음이며 너도 네 영혼을 보존하리라(겔 3:18-21).

위의 구절을 보면 "깨우치다" 곧 "경고하다"란 표현이 자주 등장한다. 목사와 리더를 비롯한 모든 신자에게 단도직입적으로 묻고 싶다. 목사와 리더만이 아니라 우리 모두가 불신자들에게 다가가 죄에 빠진 그들을 사랑으로 지적하라는 명령을 받았기 때문이다. 당신이 습관적인 죄에서 돌아서라고 '경고하지' 않은 탓에 구원을 받지 못하고도 구원을 받았다고 확신하는 사람들의 피 값을 책임지고 싶은가? 그들은 구원받았다는 거짓 확신 속에서 살고 있다. 하지만 '경고'를 듣지 못한 탓에 계속해서 평생 죄를 짓다가 심판의 날에 "내게서 떠나가라"라는 충격적인 말을 듣게 될 것이다.

따라서 "각 사람을 그리스도 안에서 완전한 자로 세우려…각 사람을 권하고(경고하고) 모든 지혜로 각 사람을 가르침"이야말로 올바른 복음 전도다(골 1:28). 우리는 가르칠 뿐 아니라 '경고할' 책임이 있다.

위의 구절에서 하나님은 "그의 피 값은 내가 네 손에서 찾으리라"라고 분명히 말씀하셨다. 우리가 근무태만의 기억을 영원히 안고 살아가야 할 것이라는 점에 관해 생각해본 적이 있는가? 이사야가 전한 하나님의 말씀에 따르면 새 하늘과 새 땅에서는…

> 매월 초하루와 매 안식일에 모든 혈육이 내 앞에 나아와 예배하리라. 그들이 나가서 내게 패역한 자들의 시체들을 볼 것이라. 그 벌레가 죽지 아니하며 그 불이 꺼지지 아니하여 모든 혈육에게 가증함이 되리라(사 66:23-24).

'피 값을 책임진' 사람들이 정확히 경고하지 않은 자신으로 인해 불못에서 신음하는 자들이 있다는 사실을 잊을 수 있을까?

지금처럼 계속해서 우리가 사람들을 있는 그대로 받아준다는 지나치게 단순화된 논리로, 회개 없이 영접 기도만 드리는 자들에게 쉽게 구원을 제시한다면 어떤 결과가 따를까? 우리는 듣는 이들에게 허위 보증서를 남발함으로 그들이 진정한 회개의 필요성을 느끼지 못하게 만들었다. 결국 우리는 우리가 오도한 자들을 "가증함"으로 보게 될 것이다.

바울의 자신 있는 말을 들어보라. "모든 사람의 피에 대하여 내가 깨끗하니 이는 내가 꺼리지 않고 하나님의 뜻을 다 여러분에게 전하였음이라"(행 20:26-27). 바울은 하나님이 에스겔을 통해 모든 말씀 전달자들에게 주신 경고를 늘 기억하며 살았다. 우리가 하나님의 뜻을 가감 없이 분명하게 전한다면 우리도 깨끗하다고 자신 있게 말할 수 있을 것이다. 이것이 사도 야고보가 다음과 같이 경고한 이유다.

> 내 형제들아, 너희는 선생 된 우리가 더 큰 심판을 받을 줄 알고 선생이 많이 되지 말라(약 3:1).

이런 말씀은 우리가 무시하거나 가볍게 여기라고 성경에 포함된 것이 아니다. 하나님은 습관적인 죄의 회개를 촉구할 책임을 결코 소홀히 여기지 말라고 말씀하신다. 이는 구도자들만이 아니라 선생 곧 리더들을 위해서 하시는 말씀이다. 하나님은 우리를 사랑하시지만 거룩하신 하나님이기에 죄를 그냥 넘어가실 수 없다. 그래서 하나님은 우리에게 해방의 길을 열어주셨다. 우리가 죄에서 해방될 뿐 아니라 계속해서 죄에서 자유로운 삶을 살 수 있도록 값비싼 대가를 치르셨다. 그런데 우리가 이토록 위대한 구원을 제대로 받지 않거나 제대로 가르치지 않는다면 결코 심판을 피하지 못할 것이다.

구원을 제시할 때 성경의 분명한 요구조건을 빼버려도 될까? 성경 마지막 책의 결론을 읽은 사람이라면 감히 그런 말을 하지 못할 것이다. "만일 누구든지 이 두루마리의 예언의 말씀에서 제하여버리면 하나님이 이 두루마리에 기록된 생명나무와 및 거룩한 성에 참여함을 제하여 버리시리라"(계 22:19). 어찌 감히 이 경고를 무시할 수 있겠는가. 이런 경고를 들고도 어찌 우리에게서 진리를 찾는 사람들에게 진정한 구원의 첫 단계가 죄의 회개라는 사실을 알려 주지 않을 수 있겠는가.

우리가 하나님보다 더 안다고 생각하는가? 일단 구도자를 교회에 등록시키는 것이 중요하다고 생각하는가? 죄에서 떠나라는 말은 나중에 차차 해 주면 된다고 생각하는가? 하지만 생각해 보라. 영접 기도를 드리는 순간 자신이 구원을 받고 하나님의 가족에 들어갔다는 말을 들은 사람이 과연 나중에 회개할 필요성을 느낄까? 이미 하나님의 가족이 되고 은혜에 뒤덮여 있는데 뭣 하러 또 힘들게 회개하려고 하겠는가.

찰스 G. 피니는 위대한 전도자였다. 그의 메시지는 너무도 강력해서 마을 전체의 일상 활동이 완전히 정지되는 일이 자주 일어났다. 한 번은 뉴욕 주의 로체스터 도시 전체가 그렇게 되기도 했다. 그는 며칠 밤 내내 죄에서 회개하고 구원을 받으라고 촉구했다. 영접 기도는 나중이었다. 며칠 밤이 지나서야 그는 "크리스천이 되고 싶은 사람들은 오늘밤 집회 후에 '조사'를 거쳐야 합니다"라는 식으로 말했다.

그가 집회를 열 때마다 수많은 사람이 구원을 받았는데, 역사를 보면 그렇게 회심한 사람들 중 90퍼센트 이상이 참된 믿음의 소유자였음을 알 수 있다. 하지만 오늘날의 통계는 훨씬 더 낮다. 찰스 피니의 비결은 성경의 가르침을 그대로 전했다는 것이다. 그는 성경의 방법이 최고라는 사실을 알고 있었다!

공동체

사실상 이것은 이 책의 첫머리에서도 한 이야기다. 계속해서 죄를 짓는 사람들에게 구원을 제시하면 죄의 누룩에 공동체의 문을 열어주는 꼴이다. 고의적인 죄가 삽시간에 퍼져 크립토나이트가 슈퍼맨을 약화시킨 것처럼 개인과 공동체 모두에 영향을 미치게 된다.

우리가 죄를 지적하지 않은 탓에 교회와 공동체가 약해져서 결과적으로 우리의 마을과 도시, 국가들이 하나님의 영광을 보지 못하고 있다. 초대 교회는 하나님 영광의 능력으로 온 마을과 도시, 심지어 지역 전체를 변화시켰다. 그런데 21세기의 우리는 왜 주변 사회를 변화시키지 못하고 있는가? 전도 기법은 초대 교회에 비해 비약적으로 진보했다.

왜 현대 사회에 낙태와 간음, 음란, 동성애, 성 정체성 혼란이 판을 치고 있는가? 그것은 우리 사회가 점점 진보주의로 흐르고 있기 때문이 아니다. 4세기와 5세기 교회가 냉담해졌을 때도 지금처럼 불법이 기승을 부렸다. 로마 사회에서 기독교가 유행하면서 교회는 세상과 섞여 날카로움을 잃어갔다. 그러다 결국 교회는 암흑시대로 접어들었다.

다시는 이런 비극이 일어나지 말아야 한다. 나 외에도 많은 리더들이 이 점에 동의하리라 믿는다. 그러려면 사랑과 연민을 바탕으로 진리 전체를 가감 없이 온전히 전하는 것을 주저하지 말아야 한다.

나와 함께 인기 비인기를 따지지 말고 온전히 진리를 전하는 대열에 동참하지 않겠는가? 환영을 받든 외면을 당하든 상관없이 온전한 진리를 전하라. 인생들과 마을, 도시, 국가들을 변화시킬 하나님의 말씀을 선포하라. 그렇게 하지 않는 것은 이웃을 진정으로 사랑하지 않는 것이다.

그리스도 몸 안에 있는 누구도 죄의 대가를 숨기지 말아야 한다. 리더가 그것을 숨기면 자신도 결국 혹독한 대가를 치를 뿐 아니라 그렇게 해서 들어온 한 명의 미꾸라지가 교회 전체의 물을 흐리게 만든다. 죄의 심각성에 관한 우리의 침묵은 교회 전체를 파멸로 몰아가고, 그 피 값은 결국 우리에게 돌아온다.

바로 위의 마지막 문장을 읽고 당신 자신을 향한 메시지로 받아들이라. 죄의 심각성에 관한 나의 침묵은 교회 전체를 파멸로 몰아가고, 그 피 값은 결국 나에게 돌아온다. 이것을 여러 번 큰소리로 읽어 마음에 단단히 새기라. 이 진리의 심각성을 깊이 되새기라.

하나님이 당신에게 책임을 물으실 것이다. 따라서 우리는 죄를 대충 넘어가지 말아야 한다. 그렇다면 구체적으로 어떻게 해야 할까? 당신의 부부생활이나 자녀양육이 어떻게 달러져야 할까? 당신 교회의 교인들에게 설교하는 방식이 어떻게 달라져야 할까? 하나님께 이런 질문을 던지며 이 진리를 어떻게 실천해야 할지 지혜를 구하라. 그런 다음에는 믿을 만한 친구에게 이 진리를 실천하기 위한 당신의 계획을 알리고 의견을 구하라.

2

죄 에
침 묵 하 지 말 라

우리의 부활하신 왕께서 직접 하신 말씀을 살펴보자.

성경의 마지막 책에서 예수님은 아시아의 일곱 교회에 일곱 개의 메시지를 전하신다. 그것이 이 역사 속의 교회들에게만 주신 말씀이라면 굳이 성경에 기록되지는 않았을 것이다. 그 말씀이 성경에 포함되었다는 것은 곧 예언적인 말씀이기도 하다는 뜻이다. 다시 말해, 이 말씀은 처음 선포될 당시의 교인들만큼이나 지금 우리에게 적용되는 말씀이다.

하나님의 말씀은 살아 있다. 따라서 예수님의 말씀이 현재 시제로 지금 우리에게 주시는 말씀이라고 생각하며 살펴보자. 칭찬이든 사랑의 질책이든 우리에게 해당된다고 판단되면 겸허히 받아들여서 격려를 받을 것은 받고 고칠 것은 고치자.

이세벨은 누구인가

이번 장에서 우리가 초점을 맞출 역사 속의 교회는 두아디라 교회다. 예수님은 자신을 "그 눈이 불꽃 같고 그 발이 빛난 주석과 같은 하나님의 아들"로 부르면서 말씀의 포문을 여신다(계 2:18). 그분의 눈이 물질의 중심을 꿰뚫어보는 레이저빔 같고 그분의 발이 강하기 짝이 없는 좋은 주석과 같다는 뜻으로 해석할 수 있다.

기분 좋게도 예수님은 칭찬부터 해 주신다. "내가 네 사업과 사랑과 믿음과 섬김과 인내를 아노니 네 나중 행위가 처음 것보다 많도다"(계 2:19). 보다시피 예수님은 죽은 교회가 아니라 살아서 성장하는 교회를 향해 말씀하신 것이다.

예수님은 우리의 사랑을 인정하고 칭찬하면서 시작하신다. 교회나 사역 기관의 죽음은 주로 하나님과 사람들을 향한 사랑이 식으면서 시작된다. 이 비극적인 상태에서 의의 다른 열매들이 차례로 시든다.

바로 이것이 주님이 에베소의 첫 교회를 질책하신 이유였다. 그들은 첫 사랑을 잃어버렸다. 하지만 두아디라 교회는 아니었다. 예수님은 이 교회의 사랑을 칭찬하신다. 예수님은 두아디라 교회를 남들을 돌보는 신자들의 공동체로 소개하시는데, 하나님의 눈에는 이것이 극도로 중요하다. 개인적으로 나는 이것이 여기서 예수님이 다른 어떤 것보다도, 심지어 믿음이나 섬김, 인내보다도 먼저 사랑에 주목하신 이유라고 생각한다.

이 교회는 사랑과 믿음, 섬김, 인내에서 '자라가고' 있다. 이 얼마나 놀라운가! 이 신자들의 공동체는 '유지' 차원을 넘어 중요한 영역에서 꾸준히 성장하고 있다. 메시지 성경은 이 구절을 더욱 훈훈하게 표현하고 있다. "나는 네가 나를 위해 하고 있는 일을 잘 안다. 그 사랑과 믿음, 봉사와 끈기는 참으로 인상적이다! 그렇다. 대단히 인상적이다. 게다가 날이 갈수록 너는 더 열심이다." 예수님께 직접 이런 칭찬을 들으면 얼마나 기쁠지 상상이 가질 않는다.

그런데 갑자기 예수님의 칭찬이 훈계로 돌변한다.

> 그러나 네게 책망할 일이 있노라. 자칭 선지자라 하는 여자 이세벨을 네가 용납함이니 그가 내 종들을 가르쳐 꾀어 행음하게 하고 우상의 제물을 먹게 하는도다(계 2:20).

이 구절에서 짚고 넘어가야 할 점이 꽤 많다. 무엇보다도 먼저, "이세벨"이란 이름부터 살펴보자. 이것이 실존 인물의 이름일까? 대부분의 주석가들은 아니라고 입을 모은다. 《뉴 아메리칸 주석 : 요한계시록》(*The New American Commentary : Revelation*)은 이렇게 설명한다. "당시 그리스 로마 문학에 이세벨이란 이름은 나타나지 않는다. 1세기 이후에 크리스천들이 아이의 이름을 유다로 짓지 않고 유대인들이 아이의 이름을 예수로 짓지 않는 것처럼 딸의 이름을 이세벨로 짓는 유대인은 없었다." NLT성경이 예수님의 말씀을 "저 이세벨"로 번역한 것으로 보아 그 번역자들의 생각도 같았던 것이 분명하다.

이름을 이렇게 부르는 것은 늘 웃긴 짓을 하는 사람을 "저 개그맨"이라고 부르는 것과 비슷하다. 이것은 사람의 이름이 아니라 행동을 묘사한 표현이다.

실제로 이름이 이세벨은 아니지만 이세벨로 불린 영향력 있는 실존 인물이라고 보면 큰 무리가 없을 것이다. 그 여인은 영향력이 커서 적잖은 리더들이 그녀의 가르침을 따랐다. 오늘날로 치면, 그녀와 비슷한 가르침을 펼치는 한 남자나 여자 혹은 집단이라고 할 수 있다. 어떤 경우든, 중요한 사실은 이 목회 철학이 교회 전체에 영향을 미치고 있다는 것이다.

왜 예수님은 이 여인을 그런 이름으로 부르셨을까? 필시 그것은 그 여인의 열매가 열왕기에 기록된 고대 이스라엘 아합 왕의 아내 이세벨의 열매와 흡사했기 때문이었을 것이다. 이 실존 인물에 관해서 할 말이 많지만 여기서는 그녀가 이스라엘에 미친 전반적인 영향을 살펴보자. 그는 우상 숭배자였다. 그녀로 인해 그녀의 공동체인 이스라엘 국가에서 하나님의 말씀이 들리지 않는 사태가 벌어졌다. 리더들이 침묵하는 가운데 온 백성이 나태를 넘어 거의 혼수상태에 빠져들었다. 오직 한 사람, 엘리야만이 이 안타까운 현실에 대해 목소리를 높일 배짱이 있었다.

엘리야가 온 국가를 향해 순종과 죄 중에서 하나를 선택하라고 촉구할 때 이세벨의 권력은 하늘을 찌를 만큼 높았다. 엘리야는 이세벨의 녹을 먹는 '목회자들' 즉 바알과 아세라의 선지자들 앞에서 당당하게 진리를 선포했다. 이 선지자들은 엘리야 시대의 미디어 제국 황제들이요 유력 단체의 회장들이었으며 국회의원이요 법관들이었다. 온 백성이 한자리에 모였고, 엘리야는 국가의 실세들 앞에서 백성들에게 양단간의 결단을 촉구했다.

> 너희가 어느 때까지 둘 사이에서 머뭇머뭇 하려느냐? 여호와가 만일 하나님이면 그를 따르고 바알(습관적인 죄)이 만일 하나님이면 그를 따를지니라(왕상 18:21).

조용한 믿음만으로는 하나님을 제대로 따르고 있다고 말할 수 없다. 우리는 하나님의 말씀을 당당하게 선포해야 한다. 우리는 사자로 부름을 받았다. 그래서 구체적으로 어떻게 해야 하는가? 바울이 그 답을 알려준다.

> 너는 말씀을 전파하라. 때를 얻든지 못 얻든지 항상 힘쓰라. 범사에 오래 참음과 가르침으로 경책하며 경계하며 권하라(딤후 4:2).

온 이스라엘에서 잘못을 솔직히 지적할 만큼 백성들을 진정으로 사랑한 사람은 오직 엘리야뿐이었다.

이세벨의 권력은 리더들과 백성들에게 극심한 공포를 심어주었다. 모두가 겁을 먹고 더 이상 '여호와'를 위해 입을 열지 못하는 허수아비로 전락했다. 습관적인 죄가 판을 치고 하나님의 말씀이 무시되었다. 신약에서도 교회 안에서 비슷한 상황이 벌어지기 시작했다. 예수님은 그런 상황을 용납하시지 않기 때문에 엘리야처럼 그분을 위해 담대하게 목소리를 낼 수 있는 종인 사도 요한을 찾으셨다.

진짜 문제

자, 예수님이 두아디라교회에서 육체적으로 음란을 일삼고 우상에게 바쳐진 제사 음식을 먹은 교인들을 지적하신 것일까? 물론 그럴 가능성도 있다. 하지만 나는 그렇지 않다는 쪽에 무게를 두고 싶다. 왜냐하면 우상에게 바쳐진 제물은 바울이 두 교회에 보낸 편지들에서 문제 삼지 않았기 때문이다(롬 14장과 고전 10장을 보라). 바울이 성령의 감화 가운데 인정한 것을 예수님이 악으로 규정할 이유는 없어 보인다. 한 저명한 주석서도 같은 입장을 취하고 있다. "사람들이 음란에 빠진 것에 관해, 적지 않은 주석가들이 실제로 난잡한 성행위가 있었을 가능성은 적은 것으로 판단했다. 분명 교회 안에서 그 정도는 용인되지 않았을 것이기 때문이다. 따라서 이것은 영적 혹은 교리적 외도를 지칭한 것으로 보인다."(뉴 아메리칸 주석 : 요한계시록)

어떤 경우든, 예수님이 지적하신 문제는 따로 있다. 여기서 우리가 관심을 집중해야 할 대상은 예수님이 지적하신 문제이며, 그 문제는 바로 '용납'이다. 예수님은 "네가 용납함이니"라고 말씀하신다. 여기어 "용납하다"에 해당하는 헬라어는 '에아오'(eao)다. 《요한계시록 안내서》(*A Handbook on the Revelation to John*)는 이 단어를 잘 정의해 준다. "그 의미는 '허락하다',

'허용하다'와 같이 긍정문으로 표현될 수도 있고 '금하지 않다', '저지하지 않다', '막지 않다'와 같이 부정문으로 표현될 수도 있다."

가만히 생각하면 참담하기 짝이 없다. 우상 숭배(고의적인 죄)를 조장하는 가르침을 펼치는 사람, 오늘날의 경우에는 여러 사람이 교회 안에서 버젓이 영향력을 행사하고 있다. 더 안타까운 사실은 몇 차례 경고가 있었지만 아무런 소용이 없었다는 것이다. "내가 그에게 회개할 기회를 주었으되 자기의 음행을 회개하고자 하지 아니하는도다"(계 2:21).

이제 예수님은 이런 일이 계속되도록 허용하고 있는 사람들을 호되게 질책하신다. 다시 말해, 우리는 신약에서 기분 좋고 희망적인 내용만을 가르치고 있다. 사실상 우리는 진리에 대해 침묵하고 있다. 그런 의미에서 우리는 이세벨 시대의 이스라엘 백성들과 별로 다를 바가 없다. 현상황은 불난 집에 비유될 수 있다. 지금 우리 모두는 불난 집에 갇혀 있는데 아무도 탈출하려고 하지 않고 다른 사람의 탈출을 돕는 사람도 없다. 지붕과 담이 시시각각 무너져 내리는데 우리가 계속해서 큰 복을 받았다는 말로 서로를 격려하고 서로에게 사랑을 표현하고만 있다.

비슷한 딜레마

사도 유다도 비슷한 딜레마를 마주했다. 유다는 믿음의 형제자매에게 구원의 경이에 관한 기분 좋은 말만 해 주고 싶었다. 하지만 그럴 수 없었다. 집이 불타고 있었기 때문이다. 유다는 교회에 은밀히 침범한 크립토나이트를 다루어야 했다. 그의 말을 들어보자.

사랑하는 자들아, 우리가 일반으로 받은 구원에 관하여 내가 너희에게 편지하려는 생각이 간절하던 차에 성도에게 단번에 주신 믿음의 도를 위하여 힘써 싸우라는 편지로 너희를 권하여야 할 필요를 느꼈노니 이는 가만히 들어온 사람 몇이 있음이라. 그들은 옛적부터 이 판결을 받기로 미리 기록된 자니 경건하지 아니하여 우리 하나님의 은혜를 도리어 방탕한 것으로 바꾸고 홀로 하나이신 주재 곧 우리 주 예수 그리스도를 부인하는 자니라(유 1:3-4).

하나님의 사람 유다는 사랑하는 형제자매들에게 예수 그리스도 안에서 누리는 유익과 복, 약속에 관한 글을 쓰고 싶었다. 누구나 그렇듯 유다도 남들에게 싫은 소리를 하고 싶지 않았다.

유다의 딜레마가 결코 남 얘기 같지가 않다. 나도 글을 쓰거나 메시지를 전할 때마다 '격려의 말'만 전하고 싶은 마음이 굴뚝같다. 하긴, 그렇지 않은 사람이 어디에 있겠는가. 하지만 하나님의 귀한 자녀를 파괴하려는 것을 지적하고 다루라고 성령이 우리를 촉구하고 계신다.

따라서 유다는 믿음의 형제자매를 보호하겠다는 진정한 사랑의 마음으로 경고의 글을 쓸 수밖에 없었다. 도대체 무슨 일이 벌어지고 있던 것일까? 두아디라 교회의 상황과는 약간 달랐다. 목사나 리더, 신자의 탈을 쓴 이 불경한 자들은 자칭 '관대한 은혜'를 가르치고 그에 따라 살았다. 그들이 말하는 관대한 은혜는 죄를 멀리하거나 죄에서 떠날 능력을 주는 은혜가 아니라 마음껏 죄를 짓고 살게 해 주는 은혜였다. 능력을 주는 힘이 아닌 죄를 덮어 주는 담요쯤으로 은혜를 축소하면 사람들이 제멋대로 살게 된다. 즉 나약한 신자들이 세상 사람들처럼 타락한 육체의 소욕을 따라 살게 되니, 그런 가르침은 신자들을 크립토나이트에 노출시키는 원흉이다. 마음껏 죄를 짓고 살게 만드는 것은 하나님 은혜의 취지가 아니다.

유다는 교회 안에서 이런 작용을 하는 누룩을 용납할 수 없었다. 그는 참된 목회자였기 때문에 믿음의 형제자매가 하나님의 생명에서 멀어지게 만드는 왜곡된 삶에 빠지지 않도록 보호하기를 원했다. 예수님은 두아디라 교회의 리더들과 달리 유다는 질책하지 않고 칭찬하셨다.

또 다른 참된 목회자 바울도 교회 안에 분열과 다툼, 부도덕, 불법, 탐욕 같은 불경한 행위가 가득한 상황에 대해 침묵하지 않았다. 바울도 믿음의 형제자매를 너무 사랑했기 때문에 그리스도의 몸 곳곳으로 삽시간에 퍼져나가는 누룩을 가만히 보고만 있을 수 없었다. 야고보와 베드로도 다르지 않았다.

초대 교회 교부들의 글을 읽어보면 그들도 사도들의 본을 따라 하나님의 기록되고 선포된 말씀이라는 무기를 꺼내 교회 안의 습관적인 죄를 처단했다. 그들은 성경적인 가르침에 반하는 세상적인 개념과 논리를 공개적으로 지적하고 몰아냈다. 이세벨의 수족들이 아무리 위협해도 이 리더들은 아랑곳없이 문화적 우상들을 허물었다!

침묵은 곧 동의다

리더의 침묵은 무언의 승인이다. "당신의 행동은 아무런 문제가 없으니 계속 그렇게 해도 좋소"라는 메시지를 보내는 것이다. 그래서 침묵은 동의이니 말할 수 있을 때 말해야 한다는 옛 라틴 격언도 있다. 초대교회 목회자들은 크립토나이트가 사랑하는 사람들, 자신이 맡은 사람들의 삶 속으로 은밀히 침투하는 모습을 말없이 바라만 보고 있지 않았다. 그들은 그 크립토나이트가 얼마나 파괴적이고 유독하고 치명적이며 누룩처럼 얼마나 무섭게 퍼지는지를 잘 알기에 위협과 오해를 무릅쓰고 목소리를 높였다.

사도 요한은 이렇게 말한다. "온 세상은 악한 자 안에 처한 것이며"(요일 5:19). 이 세상에는 끊임없는 악의 흐름이 있다. 이 악의 흐름은 은밀해서 더 무섭다. 그렇다. 이 악은 '선'으로 위장하고 있다. 이 기만적인 흐름을 성경은 "이 세상 풍조"라 부른다(엡 2:2).

이런 상황을 생각해 보라. 강에서 상류로 가려면 노를 저어 강의 흐름을 거슬러가야 한다. 우리는 흐름이 있는 세상에서 살고 있는데 이 흐름은 하나님 나라의 흐름과 정반대 방향으로 향하고 있다. 하지만 더 무서운 점은 '선'으로 교묘하게 위장하고 있다는 것이다. 우리가 침묵하는 것은 노를 던지고 흐름에 배를 맡기는 것과도 같다. 물론 배의 머리는 여전히 상류를 향하고 있을 수 있다. 다시 말해, 우리의 외향과 말은 여전히 기독교의 냄새를 풍길 수 있다. 하지만 실상은 시대의 윤리를 따라가며 영향력을 상실해가고 있다.

우리는 노를 던져 두려운 것과의 직면을 피하고 있다. 하지만 우리가 과감히 마주해서 다루지 않는 것은 바뀌지 않는다. 에드먼드 버크(Edmund Burke)는 이런 말을 했다. "악이 이기기 위해 필요한 것은 단지 선한 사람들이 아무것도 하지 않는 것뿐이다." 리더들이 침묵하는 동안 신자들의 마음속에 똬리를 틀고 있는 문화적 우상들은 나날이 더 강해져 간다.

기만이 뿌리를 내리면서 처음에는 마지못해 용납하던 것이 이제는 아예 눈에 거슬리지도 않는다. 우리의 초자연적인 힘을 갉아먹는 것에 공감이 가고 심지어 끌리기까지 한다. 이제 우리는 더 이상 반문화가 아니라 하위문화다. 여전히 '기독교'란 간판을 내걸고 있지만 이제는 '능력의 사자'가 아니라 '혼란의 주범'이 되었다. 주변 세상은 그런 우리를 보며 고개를 갸웃거린다. "교회가 보이고 음악이 들리고 사랑과 은혜에 관한 가르침이 들리는데 도대체 전능하다는 하나님의 증거는 어디에 있는가?"

바울은 기독교를 표방하지만 세상의 흐름을 따라가는 사람들을 사실상 십자가의 원수로 규정한다. 그렇다. 원수다!

> 내가 여러 번 너희에게 말하였거니와 이제도 눈물을 흘리며 말하노니 여러 사람들이 그리스도의 십자가의 원수로 행하느니라. 그들의 마침은 멸망이요 그들의 신은 배요 그 영광은 그들의 부끄러움에 있고 땅의 일을 생각하는 자라. 그러나 우리의 시민권은 하늘에 있는지라 거기로부터 구원하는 자 곧 주 예수 그리스도를 기다리노니(빌 3:18-20).

첫 구절을 유심히 읽어 보라. 첫째, "여러 사람들"이 있다. 둘째, 그들이 원수라는 사실을 보여 주는 것은 그들의 말이 아니다. 그들이 말로는 예수님을 인정하고 있기 때문이다. "그들이 하나님을 시인하나 행위로는 부인하니"(딛 1:16). 그들은 경건한 외향으로 위장하고 있으나 행위로 원수임을 드러낸다. 그들의 행위는 정욕과 쾌락, 지위, 인기, 음욕, 험담 등 육체의 소욕을 따르고 있다.

바울은 그런 행위를 용납하지 않고 목소리를 높여 지적한다. 그의 서간문들을 읽어보면 우리의 불경하고 세상적인 행위에 대한 경고와 질책을 자주 발견할 수 있다. 이것이 바울의 말이 아니라 그의 펜을 통해 우리에게 주시는 하나님의 말씀임을 잊지 말아야 한다.

하나님의 말씀을 선포함으로 단도직입적으로 지적하는 것이 이 견고한 진들을 허물기 위한 유일한 방법이다. 우리가 성경으로 직접 맞서지 않으면 이 철학적인 요새들이 계속해서 불신자들뿐 아니라 신자들의 정신과 마음속에 뿌리를 내리도록 허용하는 것이다. 목소리를 내지 않는 것은 크립토나이트의 영향력이 들어오도록 문을 열어 주는 것이나 다름없다.

상반된 결말

우리 교회를 향한 예수님의 말씀의 결론은 무엇일까? 심약한 사람들은 단단히 각오하고 들으라. 예수님은 거짓 가르침을 펼치는 자들이 회개할 때까지 "큰 환난"을 당할 것이라고 분명히 경고하신다. 그때 모든 교회가 그분이 우리의 생각과 뜻을 꿰뚫어보시고, 각 사람의 행위대로 갚으신다는 사실을 똑똑히 알게 될 것이다(계 2:22-23을 보라).

하지만 반대로 좋은 소식도 있다. 크립토나이트를 거부하고 하나님의 영과 말씀을 굳게 부여잡은 사람들은 예수님이 아버지께 받은 것과 똑같이 온 나라를 다스릴 권세를 받게 될 것이다.

두 결말은 달라도 너무 다르지 않는가. 하나는 지독히 불행한 결말이고, 다른 하나는 놀라운 보상이다. 이래도 이런 명령을 무시하려는가? 특히, 부활하신 우리 왕의 입에서 직접 나온 명령을 흘려듣는 것은 있을 수 없는 일이다.

○ 내 삶의 크립토나이트 제거하기 ○

이세벨은 하나님의 선지자들을 압박해 침묵하게 했고, 심지어 그들 중 많은 수를 죽였다. 이렇게 살벌한 시대에 오직 한 사람만 하나님을 위해 목소리를 낼 용기가 있었다. 그런데 하나님이 그 한 사람을 위해 어떤 일을 행하셨는지 보라. 하나님은 그를 보호하고 필요한 것을 완벽하게 공급해 주셨고 초자연적인 징조와 기사로 지원해 주셨다. 생각할수록 놀랍다.

지금도 하나님은 과감히 나서서 진리를 선포할 사람들을 찾고 계신다. 그렇다고 해서 사사건건 비판만 하라는 말은 아니다. 우리는 죄인 사냥꾼이 아니다. 하지만 사람들이 퇴보적이고 가혹하고 편협하다는 식으로 말할까봐 두려워서 침묵하는 것은 있을 수 없다.

첫 번째 단계는 우리 스스로 이 경고에 주의해서 살아가는 것이다.

오랫동안 우리의 발목을 잡아왔던 죄에서 해방되기 위해 수단방법을 가리지 마라. 그렇게 해서 자유를 얻은 뒤에는 부지런히 죄의 위험성을 알리면서 남들도 해방되도록 도우라. 바울은 이렇게 말한다. "너희의 복종이 온전하게 될 때에 모든 복종하지 않는 것을 벌하려고 준비하는 중에 있노라"(고후 10:6).

죄를 지적하기가 주저된다면 그런 용기를 낼 만큼 남들을 사랑할 수 있게 해달라고 기도하라. 이 두려움을, 극복해야 할 다음번 표적으로 삼으라. 당신이 먼저 하나님의 은혜로 승리하고 나면 남들도 승리하도록 도울 수 있게 될 것이다.

3

모든 방법으로
죄를 벗으라

이제 크립토나이트 제거의 가장 중요한 측면을 다룰 차례가 왔다. 그 측면은 바로 그 제거 이면의 동기다. 우리의 복음 전도 방식과 목회 철학이 이 지경에 이른 것은 무엇보다도 이 강력한 힘이 없기 때문이다. 이 힘은 다름 아닌 '하나님의 사랑'이다. 바울의 말을 들어보자.

이는 우리가 이제부터 어린 아이가 되지 아니하여 사람의 속임수와 간사한 유혹에 빠져 온갖 교훈의 풍조에 밀려 요동하지 않게 하려 함

이라. 오직 사랑 안에서 참된 것을 하여 범사에 그에게까지 자랄지
라. 그는 머리니 곧 그리스도라(엡 4:14-15).

예수님이 두아디라 교회에 대해 지적했을 뿐 아니라 유다와 베드로,
요한, 바울의 서간문에서도 다른 거짓 가르침들은 모두 간사하고 교묘하
기 짝이 없어서 누구라도 쉽게 진리로 오해할 정도였다. 원수는 우리가
생각하는 것보다 훨씬 더 똑똑하다. 하나님의 임재가 가득한 완벽한 환경
에 있던 하와도 현혹되었을 정도면 타락한 환경 속에 있는 우리는 얼마나
더 속기 쉽겠는가. 그렇다면 무엇이 우리를 거짓 가르침의 기만에서 보호
해줄 수 있을까?

답은 바로 진리다. 단, 그냥 진리가 아니라 '사랑 안에서 선포된' 진
리다. 사랑을 떠난 진리는 죽이는 "율법 조문"의 길 즉 '율법주의'로 우리
를 이끈다. 율법주의는 오히려 기만을 부추기고 강화하며, 교회의 건강에
극도로 중요한 성경의 경고를 무시하거나 심지어 배척하게 되는 원인이
된다.

우리는 율법주의에 신물이 났다. 율법주의는 심술궂고 잔인하며 가
혹하니 그럴 만도 하다. 그래서 우리는 잔인한 율법주의에 대한 반발로
사랑을 강조한다. 하지만 진리가 빠진 사랑은 전혀 사랑이 아니다. 기껏
해야 가짜 사랑일 뿐이다. 물론 이것이 일종의 친절과 연민, 온유, 인내일
수는 있다. 하지만 이런 덕목도 진리에서 분리되면 우리를 기만의 길로
이끈다.

우리는 성경의 일부 진리들이 사랑과 거리가 멀다고 판단해서 되도

록 피하고 있다. 우리가 피하는 이 진리들은 사람들에게 현재 상태에 머물지 말고 변화될 것을 요구한다. 우리는 사람들에게 회개를 촉구하면 무조건 연민과 온유, 친절, 사랑이 없는 것으로 여긴다. 하지만 한 맹인이 떨어지면 즉사할 수밖에 없는 벼랑으로 걸어가고 있다고 해 보자. 그런데 내가 말리면 그 맹인의 선택을 무시하는 편협한 사람이 될까봐 재난을 보고도 그냥 모른 체한다고 해 보자. 내가 팔을 붙잡아 방향을 바꿔주지 않으면 그는 죽을 수밖에 없다. 내가 희망적인 말로 격려하기만 하고 방향 전환을 촉구하지 않으면 그의 마지막 발걸음이 좀 더 즐거워질 수는 있겠지만 그는 결국 벼랑 아래로 떨어져 죽고 말 것이다. 과연 이것이 진정한 사랑인가?

우리 사회는 물론이고 많은 교회에서 그런 참된 사랑이 편협과 미움 취급을 받고 있다. 인생을 영원의 관점이 아니라 겨우 칠팔십 년의 관점에서 보는 탓에 많은 신자들의 마음속에 이런 견고한 진이 자리를 잡았다. 한번 생각해 보라. 행복을 바라보는 내 관점의 범위가 겨우 하루라면 나는 서둘러 산해진미가 가득한 결혼식 피로연장에 가서 배가 터지도록 먹을 것이다. 그렇게 하면 하루는 즐겁고 행복하게 보낼 수 있다. 하지만 내가 6개월의 관점에서 행복을 바라본다면 식탁을 대하는 태도가 달라질 것이다. 한두 접시만 먹고 자리에서 일어설 것이다. 다음날 배탈로 고생하고 하루 만에 뱃살이 눈에 띄게 늘어서 장기적으로 건강을 망치는 짓은 하지 않을 것이다.

참된 사랑을 이해하려면 영원의 관점에서 인생을 바라보아야 한다. 이생의 관점에서만 사랑을 생각하면 부담스럽게 변화 따위는 요구하지 않고 사람들을 있는 그대로 받아주는 것이 옳다. 영원한 구덩이로 떨어지기 전까지 단 몇 발자국이라도 즐기게 놔두는 것이 옳다. 하지만 참된 사랑은 영원한 관점에서 이렇게 말한다. "나는 당신을 너무 아끼기 때문에 당신을 지독한 고문과 고통, 고뇌의 영벌에서 구하기 위해 본의 아니게 잠시 불편하게 해야겠소."

지옥은 실재한다. 지옥은 단순히 비유나 잠깐 벌을 받고 나오는 장소가 아니다. 그곳에 가는 사람들은 "세세토록 밤낮 괴로움을 받으리라"(계 20:10). 우리가 지옥에 관한 예수님의 말씀과 바울의 말을 무시할 수 있을까? "그들은 영벌에…들어가리라"(마 25:46). "이런 자들은 주의 얼굴과 그의 힘의 영광을 떠나 영원한 멸망의 형벌을 받으리로다"(살후 1:9).

"세세토록"은 '영원히'를 의미한다. 이 외에 다른 해석은 불가능하다. 고문과 고통, 형벌이 형언할 수 없을 만큼 극심하며, 무엇보다도 끝이 없다. 하지만 이 형벌이 특히 끔찍한 결정적인 이유는 하나님의 품에서 완전히 떨어진다는 것이다. 그런데 이 이별은 내세에만 이루어지는 것이 아니라 이생에서부터 시작된다. 잠시 후 이 이야기를 해 보자.

하나님은 원래 사람들이 아니라 "마귀와 그 사자들"을 위해 지옥을 만드셨다(마 25:41). 단지 사탄이 인류를 속여 우리를 자신과 같은 운명으로 전락시켰을 뿐이다. 하지만 예수님은 사랑하는 인류를 그냥 보고만 계실 수 없었다. 그래서 우리가 받아 마땅한 영벌에서 구하기 위해 오셨다. 예수님이 그 모진 고통을 받으면서까지 애써 마련해 주신 탈출구를 우리가 가볍게 여긴다는 것은 있을 수 없는 일이다.

결혼식 피로연의 비유로 돌아가 보자. 내가 한두 접시만 먹으면 '핍

박(?)'이 닥칠 수 있다. 이를테면 남들이 이렇게 말할 것이다. "이봐, 뭐 그렇게 깐깐하게 구는가? 좋은 음식이니 좀 먹고 즐겨. 인생을 즐기라고!"

이것은 전혀 틀린 말이며 나를 속이는 말이다. 그들은 "인생을 즐겨!"가 아니라 "하루를 즐겨!"라고 말해야 옳다. 단기적인 시각으로 행동하면 하루는 즐거울지 모르지만 장기적인 시각으로 행동해야 전체 인생이 훨씬 더 즐거워진다. 하나님의 나라에 대해서도 마찬가지다.

사도 바울이 왜 돌에 맞고 39대의 채찍질을 다섯 번이나 맞은 것을 비롯해서 수많은 극심한 고초를 참아냈을까? 큰 명성을 얻어 인기 강사와 저자가 되기 위해서였을까? 물론 아니다. 하나님의 사랑이 그를 움직였다. 그는 영원의 시각으로 삶을 바라보며 열정적으로 사랑했다. 그는 하나님이 전도하라고 명령하신 사람들을 너무도 사랑했기에 진리 대신 인기를 택할 수 없었다.

무엇이 참된 사랑인가?

"하나님은 사랑이심이라"(요일 4:8).

하나님은 단순히 사랑을 갖고 계신 것이 아니라 사랑 '자체'시다. 그렇다면 이 사랑을 어떻게 정의해야 할까?

최근 기도 중에 내 마음을 향해 말씀하시는 주님의 음성을 느꼈다. "아들아, 내 백성들이 사랑의 핵심이 아닌 곁가지에만 초점을 맞추고 있구나."

그 순간, 사랑은 오래 참고 온유하며 교만하지 않고 무례하지 행치 않으며 자기의 유익을 구하지 않는다는 고린도전서의 정의를 비롯해서 성경에 나타나는 사랑의 정의들이 내 머리를 스치고 지나갔다. 그 뒤에 성령은 내게 우리가 어린아이에게 남녀의 차이를 설명해 주는 방식을 예로 들어 주셨다. "여자는 다리와 눈, 코, 입, 팔, 손, 발이 두 개 씩이야"라고만 말한다면 과연 그것이 정확한 묘사일까?

그런 일반적인 묘사로는 어린아이가 남자를 보고 "저기 여자가 있어"라고 말할 수 있다. 이런 일이 발생하는 것은 그 아이가 남녀의 차이에 관한 정확한 설명을 듣지 못했기 때문이다.

세상이 즐기는 '사랑'이 있다. 이 사랑도 오래 참고 온유하며 무례하지 않은 식으로 하나님의 사랑과 비슷한 점이 많다. 하지만 하나님의 사랑과 세상의 사랑은 엄연히 다르다. 그 결정적인 차이점은 이 구절에서 발견된다. "하나님을 사랑하는 것은 이것이니 우리가 그의 계명들을 지키는 것이라"(요일 5:3).

사랑의 사도로 알려진 요한은 우리가 첫 번째 편지에 명시된 이 중요한 정의를 무심코 넘어갈지 모른다는 노파심에서 두 번째 편지에서 이 정의를 다시 제시한다.

"사랑은 이것이니 우리가 그 계명을 따라 행하는 것이요"(요이 1:6).

이 정의는 사도 바울이 고린도전서에서 제시한 사랑의 정의와 다르다. 요한은 사랑의 특성들을 설명한 것이 아니라 핵심적인 정의를 제시한 것이다. 즉 하나님의 사랑이 여타 형태의 사랑과 결정적으로 다른 점을 말한 것이다. 사랑은 예수님의 명령을 지키는 것이다. 예수님은 최후의 만찬 자리에서 이 점을 분명히 밝히셨다.

나의 계명을 지키는 자라야 나를 사랑하는 자니(요 14:21).

따라서 내가 온유하고 오래 참고 시기하거나 무례히 행하거나 자랑하거나 성내지 않는다 해도 불륜을 저지르거나 세금을 탈세하면 하나님의 사랑 안에서 사는 것이 아니다.

내가 온유하고 오래 참고 시기하거나 무례히 행하거나 자랑하거나 성내지 않는다 해도 점점 더 많은 국가의 정부에서 승인하고 권장하는 동성애 같은 성적 부도덕을 방관한다면 그것도 역시 하나님의 사랑 안에서 사는 것이 아니다.

그것은 무례히 행하고 시기하고 자랑하고 성내는 사람보다도 오히려 더 큰 기만과 위험에 빠져 있는 것이다. 왜냐하면 무례히 행하고 시기하고 자랑하고 성내는 사람은 최소한 자신이 하나님에게서 멀어져 있다는 사실을 알 가능성이 있기 때문이다. 하지만 나는 단지 영접 기도를 드렸기 때문에 구원을 받았다고 생각할 수 있다. 하지만 고의적인 죄를 회개하지 않고 예수님의 명령을 계속해서 어기고 있기 때문에 실상은 전혀 그렇지 못하다.

이 대목에서 중요한 사실 하나를 짚고 넘어가자. 우리가 구원을 받기 위해 하나님의 명령을 지키는 것은 아니다. 우리는 구원을 받았고 하나님의 사랑이 우리 안에 거하기 때문에 그분의 명령을 지키는 것이다. 순종은 우리가 하나님께 우리의 마음과 삶을 진정으로 바쳤다는 증거다.

다시 말하지만, 하나님의 말씀과 도에 직접적으로 반하는 사랑은 영원히 지속되는 사랑이 아니다. 그것은 일시적인 사랑일 뿐이다. 그런 사랑은 기분이 좋게 만들고 남들을 포용하게 만들며 심지어 그들을 위해 희생하게도 만든다. 하지만 영원하지는 않다. 영생으로 이어지지 않는다. 그런 사랑은 결국 우리를 벼랑 끝으로 이끌어 펄펄 끓는 영원한 구덩이에 빠지게 만든다.

그렇다면 그렇게 옳아 보이는 이 사랑은 왜 일시적인가? 아담과 하와는 선악을 알게 하는 나무의 열매를 좋게 판단했다. 그 열매가 자신들을 지혜롭게 만들어줄 것이라 생각했다.

> 여자가 그 나무를 본즉 먹음직도 하고 보암직도 하고 지혜롭게 할 만큼 탐스럽기도 한 나무인지라(창 3:6).

그 나무를 보자마자 하와의 머릿속에 떠오른 생각은 아마도 이러했을 것이다. '사랑의 하나님이 왜 저렇게 "좋은" 것을 먹지 말라고 명령하셨지? 도무지 이해할 수가 없어.' 하와는 하나님의 뜻 밖에 있는 '좋은 것'과 '지혜'를 선택했다. 우리는 언제나 '이유'를 알고 싶어 한다. 하지만 생각해 보라. 우리가 이면의 이유를 이해할 수 없어도 상관없이 따라야 할 명령들이 있다. 정말 좋아 보이는 것을 멀리 하라는 명령도 우리를 향한 사랑에서 나온 명령임을 믿을 수 있겠는가? 하나님의 성품을 신뢰할 수 있겠는가? 아니면 에덴동산의 아담과 하와처럼 우리가 이런저런 것이 좋다고 하나님께 알려드리는 판관이 될 것인가?

하나님의 신비나 불가해한 명령의 예를 많이 들 수 있지만 딱 하나만 들고 넘어가겠다. 거의 40년 가까이 누구도 내게 하나님이 한 선지자에게 "떡도 먹지 말며 물도 마시지 말고 왔던 길로 되돌아가지 말라"라고 명령하신 이유를 속 시원하게 설명해 주지 못했다(왕상 13:9). 이 선지자는 '전혀 비상식적으로 보이는' 이 명령을 어겼다가 결국 목숨을 잃고 말았다.

사실, 참된 사랑은 때로 전혀 사랑처럼 느껴지지 않기도 한다. 오히려 사랑과 정반대처럼 느껴지기도 한다. "내가 너희 영혼을 위하여 크게 기뻐하므로 재물을 사용하고 또 내 자신까지도 내어 주리니 너희를 더욱 사랑할수록 나는 사랑을 덜 받겠느냐?"(고후 12:15) 바울은 고린도교회에 왜 이런 말을 했을까? 이 교인들이 왜 바울을 사랑 없는 사람으로 여겼을까? 그것은 바울이 자신들을 법으로 통제하려는 독단적이고 율법주의적인 리더라고 생각했기 때문이다. 어쩌면 그들은 바울을 편협한 고집쟁이로까지 여겼을지도 모른다. 하지만 그것은 전혀 사실이 아니었다. 바울은 그들을 세상적인 사랑이 아니라 '영원한 사랑'으로 사랑했을 뿐이다. 바울이 진리로 그들을 질책하고 경고하며 회개를 촉구한 것은 얼핏 사랑 없는 것처럼 느껴질 수 있다. 하지만 그의 말 한마디 한마디에는 하나님의 참된 사랑이 가득했다.

사랑으로 진리를 말하라

자 이제, 참된 사랑의 중요성이라는 문제로 넘어가보자. 일단, 사랑의 특성들을 다시 보자.

사랑은 오래 참는다.

사랑은 온유하다.

사랑은 시기하지 않는다.

사랑은 자랑하지 않는다.

사랑은 교만하지 않다.

사랑은 무례히 행치 않는다.

사랑은 자기의 유익을 구하지 않는다.

사랑은 성내지 않는다.

사랑은 당한 일을 기억하지 않는다.

사랑은 불의를 기뻐하지 않는다.

사랑은 포기하지 않는다.

하나님의 계명을 지키는 사랑이 이와 같다.

진리를 말하되 오래 참고 온유하고 시기하지 않고 자랑하지 않고 교만하지 않고 무례히 행치 않고 자기의 유익을 구하지 않고 성내지 않고 당한 일을 기억하지 않고 불의를 기뻐하지 않고 포기하지 않는 사랑의 특성이 전혀 보이지 않는다면 하나님의 계명을 지키지 않고 있는 것이다. 아무리 회개와 예수 그리스도에 대한 믿음을 비롯해서 성경 속의 진리를 선포한다고 해도 그것은 참된 사랑 안으로 선포하는 것이 아니다. 그것은 율법주의에 빠져 사람들을 하나님께로 인도하기는커녕 오히려 상처만 주는 것이다.

하루는 한 청년이 나를 찾아왔다. "이곳에서 그리스도의 몸을 징계하는 사역을 하라는 부름을 받았습니다!"

나는 그의 말에서 동기가 잘못되었다는 것을 바로 알아차렸다. 그때 성령이 할 말을 생각나게 해 주셨다. "진정한 선지자적 사역을 하는 법을 알고 싶나요?"

순간, 청년의 두 눈이 반짝였다. "네, 정말 알고 싶습니다!"

"징계하거나 경고할 때마다 그 대상을 향한 사랑으로 불타오르면 됩니다."

청년은 말없이 고민하다가 한참 만에 입을 열었다. "아무래도 좀 더 기도하고 와야겠습니다."

"대단합니다. 보통 겸손하지 않고서는 그런 말을 할 수 없지요. 형제님은 오래지 않아 그 수준에 이를 것이라고 확신합니다."

참된 사랑은 자신보다 남을 더 생각한다. 누구도 벼랑에서 떨어지도록 놔두지 않을 만큼 걱정하고 생각한다. 참된 사랑은 고린도전서 13장의 특성들을 실천하되 하나님의 계명에서 한시도 눈을 떼지 않는다.

사랑은 너무도 중요하다. 그야말로 생명의 정수다. 진정으로 자신보다 남을 더 걱정할 수 있도록 하나님의 사랑을 마음속에 가득 채워 달라고 기도하라. 성경은 성령이 이 사랑을 우리의 마음에 부어 주신다고 말한다. 우리는 깊고도 넓고도 높은 하나님의 생명을 주는 사랑을 구할 수 있다.

그러니 하나님의 영원한 사랑을 마음에 가득 채워 달라고 기도하고 또 기도하라.

우리는 교회에 침투하려는 죄를 과감히 지적하고 질책해야 한다. 하지만 어디까지나 사랑으로 해야 한다. 그렇지 않으면 우리의 경고가 의도하지 않은 결과를 낳게 된다. 하나님은 성경을 통해 수없이 우리에게 경고하시지만 지극히 깊은 사랑으로 인해 경고만 하시지 않고 경고하신 모든 죄에 대한 대가를 치르기 위해 독생자를 보내셨다.

이것이 우리가 사람들에게 죄에 관해 경고하는 내내 품어야 할 사랑이다. 그리고 이런 사랑의 근원은 하나뿐이다. 그 근원은 물론 하나님이시다. 따라서 사랑이 자라기를 원한다면 하나님과의 관계가 자라야 한다.

수시로 하나님 앞에 나아가 그분의 사랑을 더 많이 채워달라고 요청하는 시간이 말로 다 표현할 수 없을 만큼 중요하다. 사랑이 가득해지면 죄를 지적하고 다룰 때 두려움이 없어진다. 인도주의적인 차원에서 주변 사람들을 도울 뿐 아니라 필요할 때는 경고도 서슴지 않게 된다. 하나님의 사랑은 남들을 자유로 이끌 자유와 능력을 준다. 오늘 특별히 시간을 내서 하나님의 사랑을 채워달라고 기도하라. 사랑이 곧바로 느껴지지 않는다고 금세 포기하지 말고 끈덕지게 부르짖으라.

4

하나님의 사랑으로
진리를 말하라

죄를 짓는 신자들은 세 가지 부류로 나뉜다.

첫째, 자신의 굳어진 마음으로 인해 죄를 무시하는 신자들이 있다. 그들은 그것이 하나님의 마음을 얼마나 찢어지게 만드는지 전혀 느끼지 못할 정도로 마음이 굳어져 있다. 하나님은 그들로 인해 가슴을 치며 한탄하고 계신다. "그들이 가증한 일을 행할 때에 부끄러워하였느냐 아니라 조금도 부끄러워 하지 않을 뿐 아니라 얼굴도 붉어지지 아니하였느니라"(렘 8:12) 그들의 양심은 더러워졌다. 심지어 아예 썩은 양심을 소유한 자들도 있다.

둘째, 그에 못지않게 위험한 부류는 우리 모두가 본래 죄인이지만 예수님의 보혈로 죄의 형벌에서는 해방되었으되 죄의 속박에서는 여전히 벗어나지 못했다는 거짓말을 받아들인 자들이다. 그들은 그리스도 안에서 우리가 거룩해졌다는 진리를 믿기는 하지만 성화된 삶을 사는 것은 불필요하다는 거짓말도 믿는 자들이다. 바로 이것이 두아디라 교회에서 유행했던 거짓 가르침이다. 바울이 다음과 같이 탄식하는 것이 바로 이런 태도 때문이다.

> 그런즉 우리가 무슨 말을 하리요? 은혜를 더하게 하려고 죄에 거하겠느냐 그럴 수 없느니라. 죄에 대하여 죽은 우리가 어찌 그 가운데 더 살리요(롬 6:1-2).

처음 두 부류는 확실히 크립토나이트에 노출된 자들이다. 그들의 고의적이고 습관적인 죄는 그들 자신만이 아니라 공동체 전체를 약화시킨다. 이 두 부류에 속한 자들은 '죄에 빠진' 자들이다. 그들은 결국 심판의 날에 예수님께 "내게서 떠나가라"라는 청천벽력과도 같은 말씀을 듣게 될 것이다(마 7:20-23을 보라).

세 번째 부류는 죄에서 해방되려고 애를 쓰지만 뜻대로 되지 않는 신자들이다. 자유를 얻고 싶은 마음이 간절하지만 죄의 마수에 너무도 단단히 사로잡혀 있다. 그들은 하나님의 말씀에서 믿음으로 자유를 누리는 법을 아직 발견하지 못했다. 하나님을 사랑하기에 죄를 지으면 마음이 무너져 내린다. 그래서 진정으로 회개하지만 작심삼일처럼 또 다시 죄에 넘어진다. 그들이 계속해서 죄의 속박 아래에 놓여 있는 원인 중 하나는 자신이 저지른 짓에 대한 죄책감이다. 자기 죄에 대한 수치심이 그들을 계속해서 짓누르고 있다.

혹시 이 세 번째 부류에 속해 있다면 지금부터 내 말을 잘 듣기를 바란다. 예수님은 이렇게 말씀하신다. "만일 네 형제가 죄를 범하거든 경고하고 회개하거든 용서하라. 만일 하루에 일곱 번이라도 네게 죄를 짓고 일곱 번 네게 돌아와 내가 회개하노라 하거든 너는 용서하라."(눅 17:3-4) 우리 주님이 죄를 지었지만 진심으로 뉘우치는 사람을 하루에도 몇 번씩이나 용서하라고 명령하신 것은 하늘 아버지께서 우리를 용서하신 것처럼 우리도 서로를 용서해야 하기 때문이다(엡 4:2). 명심하라. 우리가 여러 번 죄를 지어도 매번 진정으로 하나님께 나아가 찢어지는 마음으로 진심 어린 회개를 하면 용서를 받고 예수님의 보혈로 전혀 죄를 짓지 않은 것처럼 완벽히 깨끗해진다. 그러니 너무 자책하지 마라. 그것은 의를 예수 그리스도의 위대한 보혈에서 떼어내어 다시 자기 노력의 어깨 위에 지우는 것이다. 하지만 그렇게 해서는 구원이나 용서를 받을 수 없다. 용서는 전적으로 하나님의 은혜로운 선물이다.

이번 장에서는 다룰 주제가 바로 이 세 번째 부류다. 하나님의 말씀이 나를 어떻게 해방시켰는지, 잠시 나의 간증을 하고자 한다.

나 스스로 해방될 수 없었다

열두 살 때 친구들이 가져온 포르노 잡지를 처음 보고 눈이 휘둥그레졌던 기억이 지금도 생생하다. 그때부터 우리는 서로 포르노 잡지를 돌려보기 시작했고, 당연히 오래지 않아 나는 거기에 중독되었다.

처음에는 약한 포르노로 시작했지만 노골적인 포르노의 세계로 들어가는 것은 시간문제였다. 어느 순간부터 내 머릿속에서 온갖 성적 공상이 미친 듯이 들끓었다. 학교에서 여자아이들만 보면 저절로 성관계를 맺는 상상이 되었다. 지독한 정욕이 나를 사로잡았다.

열아홉 살에 학교 동아리에서 예수 그리스도를 영접했다. 그 순간, 나를 옭아매던 죄의 힘이 즉시 공중으로 흩어졌다. 술과 욕, 여학생들과의 부적절한 행동, 껄렁한 태도 같은 불경한 모습들이 거의 사라졌다. 하지만 포르노와 정욕만큼은 나를 쥔 손을 놓지 않았다. 나는 여전히 그 죄에 단단히 묶여 도무지 벗어날 수 없었다. 물론 이 죄에 굴복할 때마다 즉시 회개하고 하나님께 진정으로 용서를 구하긴 했다.

구원을 받기 전에는 음란한 욕구가 솟아나도 전혀 개의치 않았다. 정욕이 불같이 솟아나면 아무런 주저함도 없이 그냥 죄로 해갈했다. 하지만 구원을 받고 나서도 자유가 아닌 치열한 전쟁이 찾아왔다. 경건한 행동이 아닌 줄 잘 알기에 포르노를 보지 않으려고 애를 썼지만 포르노의 힘은 언제나 나의 의지력보다 강했다.

1982년 스물세 살에 지금의 아내와 결혼하면서 드디어 정욕에서 해방될 날이 왔다고 생각했다. 꿈에 그리던 여인과 결혼을 했으니 다른 여자들에게 한눈을 팔 이유가 없지 않은가. 하지만 현실은 그렇지 못했다.

오히려 정욕이 더 길길이 날뛰었다. 어디서든 포르노가 보이면 쇳가루가 자석에 끌리듯 나도 모르게 몸이 그쪽으로 향했다. 그것이 아내와의 성적 친밀함만이 아니라 다른 모든 친밀함에 악영향을 끼쳤다.

1983년 사역을 시작했지만 포르노와의 싸움은 끝날 줄 몰랐다. 그럴수록 죄책감은 더욱 커져만 갔다. 당시 교회에서 나의 역할은 담임목사와 그 가족을 비롯해서 특별한 날에 초빙된 목회자들을 섬기는 것이었다. 우리 교회는 미국에서 가장 유명한 교회 중 하나였기 때문에 저명한 목사와 사역자를 강사로 자주 초빙했다. 그 교회에서 초빙했던 목사 중에 해방 사역(deliverance ministry)으로 유명했던 분이 한 명 있었다. 그 목사는 오랫동안 아시아에서 사역했는데 그가 들려주는 악이나 귀신에서 해방된 사람들의 이야기는 실로 놀라웠다. 하나님은 그를 놀랍게 사용하고 계셨다. 그의 이름은 레스터 섬랄(Lester Sumrall)이었다.

1984년 가을, 섬랄 목사가 우리 교회에서 나흘간 집회를 열었는데 그때도 내가 숙소와 차량 같은 부분을 챙겨주었다. 당시 우리는 이전 방문들을 통해 꽤 친해진 상태였다. 한번은 그를 차로 목적지까지 데려다주는데 단 둘이 있게 되었다. 순간, 그에게 내 정욕과의 싸움에 관해 솔직히 털어놓을 좋은 기회라고 판단되었다. 나는 포르노에서 해방되기를 간절히 원했기 때문에 한 치의 거짓도 없이 정직하게 털어놓았다. 그러자 그는 믿음의 참된 아버지가 다 그렇듯 준엄하게 말했고, 나는 단어 하나 놓칠세라 귀를 쫑긋하고 듣다가 절박한 심정으로 부탁했다. "저의 자유를 위해 기도해 주세요."

그는 매우 강력한 기도를 드렸다. 하지만 실망스럽게도 몇 주, 몇 달이 지나도록 눈에 띄는 변화는 나타나지 않았다. 나는 계속해서 정욕과 싸워야 했다.

한 아홉 달쯤 지났을까, 홀로 조용히 금식하며 기도할 공간이 생겼다. 금식 나흘째, 날짜도 잊을 수 없다. 1985년 5월 6일이었다. 그날 나는 깊은 기도 가운데서 그 지긋한 정욕의 영으로부터 완전히 해방되었다. 성령은 내게 정욕을 향해 내 삶에서 떠나라고 강력하게 명령하도록 시키셨다. 그렇게 했을 때 내게 강한 권능이 임했다. 내 평생에 그렇게 강한 권능은 처음 경험해봤다. 그 뒤로 지금까지 나는 완벽한 자유를 누리고 있다!

경건한 근심에 쌓이다

정욕에서 해방된 지 2년쯤 되었을 때 한 가지 질문이 집요하게 머릿속을 맴돌았다. 결국 나는 그 질문을 주님 앞에 내려놓았다. "아버지, 정말 이해가 되질 않습니다. 저는 당신의 위대한 사람인 섬랄 목사님 앞에서 저 자신을 낮추었습니다. 그분의 사역을 통해 많은 사람이 해방되었는데 왜 저는 그분이 기도해 주신 날 바로 해방되지 않았나요? 왜 아홉 달이 더 걸려야 했습니까?"

그러자 하나님은 그 당시의 내 삶을 보여 주기 시작하셨다. 1984년 가을 섬랄 목사가 강사로 왔을 때 나는 매일 새벽 최소한 90분 이상씩 기도하고 있었다. 2년째 그렇게 해오고 있었다. 새벽 5시에 일어나 5시 30분에 홀로 나가 오전 7시까지 기도했다. 당시 나의 가장 간절한 기도는 이것이었다. "하나님, 많은 사람을 예수님께로 인도하고 병자를 치유하며 사람들을 해방시키는 일에 저를 사용해 주십시오. 아버지, 열방을 복음으로 물들이는 일에 저를 사용해 주십시오." 매일 같이 이런 기도를 드리면서 하나님께 아무도 닫을 수 없는 사역의 문을 활짝 열어달라고 요청했다. 정말이지 온 열정을 다해 기도했던 기억이 난다.

그 가을의 어느 날, 나는 몇 년 동안 해오던 대로 큰소리로 새벽 기도를 드리고 있었다. 그런데 간절한 간구 중에 갑자기 성령의 음성이 들려왔다. "아들아, 네가 수많은 사람을 예수에게로 인도하고 수많은 사람을 해방시키며 수많은 병자를 치유하고도 영원한 지옥에 떨어질 수 있다."

나는 충격에 휩싸였다. '어떻게 그럴 수가 있단 말인가. 방금 내가 들은 것이 정말로 성령의 음성이 맞는가?' 긴가민가하고 있는데 성령의 음성이 다시 침묵을 깼다. "아들아, 유다도 직장을 버리고 나를 따라왔다. 유다도 열심히 복음을 전했다. 유다도 내 이름으로 병자를 치유하고 사람들을 해방시켰다. 유다는 그렇게 하고도 지금 지옥에 있다."

당시 나는 쭉 천주교 집안에서 자라다가 거듭난 신자가 된 지 겨우 5년밖에 되지 않은 상태였다. 따라서 이제부터 내가 묘사하려는 상황이 당시로서는 너무도 생소하고 낯설었다. 성령의 말씀에 폐부 깊은 곳에서 두렵고 떨렸다. 동시에, 너무도 어리둥절했다. 하지만 그것이 하나님의 음성이라는 사실만큼은 확실히 느낄 수 있었다. 나는 하나님의 임재에 깊은 경외감을 느꼈다.

마침내 힘을 그러모아 조심스럽게 물었다. "그렇다면 제가 가장 먼저 구해야 할 것은 무엇입니까? 무엇이 가장 중요합니까?"

그때 하나님의 대답이 더없이 또렷하게 들렸다. "나를 친밀히 아는 것이다."

그 경험 이후 개인적으로 성경을 공부하던 중에 바로 이것이 다윗과 모세, 바울을 비롯해서 인생의 경주를 아름답게 마친 믿음의 선배들의 가장 큰 소망이었다는 사실을 깨달았다.

또한 모든 것을 해로 여김은 내 주 그리스도 예수를 아는 지식이 가장 고상하기 때문이라. 내가 그를 위하여 모든 것을 잃어버리고 배설물로 여김은 그리스도를 얻고(빌 3:8).

바울의 최대 소망은 예수님을 친밀히 아는 것이었고, 그 지식이 경천 동지할 목회의 원동력이었다. 하지만 나는 예수님을 친밀히 아는 것보다 목회를 먼저 추구해왔다. 그날 모든 것이 달라졌다.

이제 매일 새벽 나의 주된 기도는 이런 식으로 바뀌었다. "하나님, 당신을 세상에서 가장 잘 아는 사람이 되고 싶습니다. 당신을 세상에서 가장 기쁘시게 하는 사람이 되고 싶습니다. 당신께는 무엇이 중요하고 무엇이 그리 중요하지 않은지, 당신의 마음을 보여 주십시오. 제게 당신의 도를 가르치시고 제 삶이 당신께 기쁨이 되게 해 주십시오…"

예전과 똑같이 새벽에 기도하러 나갔지만 내 기도 제목은 그렇게나 달라져 있었다. 당시에서 스스로 그런 변화를 잘 느끼지 못했지만 나중에 하나님이 그것을 보여 주셨다.

그렇게 하나님이 당시의 내 삶을 보여 주시는 동안 "왜 나는 섬랄 목사가 기도해 준 날 바로 해방되지 않았을까"라는 질문에 대한 답이 분명해졌다. 그때 하나님이 나의 짐작을 확인시켜주셨다. "그 전도자에게 너 자신을 열어 보였을 때 너는 정욕의 죄 때문에 내가 너에게 사역을 맡기지 않을까봐 두려워하고 있었다. 나는 자격을 잃을까봐 두려워하고 있었다. 네 근심의 초점은 너 자신이었다. 그래서 그것은 세상적인 근심이었다."

계속해서 하나님은 이렇게 말씀하셨다. "아홉 달 뒤에는 네가 나를 친밀히 알게 해달라고 계속해서 기도해왔기 때문에 이제 죄를 지을 때마다 내 마음이 아프다는 것을 느낄 수 있게 되었다. 그래서 그때마다 너의 마음도 함께 아프게 되었다. 너는 내가 너를 이 죄에서 해방시키기 위해 죽었다는 사실을 진정으로 깨닫게 되었다. 너는 나를 십자가에 보낸 죄를 진정으로 미워하게 되었다. 네 근심의 초점이 너에게서 나에게로 옮겨갔다. 그것은 경건한 근심이었다."

바울은 고린도교회 교인들에게 이렇게 말했다.

내가 지금 기뻐함은 너희로 근심하게 한 까닭이 아니요 도리어 너희가 근심함으로 회개함에 이른 까닭이라. 너희가 하나님의 뜻대로 근심하게 된 것은 우리에게서 아무 해도 받지 않게 하려 함이라. 하나님의 뜻대로 하는 근심은 후회할 것이 없는 구원에 이르게 하는 회개를 이루는 것이요 세상 근심은 사망을 이루는 것이니라(고후 7:9-10).

이 구절에서 "구원"에 해당하는 헬라어는 꼭 거듭나는 것을 말하지 않는다. 이 단어는 "안전, 해방, 위험이나 파괴로부터의 보존"으로 정의되는 '소테리아(soteria)'다(WSNTDICT). 이 정의에서 '해방'만 떼어 위의 구절에 삽입해 보자. "하나님의 뜻대로 하는 근심은 후회할 것이 없는 해방에 이르게 하는 회개를 이루는 것이요." 나는 해방되었고, 그 해방으로 가는 문을 열어 준 것은 하나님의 뜻대로 하는 경건한 근심이었다.

두 가지 근심

근심에는 경건한 근심과 세상적인 근심, 이렇게 두 가지 종류가 있다. 그렇다면 이 둘을 어떻게 구분할 수 있을까? 사울 왕과 다윗 왕의 삶이 그 차이를 잘 보여준다. 이전 장에서 살폈듯이 사울은 아말렉과의 전쟁에서 하나님께 거역했다. 이에 사무엘 선지자가 죄를 지적했지만 사울은 부인했다. 사무엘이 얼렁뚱땅 넘어가지 않고 다시 질책하자 사울은 이번에는 백성들 탓을 했다. 사무엘이 끝까지 추궁하고 나서야 비로소 사울은 자신의 죄를 인정했다. 거기서 입을 다물었으면 좋았으련만, 사울은 곧바로 엉뚱한 소리를 내뱉었다.

> 내가 범죄하였을지라도 이제 청하옵나니 내 백성의 장로들 앞과 이스라엘 앞에서 나를 높이사. (삼상 15:30)

사울의 근심의 초점은 철저히 자기 자신이었다. 사무엘은 장로들과 백성들 앞에서 공개적으로 사울의 죄를 지적하여 창피하게 만들었다. 사울은 그때 추락한 명예를 회복하고 싶었다.

반면, 다윗 왕의 모습은 사뭇 달랐다. 다윗도 역시 중죄를 지었다. 남의 아내를 범하는 것도 모자라 그 죄를 덮기 위해 그 남편까지 살해했으니 실로 무서운 죄다. 이에 선지자 나단은 신하들과 백성들 앞에서 다윗의 죄를 날카롭게 꾸짖었다. 그렇게 죄가 만천하에 드러나는 순간, 다윗은 땅에 엎드려 손이 발이 되도록 빌었다.

> 내가 여호와께 죄를 범하였노라(삼하 12:13).

사울은 "내가 범죄하였을라도"라고 말했고, 다윗은 "내가 여호와께 죄를 범하였노라"라고 말했다. 어떤가? 분명한 차이가 눈에 들어오는가? 다윗은 사랑하는 분의 마음을 아프게 했다는 사실로 인해 마음 아파했다. 그의 슬픔은 사울처럼 자기 자신을 향해 있지 않았다. 다윗이 밤새 주님 앞에 엎드려 빌고 7일 동안 금식한 것을 보면 분명히 알 수 있다. 다윗은 하나님께 죄를 지은 일에 대해 극심한 슬픔과 후회를 보였다. 다음과 같은 부르짖음에서도 그것을 확인할 수 있다.

> 내가 주께만 범죄하여 주의 목전에 악을 행하였사오니 주께서 말씀하실 때에 의로우시다 하고 주께서 심판하실 때에 순전하시다 하리이다(시 51:4).

세상적인 근심의 초점은 자기 자신이다. "내게 어떤 대가가 따를까?"

"내가 심판을 당할까?" "내가 자격을 상실할까?" "이 죄로 인해 내게 고난이 닥칠까?" "이제 사람들이 나를 어떻게 볼까?" 반면, 경건한 근심의 초점은 예수님이다. "내가 사랑하는 분의 마음을 아프게 했구나. 그분의 공의는 옳으니 그분이 어떤 처분을 내리든 달게 받아들이리라. 다만 그분의 긍휼을 의지하리라."

끝까지 버텨서 자유로워지라

이제 나는 자유를 얻었지만 아직은 마음을 새롭게 하는 일이 남아 있었다. 1985년 5월 이전에는 포르노가 보이기만 하면 그 유혹을 도저히 뿌리칠 수 없었다. 하지만 이제는 충분히 뿌리치고 몸을 돌릴 능력이 생겼다. 하지만 멋진 여성이 야한 옷을 입고 지나가면 혹시라도 음란한 생각이 틈타지 않도록 재빨리 시선을 돌려야 했다. 이것은 예수님이 우리를 위해 마련해 주신 온전한 자유가 아니다. 아직은 해방이 완성되지 않았다.

'자유를 얻은 것'과 '자유로워지는 것'은 조금 다르다. 5월 6일 나는 드디어 자유를 얻었다. 하지만 예수님은 "진리를 알지니 진리가 너희를 자유롭게 하리라"라고 말씀하신다(요 8:32). 우리의 최종 목표는 자유로워지는 것이며, 그렇게 되려면 진리가 우리 존재의 구석구석까지 스며들어야 한다.

하나님의 말씀과 기도에 푹 빠져 지내다보니 시간이 갈수록 내 마음이 하나님의 눈으로 여자들을 보기 시작했다. 내 안에서 첫 번째 패러다

임 전환이 일어난 것은 모든 여자가 '딸'이라는 깨달음이 내 마음속에서 홍수처럼 일어났을 때다. 별로 대단치 않게 여길지 모르겠지만 내게는 실로 엄청난 깨달음이었다. 성령은 모든 여자가 누군가의 귀한 딸이라는 사실을 보여 주셨다. 여자들은 내가 해방 전에 보던 것처럼 고깃덩어리가 아니다.

그런데 얼마 뒤 더 큰 깨달음이 찾아왔다. 모든 여자가 하나님이 그분의 형상을 따라 창조하고 영광과 존귀로 관을 씌우신 존재라는 사실이 전에 없이 분명히 눈에 들어왔다(창 1:26-27과 시 8:5를 보라). 역시 대단치 않게 보일지 모르지만 내게는 존재 자체를 뒤흔들고 인생의 물줄기를 완전히 바꿔놓은 깨달음이었다.

이제는 포르노를 보면 역겹다! 그렇다. 한때는 그렇게 좋던 것이 이제는 구역질이 날 지경이다. 이제는 매력적인 여자가 근처를 지나가도 해방 몇 년차의 풋내기 시절처럼 고개를 돌릴 필요가 없다. 이제는 그 여자의 얼굴과 몸을 봐도 음란한 욕망이 전혀 일어나지 않고 순수한 마음으로 따뜻한 인사를 건넬 수 있다.

나는 예수 그리스도의 은혜가 얼마나 강력한지를 똑똑히 경험했다. 대부분의 크리스천들이 은혜를 구원이나 죄의 용서, 분에 넘치는 선물 정도로만 본다. 하지만 거기서 끝이 아니다. 나는 하나님의 은혜가 그런 차원을 넘어 우리를 변화시켜 진리가 요구하는 것을 하게 해 준다는 사실을 깨달았다.

예수님의 값없는 선물이 우리를 영원한 '죄의 형벌'에서 구해 줄 뿐 아니라 '죄의 속박'에서도 해방시킬 만큼 강력하다는 사실을 믿을 수 있겠는가? 당신은 어떨지 모르겠지만 나는 믿어 의심치 않는다!

나는 분명히 안다! 나는 인생을 변화시키는 예수님의 은혜를 경험했고 덕분에 이제 완전히 자유로워졌다. 내게 그렇게 해 주셨고 당신에게도 그렇게 해 주실 주님께 감사하고 또 감사한다! 이것은 전쟁이었다. 한가로운 산책이 아니었다. 인내와 간절한 기도가 필요했다. 십중팔구 당신에게도 해방으로 가는 길은 쉽지 않을 것이다. 하지만 좋은 소식이 있다. 하나님의 은혜와 사랑 덕분에 절대 실패하지 않을 것이다. 그러니 끝까지 버텨서 자유로워지라.

○ 내 삶의 크립토나이트 제거하기 ○

하나님은 당신의 구주시며, 그분 외에 다른 구주는 없다. 그 어떤 치유 프로그램이나 인간적인 노력, 규칙의 목록도 당신을 죄의 속박에서 완전히 해방시킬 수 없다. 그렇다고 해서 하나님이 가만히 앉아만 있는 사람을 구원해 주신다는 뜻은 아니다. 하나님이 분명 당신을 구해 주시겠지만 당신의 행동도 필요하다. 옳은 동기로 하나님을 추구해야 한다. 그분에게서 뭔가를 얻어내기 위해서가 아니라 그분을 알기 위해 그분을 추구하면 해방에 이르게 될 것이다.

문제는 당신에게는 죄로부터의 자유가 얼마나 중요한가? 하나님을 찾을 시간을 낼 용의가 있는가? 필요하다면 산 속으로라도 들어가서 기도하겠는가? 하나님의 약속이 이루어질 때까지 계속해서 부르짖겠는가?

하나님과의 관계를 가장 먼저 추구하겠는가? 단지 원하는 삶의 방해물을 치우기 위해서가 아니라 하나님과의 관계를 위해서 죄에서의 해방을 추구하겠는가? 겸손한 마음으로 신실하고 믿을 만한 리더들에게 기도를 요청하고 그들의 조언을 받아들일 수 있겠는가?

속박의 대가, 그리고 이어서 자유의 대가를 따져보라. 그러고 나서 전심으로 하나님을 찾으라. 하나님은 당신을 친밀히 알기만을 기다리고 계신다!

5

하 나 님 을
최 우 선 으 로 삼 으 라

지금까지 우리의 크립토나이트를 제거하라는 이책을 읽고서 놀라서 눈이 똥그래졌는가? 그런데 아직 우리가 다루지 않은 우상의 또 다른 측면이 있다. 이것은 '죄가 아닌 죄'로 명명할 수 있다. 크립토나이트 제거를 완성하려면 이 죄를 절대 간과하지 말아야 한다. 이 죄는 가장 포착하기 힘든 죄이기 때문에 가장 치명적일 수 있기 때문이다. 먼저 한 가지 비유로 이야기의 포문을 열어보자.

하루는 한 구경꾼이 예수님에게 하나님 나라의 잔치에 참여하면 너무도 좋을 것이라고 말했다. 그러자 예수님은 그 기회를 놓치지 않고 한 가지 심오한 진리를 비유로 설명해 주셨다. "어떤 사람이 큰 잔치를 베풀고 많은 사람을 청하였더니 잔치할 시각에 그 청하였던 자들에게 종을 보내어 이르되 오소서. 모든 것이 준비되었나이다 하매 다 일치하게 사양하여"(눅 14:16-18). 이 비유에서 키워드는 "사양"이다.

어떤가? 이런 경험을 해본 적이 있는가? 누군가에게 도움이나 파티 참석, 일처리, 심부름 따위를 요청했는데 구차한 핑계만 돌아온다. 핑계란 무슨 뜻인가? 당신의 요청을 들어주는 것보다 더 중요한 일이 있다는 뜻이다. 요컨대 "내 일이 네 일보다 더 급하다"라고 말하는 것이다.

예수님의 비유를 보면 이 사람은 그저 밥과 김치만으로 조촐한 밥상을 차려놓고 사람들을 초대한 것이 아니다. 상다리가 부러질 정도로 성대한 잔치가 열렸다. 그는 찾아온 사람들을 배불리 먹일 생각이었다. 정식 초대장도 정성껏 찍어서 초대하고 싶은 사람들에게 일일이 보냈다. 하지만 돌아온 것은 변명뿐이었다. "한 사람은 이르되 나는 밭을 샀으매 아무래도 나가 보아야 하겠으니 청컨대 나를 양해하도록 하라 하고."(눅 14:18)

여기서 중요한 질문 하나가 대두된다. 밭을 사는 것이 죄인가? 물론 아니다. 그것이 죄라면 나도 약간의 땅을 산 적이 있으니 큰일이다. 하지만 땅을 사는 일이 하나님의 말씀보다 중요해지면 그것은 죄다. '죄 아닌 죄'다. 더 정확히 말하면, 그것은 크립토나이트 즉 우상 숭배다.

다음 사람의 변명을 들어보자. "또 한 사람은 이르되 나는 소 다섯 겨리를 샀으매 시험하러 가니 청컨대 나를 양해하도록 하라 하고"(눅 14:19).

이번에도, 소를 사는 것 즉 사업 장비를 사는 것이 죄인가? 물론 아니다. 나도 사업 장비를 적잖이 샀다. 하지만 뭔가를 구입하는 것이 하나님의 말씀보다 더 중요해지면 그것은 죄다. 이번에도 그것은 죄 아닌 죄, 더 정확히 말하면 크립토나이트 즉 우상 숭배다.

마지막 초대객의 대답을 보자.

> 또 한 사람은 이르되 나는 장가들었으니 그러므로 가지 못하겠노라 하는지라(눅 14:20).

마지막으로 한 번만 더 묻겠다. 아내와 결혼하는 것이 죄인가? 그것이 죄라면 나를 비롯해서 많은 남자들이 큰일 났다. 물론 그것은 죄가 아니다. 하지만 아내가 하나님의 말씀보다 중요해지면 그것은 죄다. 이번에도 그것은 죄 아닌 죄, 더 정확히 말하면 크립토나이트 즉 우상 숭배다.

이쯤 하면 무슨 말인지 이해가 갔으리라 생각한다. 사람이든 물건이든 활동이든 하나님의 말씀보다 우선시하면 죄가 아닌 것이 죄가 된다.

주께서 내게 원하셨던 것

앞서 언급했듯이 나는 퍼듀대학(Purdue University) 2학년 때 예수 그리스도와 사랑에 빠졌다. 나는 1981년 대학 동아리에서 예수님을 구주로 영접했다. 그때부터 주님을 향한 나의 사랑은 그야말로 활활 타올랐다!

그로부터 몇 달 뒤는 퍼듀 대학의 미식축구 시즌이었다. 당시 나는 3학년이었는데 우리 학교의 홈경기를 전부 관람할 수 있는 시즌 티켓을 갖고 있었다. 그 전의 두 해 동안에는 홈경기를 단 한 번도 빠뜨리지 않고 관람했다. 그런데 이제는 상황이 달라졌다. 이제는 예수님을 향한 열정으로 가득했기 때문에 미식축구를 볼 시간에 성경을 읽고 공부했다. 남학생들은 죄다 경기장으로 응원을 하러 나갔기 때문에 동아리 방은 쥐 죽은 듯이 조용해서 기도하기에 안성맞춤이었다. 이제 미식축구보다 하나님과 함께 하는 시간이 훨씬 더 즐거웠다.

아무도 내게 미식축구 경기장에 가지 말라고 말하지 않았다. 나 스스로도 미식축구 관람이 잘못이라고 생각하지는 않았다. 사실, 마지막 4학년 때는 미식축구 경기장을 꽤 들락거렸다.

대학을 졸업하고 곧바로 텍사스 주 댈러스로 이사했고, 몇 달 뒤에 우리 교회의 사역자로 부임했다. 교회 사역의 규모가 워낙 크고 영향력이 광범위하다보니 사역자가 4백 명이 넘었다.

당시 댈러스 카우보이스(Dallas Cowboys)는 미국 미식축구 리그(National Football League) 최고의 팀 가운데 하나로 꼽혔다. 나는 미시건 주에서 자란 탓에 딱히 카우보이스 팬은 아니었지만 월요일마다 사역자들에게서 그 팀 이야기를 자주 들었다. 팀의 전적부터 선수별 기록과 화젯거리가 되었던 플레이, 그리고 물론 플레이오프 전망까지 어찌나 자세하게 읊는지 그 열정이 얼마나 강한지 생생하게 느낄 수 있었다.

언제부터인가 나도 호기심에 카우보이스의 경기를 보기 시작했다. 처음에는 한두 쿼터만 보는 것으로 시작되었다. 선수들이 워낙 시원시원하게 경기를 해서 볼수록 재미가 있었다. 재미도 재미지만 사무실의 직원들과의 대화에 낄 수 있게 되었다는 점에서도 좋았다.

그런데 시간이 갈수록 카우보이스에 대한 관심이 걷잡을 수 없이 강해져만 갔고, 언제부터인가 그 팀의 모든 경기를 시청하기 시작했다. 입에 침을 튀어가며 텔레비전에게 말을 걸고 선수들을 응원하며 때로는 고함을 지르기도 했다. 결국 한 경기, 아니 경기의 한 장면만 놓쳐도 잠을 이루지 못할 지경의 중병에 걸리고 말았다. 시즌이 아닌 기간에도 나와 동역자들은 만나기만 하면 드래프트에 관한 의견을 주고받으며 카우보이스의 다음 시즌을 기대했다. 어느새 나는 아무도 못 말리는 팬이 되어 버렸다!

다음 시즌이 돌아오자 나는 흥분감에 휩싸였다. 주일예배가 끝나면 집으로 직행해서 신발을 벗기 무섭게 텔레비전을 켰다. 심지어 양복을 벗을 새도 없이 소파에 앉아 텔레비전에 시선을 고정했다. 한 장면도 놓칠 수 없어 죽기 직전이 아니면 화장실에도 가지 않았다.

하프 타임이 되어서야 겨우 옷을 갈아입었다. 일단 경기가 다시 시작되면 아내가 뭔가를 도와달라고 해봐야 들은 체도 하지 않았다. "여보, 지금 중요한 상황이야!" 밥상을 차려놓고 불러도 하프 타임에 한술 뜨거나 아예 경기가 끝나고 먹지, 경기 도중에는 하늘이 무너져도 텔레비전 앞을 떠날 수 없었다.

당시 나는 카우보이스 팀의 기록을 줄줄이 꿰고 있었다. 자나 깨나 카우보이스에 관한 생각뿐이었다. 어느새 나는 사무실에서 대화를 주도할 정도의 카우보이스 전문가가 되었다. 우리 교회에는 시즌 티켓을 가진 교인들이 있었는데 그들이 경기장에 가자고 초대할 때마다 마다한 적이 없었다. 가기 싫어서 '구차한 핑계'를 대는 일은 절대 없었다.

다음 시즌으로 시계를 빨리 돌려 보자. 그 시즌이 찾아오기 직전에 나는 어떤 기도를 드렸는데 아주 간단한 기도여서 당시에는 별로 대수롭지 않게 생각했다. 그런데 나도 모르는 사이에 그것이 내 인생을 크게 변화시켰다. 그 기도는 이것이었다. "주님, 제 마음을 깨끗하게 씻어 주십시오. 거룩해지고 싶습니다. 구별되고 싶습니다. 그러니 제 삶 속에서 당신이 기뻐하시지 않는 것이나 당신보다 우선시되고 있는 것이 있다면 밝혀주시고 없애주십시오."

미식축구 시즌이 끝나가고 플레이오프가 코앞으로 다가왔다. 그날은 중요한 경기가 있는 날이었다. 카우보이스가 플레이오프 진출권을 놓고 필라델피아 이글스(Philadelphia Eagles)와 한판 붙는 날이었다. 나는 텔레비전 앞에 딱 붙은 채 요동도 하지 않았다. 소파에도 앉지 않고 텔레비전 바로 앞에 서 있었다. 마지막 쿼터 종료 8분밖에 남지 않은 시각, 카우보이스가 4점 뒤지고 있었다. 그때 카우보이스의 스타 쿼터백이 팀원들을 진두지휘해 골대를 향해 질주했다. 나는 그의 움직임 하나하나를 그대로 따라하며 실책 하나마다 절규를 쏟아내고 멋진 플레이 하나마다 기쁨의 환호성을 질렀다. 손에 땀을 쥐게 하는 박진감에 한시도 한눈을 팔 새가 없었다.

그런데 갑자기, 아무런 사전 조짐도 없이, 성령이 내게 기도를 명령하셨다. 갑작스러운 촉구하심이 물밀듯이 밀려왔다. "기도하라, 기도하라, 기도하라!" 마음 깊은 곳에서 강하고도 무거운 부담감이 느껴졌다. 당시 나는 그런 느낌이, 하던 일을 당장 멈추고 기도하라는 성령의 음성이라는 사실을 깨달아 알고 있었다.

하지만 나는 당장 순종하지 않고 큰소리로 기도했다. "주님, 8분밖에 남지 않았습니다. 이 경기만 끝나면 곧바로 기도할게요."

하지만 성령의 촉구하심은 사라지지 않고 계속되었다.

그렇게 몇 분이 흘러갔다. 그래도 나는 그 느낌이 사라지기를 바라며 끝까지 반항을 했다. "주님, 이 경기만 끝나면 다섯 기간 동안 기도할게요. 이제 겨우 6분밖에 남지 않았어요!"

카우보이스 팀이 공을 잡아 필드를 가로지르고 있었다. 나는 곧 카우보이스가 결정적인 터치다운을 성공시켜 경기를 승리로 이끌리라 믿어 의심치 않았다. 그런데 기도하라는 촉구하심은 여전히 잦아들지를 않았다. 오히려 점점 더 강해져만 갔다. 슬슬 짜증이 났다. 이 중요한 경기를 절대 놓치고 싶지 않았다.

결국 또 한 번 큰 소리로 말했다. "주님, 이 경기만 끝나면 종일 기도하겠습니다. 원하신다면 밤이라도 새울게요."

결국 나는 경기를 끝까지 다 봤다. 카우보이스가 이겼고, 나는 하나님께 약속한 대로 즉시 텔레비전을 끄고 내 사무실로 올라가 문을 닫고 카펫 바닥에 무릎을 꿇었다. 그런데 이상하게도 기도하라는 촉구하심이 더 이상 감지되지 않았다. 부담감은커녕 아무런 느낌도 없었다.

그래도 이왕 무릎을 꿇었으니 억지로 기도를 짜냈다. 하지만 내 입에서 나오는 말은 무미건조하기 짝이 없었다. 어떻게 된 것인지 깨닫기까지는 그리 오랜 시간이 걸리지 않았다. 나는 하나님의 명령보다 경기를 선택했다. 나는 경기를 '핑계'로 하나님의 요청을 거절했다.

나는 카펫에 머리를 대고 탄식했다. "주님, 남들이 하나님과 댈러스 카우보이스 중에서 무엇이 더 중요하냐고 물으면 저는 일말의 망설임도 없이 하나님이라고 대답할 겁니다. 하지만 방금 저의 행동에서 실제로 제게 누가 더 중요한지가 분명히 드러났습니다. 주님이 저를 필요로 하시는데 저는 끝내 당신보다 미식축구 경기를 선택했습니다. 주님, 용서해 주십시오!"

그 즉시 마음속에 대답이 들려왔다. "아들아, 나는 다섯 시간 기도의 제사를 원하지 않는다. 내가 원하는 것은 순종이다."

삶의 어떤 영역에서나

이런 형태의 우상 숭배는 삶의 어떤 영역에서나 나타날 수 있다. 같은 시기의 어느 날 아침, 대접에 시리얼을 부으려다가 있었던 일이 기억난다. 나는 아침식사로 시리얼을 정말 좋아한다! 그런데 그날 아침 "오늘 아침은 금식해라"라는 하나님의 속삭이심이 들렸다.

그때 시리얼을 보며 침을 질질 흘렸던 기억이 난다. "주님, 다음 주에 사흘간 금식을 할게요. 오늘만 봐주세요." 하나님의 명령에 거역하기 위한 또 다른 구차한 핑계였다. 그 일로 하나님은 내 삶 속에서 음식이 하나의 우상임을 똑똑히 보여 주셨다. 식욕이 하나님의 임재와 말씀을 향한 욕구를 앞지른 덕분에 나는 그분과 함께할 귀중한 기회를 놓치고 말았다.

비슷한 사례를 하나 더 소개하자면, 나중에 나의 골프 사랑이 도를 지나치게 되자 하루는 성령이 골프 클럽 세트 전체를 (골프에 중독되지 않은) 다른 목사에게 넘기라고 명령하셨다.

그 뒤로 골프를 끊은 지 1년 반쯤 되었을 때 하나님은 한 프로 골퍼의 마음을 움직여 수천 달러에 달하는 자신의 장비를 내게 주게 하셨다. 나는 어리둥절할 수밖에 없었다. 그런데 또 다시 몇 달 뒤, 한 목사가 하나님의 명령을 들었다며 내게 자신의 골프 클럽 세트를 내밀었다. 이제 나의 혼란은 극에 달했다.

나중에 혼자 있을 때 하나님께 도대체 무슨 일인지를 물었다. "이 골프 장비들로 뭘 하라는 겁니까?"

그러자 마음속에 음성이 들려왔다.

"가서 골프를 쳐라."

"하지만 전에 제 장비를 다 주고 골프를 치지 말라고 하시지 않았습니까?"

"이제 너의 골프 사랑은 도에서 벗어나지 않았다. 이제 적당히 즐기는 취미 수준으로 돌아왔다."

그 뒤로 나는 골프를 다시 치기 시작했고, 하나님은 골프를 통해 내게 귀한 쉼을 허락하셨다. 또한 골프는 잃어버린 사람들을 예수님께로 인도할 뿐 아니라 내 아들들, 교역자들, 사업 파트너들과 교제하는 통로로 역할도 하고 있다. 실제로 메신저 인터내셔널은 메신저 골프 토너먼트를 통해 5백만 달러 이상의 선교 자금을 마련했다. 내가 골프를 아예 끊었다면 이런 일은 일어나지 않았을 것이다. 내게 골프는 더 이상 크립토나이트가 아니다.

지금까지 내가 고백한 문제들은 죄가 아닌 죄들이었다. 사업, 사역, 스포츠, 관계, 즐거운 활동, 심지어 삶에 꼭 필요한 활동에서도 이런 죄를 지을 수 있다. 삶의 어떤 영역에서든 죄가 아닌 죄가 나타날 수 있다.

하나님은 우리가 이 삶을 즐기기를 원하신다. 성경에서 분명 그렇게 말하고 있다.

오직 우리에게 모든 것을 후히 주사 누리게 하시는 하나님(딤전 6:17).

하나님은 그분이 주신 놀라운 복을 우리가 모두 한껏 누리기를 원하신다. 하나님은 우리가 인생을 즐기기를 원하신다. 단지 우리의 우선순위 목록에서 첫 번째 자리를 항상 그분께 드릴 것만을 요구하실 뿐이다. 언제 어디서든 어떤 활동보다 하나님과 그분의 뜻이 우선이어야 한다.

구차한 핑계, 심지어 합당한 핑계도 있을 수 없다!

잔치를 놓치지 마라!

자 이제 예수님의 비유의 결론을 보자. 앞서 잔치에 초대를 받았지만 핑계를 댄 세 사람을 만나보았다. 나머지 구절을 읽어 보자.

종이 돌아와 주인에게 그대로 고하니 이에 집 주인이 노하여 그 종에게 이르되 빨리 시내의 거리와 골목으로 나가서 가난한 자들과 몸 불편한 자들과 맹인들과 저는 자들을 데려오라 하니라. 종이 이르되 주인이여 명하신 대로 하였으되 아직도 자리가 있나이다. 주인이 종에게 이르되 길과 산울타리 가로 나가서 사람을 강권하여 데려다가 내

집을 채우라. 내가 너희에게 말하노니 전에 청하였던 그 사람들은 하나도 내 잔치를 맛보지 못하리라 하였다 하시니라(눅 14:21-24).

이것은 성부 하나님이 성자를 위해 마지막 날에 베풀 어린양의 혼인 잔치를 말하는 것이 분명하다. 우리 모두는 이 잔치에 초대를 받았다. 그런데 여기서 이 땅에서의 삶에 적용되는 한 가지 원칙이 있다. 하나님이 우리의 일상을 방해하거나 우리가 정말 좋아하는 것을 포기해야만 하는 상황으로 우리를 초대하실 때는 언제나 더 좋은 뭔가를 예비해놓으셨다는 뜻이다. 그 뭔가는 바로 하나님과의 만남이며, 이 만남은 말씀과 지혜, 임재, 공급, 권고, 능력처럼 오직 그분만이 주실 수 있는 온갖 놀라운 복의 성대한 잔치로 마무리된다.

하나님은 그 댈러스 카우보이의 경기 도중에 나를 위해 뭔가를 예비해놓으셨다. 언젠가 그것이 무엇이었는지를 알게 될 것이다. 필시 하나님은 원래 내게 배정되었던 그 복을 "길과 산울타리 가"의 누군가에게 대신 주셨을 것이다.

그렇다고 해서 너무 자책하지는 않는다. 이미 용서를 빌었고 그분의 긍휼은 지극히 크기 때문이다. 단, 나는 그런 실수를 통해서 뼈저린 교훈을 얻었다. 다시는 크립토나이트에 연연하다가 하나님이 예비하신 깜짝 선물을 놓치지 않을 것이다.

하나님의 말씀이나 지혜를 받으라는 예기치 못한 초대장이 날아올 때 열일을 제쳐놓고 달려갈 때마다 우리는 강해진다. 크립토나이트가 우리를 약화시킨다는 것을 잊지 마라.

안타깝게도 계속해서 핑계를 대는 사람들이 있을 것이다. 끝까지 하나님을 최우선사항으로 삼지 않다가 성대한 잔치를 놓칠 사람들이 있을 것이다. 하나님의 집에는 방이 있고 우리 모두가 초대를 받았으니 제발 핑계를 대지 마라.

나와 함께 내가 몇 년 전에 드렸던 간단한 기도를 드리지 않겠는가? "아버지, 구주 예수 그리스도의 이름으로 간구합니다. 제 마음을 깨끗하게 씻어주십시오. 거룩해지고 싶습니다. 구별되고 싶습니다. 그러니 제 삶 속에서 당신이 기뻐하시지 않는 것이나 당신보다 우선시되고 있는 것이 있다면 밝혀주시고 없애주십시오. 당신의 잔치를 단 하나도 놓치고 싶지 않습니다!"

○ 내 삶의 크립토나이트 제거하기 ○

아무쪼록 이번 장의 끝에 소개한 기도를 드렸기를 바란다. 그랬다면 하나님이 당신을 그분께로 가까이 이끌기 위해 당신의 삶 속에서 역사를 시작하실 것이다. 그리고 그 과정에서 그분과의 사이를 방해하는 것들을 밝혀주실 것이다. 지금 그분의 역사에 적극적으로 동참하라. 당신의 삶 속에서 하나님의 초대에 대한 변명이 되어버린 것을 알려달라고 요청하라. 하나님이 밝혀 주시는 것을 적고 나서 잠시 그것을 놓고 기도하라. 그것을 어떻게 해야 할지 알려 달라고 요청한 뒤에 알려 주시는 대로 적어 보라.

이번 장의 끝에 실린 기도를 드리지 않았다면, 그 기도를 드릴 수 있는 의지와 용기를 달라고 기도하라. 기도하는 중에 하나님이 마음에 주시는 것이 있다면 뭐든 적어 보라.

6

거룩함과 친밀함으로
들어가는 문 앞에 서라

요한계시록에서 예수님은 또 다른 교회를 향해 더없이 놀라운 말씀을 하신다. 그 말씀은 우리가 이전 장에서 살핀 말씀과 매우 비슷하다.

볼지어다. 내가 문 밖에 서서 두드리노니 누구든지 내 음성을 듣고 문을 열면 내가 그에게로 들어가 그와 더불어 먹고 그는 나와 더불어 먹으리라(계 3:20).

예수님과의 잔치! 주님과 교제하는 연회! 거기서 우리는 그분의 말씀과 지혜, 권고, 능력을 비롯해서 그분의 임재에서 비롯하는 온갖 놀라운 복을 받는다. 어떤가? 그분께 직접 복을 받을 생각을 하니 갈망과 기대, 흥분이 일지 않는가? 이 잔치는 우리를 강화시킨다. 예수님이 주시는 잔치 음식은 크립토나이트와 정반대의 것이다. 이것은 마치 슈퍼맨이 태양에서 새로운 힘을 얻는 것과 비교될 수 있다. 예수님은 살아 계신 말씀이요 참된 하늘의 떡이시다. 그분의 임재는 우리에게 그 어떤 형태의 크립토나이트도 거부할 수 있는 힘을 준다.

그런데 그분은 어떤 문을 두드리고 계시는가? 많은 목사들이 구도자들을 구원으로 부르기 위해 이 성경 구절을 사용했다. 물론 그렇게 해서 많은 사람이 구원을 받았으니 좋은 일이다. 하지만 이것이 그분을 알지 못하는 사람들이 아니라 그분의 제자들인 교회에 하신 말씀이라는 점을 놓치지 말아야 한다. 하지만 어쨌든 이 말씀의 핵심은 문이 아니라 "듣고"라는 예수님의 말씀이다.

내가 집에서 귀청이 떨어질 정도로 크게 음악을 틀어놓고 있으면 중요한 손님이 찾아와 문을 두드리며 내 이름을 불러도 들을 수가 없다. 그러면 손님은 결국 그냥 가버릴 것이다.

따라서 더 중요한 질문은 "무엇이 우리로 하여금 듣지 못하게 하고 있는가?"다. 듣지 못하면 잔치를 놓칠 수밖에 없으니 이 중요한 질문에 대한 답을 고민해 보자.

거룩함

현대 교회에서 '거룩함'이란 말만 나오면 다들 움찔하며 재빨리 화제를 돌린다. '진보적인' 사람들에게 거룩함은 흥을 깨는 고리타분한 주제일 뿐이다. 무엇보다도 거룩함은 노력으로 구원을 얻는 것이나 율법주의와 동일시될 때가 너무도 많다.

하지만 사실, 거룩함은 예수님이 돌아오셔서 신부로 맞으실 교회에 관한 신약의 유일한 표현이다. 성경은 예수님이 '리더십이 이끄는' 교회나 '적절한' 교회, '연결된' 교회, 강한 '공동체'가 있는 교회를 위해 돌아오신다고 말하지 않는다. 이 모든 특징이 교회의 성장과 성공에 극도로 중요하지만 그리스도의 신부의 결정적인 특징은 아니다.

불행히도, 과거 율법주의적인 가르침으로 인해 되도록 거룩함의 문제를 다루지 않는 분위기가 싹텄다. 오늘날 대형교회를 키우기 위해서는 이 주제를 완전히 피하는 것이 옳아 보인다. 동시에 주의 깊은 리더들은 거룩함이 신약의 중심 주제 중 하나이기 때문에 다루지 않고 넘어갈 수는 없다는 점을 직시하고 있다. 그래서 궁여지책으로 그들은 다음과 같은 교리적 양념으로 거룩함을 사람들의 입맛에 맞게 요리했다. "거룩함에 관해서 개인적인 책임은 생각하지 않아도 된다. 예수님이 우리의 거룩하심이기 때문이다. 거룩함은 그리스도 안에서 확보되어 있다."

이 교리는 맞지만 완벽하지는 않다. 그것은 신약에서 거룩함의 두 가지 측면을 말하고 있기 때문이다. 오늘날 너무도 많은 가르침과 설교가 두 측면을 하나로 뭉뚱그리고 있다.

성경은 거룩함의 첫 번째 측면에 관해 이렇게 말한다.

곧 창세전에 그리스도 안에서 우리를 택하사 우리로 사랑 안에서 그 앞에 거룩하고 흠이 없게 하시려고(엡 1:4).

우리가 그 어떤 영원한 가치가 있는 일을 하기도 전에 하나님이 우리를 선택하셨다. 그리고 그렇게 선택함으로써 우리를 거룩하다 선포하셨다. 우리는 하나님이 보시기에 흠 없는 존재다. 이것은 '지위적 거룩함'(positional holiness)이다. 예수님을 영접한 날 우리는 하나님 앞에서 거룩해졌으며 여기서 더 거룩해질 수는 없다. 지금부터 백만 년이 지나도 우리는 예수님을 영접한 날보다 조금도 덜 거룩해지거나 더 거룩해지지 않는다.

비유를 들어보자면, 나는 1981년 6월 리사 토스카노(Lisa Toscano)와 결혼했다. 리사를 만난 지 얼마 되지 않아 바로 결혼을 결심했다. 그리하여 1982년 10월 2월 리사는 내 아내가 되었다. 그런데 35년이 지난 지금 리사는 나와 결혼하던 날보다 더 아내가 된 것은 아니다. 결혼 70주년이 되어도 결혼식 때보다 더 아내가 되지는 않는다. 리사는 존 비비어의 아내라는 '지위'를 지니고 있다. 리사는 그 지위를 얻기 위해 노력하거나 돈을 낼 필요가 없었다. 리사가 나의 아내인 것은 단지 내가 그녀를 선택했기 때문이다.

이것이 일부 리더들이 가르치는 거룩함이며, 이 가르침은 전혀 틀린 것이 아니다. 다만 거룩함에는 다른 측면도 있다. 이번에도 결혼의 비유로 이 측면을 설명해 보겠다.

리사는 나를 만나기 전에 작업을 걸어오는 남자들에게 전화번호를 건네고 데이트도 했다. 하지만 나와 결혼을 한 뒤에는 다른 남자들을 만나고 사귀는 '행위'를 일체 그만두었다. 이제 아내는 아내로서의 '지위'와 어울리는 '행위'만을 한다.

사도 베드로의 말을 들어보자.

> 너희가 순종하는 자식처럼 전에 알지 못할 때에 따르던 너희 사욕을 본받지 말고 오직 너희를 부르신 거룩한 이처럼 너희도 '모든 행실'에 거룩한 자가 '되라'(벧전 1:14-15).

위에서 나는 두 단어를 강조했다. 첫째, "되라"라는 명령 표현에 주목하라. 여기서 베드로가 요구하는 행실은 선택사항이 아니다. 둘째, 베드로는 그리스도 안에서 우리의 '지위'가 아닌 '행위'를 말한 것이다. 'AMP' 성경을 보면 더 정확히 알 수 있다. "너희의 모든 '행실과 삶의 방식'에서도 거룩해지라." 이것은 지위가 아니라 행위의 거룩함이다. 이것은 결혼 후에 리사의 행동이 바뀐 것과 비슷하다. 우리의 행위는 지위를 반영해야 한다.

여기서 충돌이 시작된다. 신앙생활 초기에 나는 거룩하게 살려고 무척 노력했지만 번번이 실패했다. 그로 인한 좌절감은 이루 말할 수 없었다. 그러다 하나님의 은혜를 발견했다. 나는 은혜가 우리 스스로 할 수 없는 것을 하게 해 주는 하나님의 능력주심이라는 사실을 깨달았다. 처음에는 아무리 발버둥을 쳐도 포르노를 비롯한 악한 습관에서 해방될 수 없었다. 하지만 은혜를 발견한 뒤에는 그 은혜를 믿고 그것에 협력한 덕분에 마침내 자유를 얻게 되었다.

그런데 안타깝게도 몇 년 전 우리 단체는 조사를 통해 교회의 슬픈 현주소를 확인했다. 교단을 막론하고 전국의 여러 교회를 찾아가 5천 명 이상의 거듭난 교인들을 상대로 설문조사를 했다. 그때 하나님의 은혜에 관해 세 개 이상의 정의를 써보라고 했더니 거의 모든 답이 하나님의 은혜를 구원과 죄의 용서, 자격 없이 값없이 주시는 선물, 하나님의 사랑에 연결시켰다. 여기까지는 좋았지만 안타까운 사실은 은혜가 하나님의 능력주심이라는 사실을 아는 교인은 2퍼센트도 채 되지 않았다는 것이다. 하지만 하나님은 직접 이렇게 말씀하셨다. "내 은혜가 네게 족하도다. 이는 내 능력이 약한 데서 온전하여짐이라"(고후 12:9). 보다시피 하나님은 자신의 은혜를 능력주심으로 소개하셨다.

베드로도 비슷한 말을 했다. "은혜와 평강이 너희에게 더욱 많을지어다. 그의 신기한 능력으로 생명과 경건에 속한 모든 것을 우리에게 주셨으니"(벧후 1:2-3). 베드로는 하나님의 은혜가 경건한 삶 곧 거룩한 삶을 살게 해 주시는 능력이라고 말하고 있다.

믿지 않으면 하나님께 어떤 것도 받을 수 없다. 그런데 알지 못하는 것을 믿을 수는 없다. 미국 크리스천 중 약 2퍼센트만 은혜가 우리에게 능력을 준다는 사실을 안다면 나머지 98퍼센트는 자기 힘으로 거룩하게 살려고 애쓰고 있다는 말인데, 그것은 헛수고에 불과하다. 결국 좌절과 패배감, 우울증, 자괴감, 죄책감에만 빠질 뿐이다.

그렇다면 많은 설교자들이 거룩함의 모든 측면을 '지위' 범주로 몰아넣은 이유가 분명해진다. 혼자 힘으로 거룩한 삶을 살지 못해 낙심에 빠진 크리스천들이 너무도 많았기 때문이다. 은혜는 구원과 용서에 대한 하나님의 답일 뿐 아니라 거룩한 삶을 살게 해 주는 하나님의 능력이다. 히브리서 기자는 이렇게 말한다.

거룩함을 따르라. 이것이 없이는 아무도 주를 보지 못하리라. 너희는 하나님의 은혜에 이르지 못하는 자가 없도록 하고(히 12:14-15).

이 두 구절에는 많은 의미가 숨어 있다. 첫째, "따르라"라는 단어에 해당하는 헬라어는 '디오코'(dioko)다. 이 단어의 정의는 "뭔가를 얻기 위해 열심히 그리고 부지런히 따라가고 추구하는 것"이다(WSNTDICT). 또 다른 사전은 "분명한 목적이나 목표를 세우고서 열심을 다해 뭔가를 하는 것"으로 정의한다(LOUW-NIDA).

이 두 정의를 읽고 나서 가장 먼저 물어야 할 질문은 이 거룩함이 '지위'인가 '행위'인가 하는 것이다. 답은 간단하다. '행위'일 수밖에 없다. 이런 식으로 생각하면 간단하다. 내가 아내에게 "여보, 내 아내의 지위를 얻기 위해 좀 더 열심히 노력해요"라고 하는 것이 말이 되는가?

그러면 아내는 어이없다는 듯 웃으며 "저는 이미 당신의 아내인걸요"라고 대답할 것이다.

'지위'에 대해서 우리는 이미 거룩해졌다. 더 이상 거룩함의 지위를 추구할 필요는 없다. 따라서 히브리서 기자는 '행위'를 말한 것이 분명하다.

우리는 거룩한 '행위'를 부지런히 추구해야 한다. 열심을 다하지 않으면 "하나님의 은혜에 이르지" 못한다. 우리가 오늘날 설교자들이 전하는 구원의 은혜에 이르지 못하는 것은 불가능하다. 하지만 은혜를, 거룩한 행위를 좋게 해 주는 하나님의 능력주심으로 이해하면 은혜에 이르지 못하는 사태가 충분히 발생할 수 있다.

히브리서 기자는 "은혜를 받자. 이로 말미암아 경건함과 두려움으로 하나님을 기쁘시게 섬길지니"라는 말로 이 장을 마무리한다(히 12:28). 그렇다. 은혜는 우리에게 하나님을 기쁘시게 섬기고 거룩한 삶을 살 능력을 준다.

이제 중요한 부분으로 넘어가보자. "거룩함을 따르라. 이것이 없이는 아무도 주를 보지 못하리라"(히 12:14). 도대체 무슨 말인가? 모두가 예수님을 보게 되는 것이 아닌가? 성경은 분명 그렇게 말하고 있다. "볼지어다. 그가 구름을 타고 오시리라 각 사람의 눈이 그를 보겠고 그를 찌른 자들도 볼 것이요."(계 1:7) 그런데 거룩함이 없으면 주님을 보지 못한다니 도대체 무슨 뜻인가?

예수님을 보는 것

거룩함을 좇는 자들에게 약속된 '주를 보는 것'이 무슨 뜻인지 비유로 설명해 보겠다. 나는 58년 동안 미국 시민으로 살면서 열두 명의 대통령을 경험했다. 나는 그들의 통치 아래서 살았다. 그래서 그들의 결정이 내 삶에 영향을 미쳤다. 나는 그들 한 명 한 명을 "우리 대통령"이라고 부르곤 한다. 하지만 나는 그들 중 한 명도 실제로 '본' 적이 없다. 반면, 친구나 곁에서 일하는 관리로서 대통령을 수시로 '보는' 미국 시민들도 있다. 이 특권층들은 자주 대통령을 '곁에서 볼' 수 있다.

58년을 살면서 나는 미국 대통령들에 관해 많은 사실을 알게 되었다. 각 대통령의 노선이며 개인적인 역사까지 대중에게 공개된 정보들은 나도 잘 알고 있다. 하지만 대통령들 곁에서 일해본 적은 없기 때문에 대중에게 알려지지 않은 내밀한 부분은 전혀 모른다. 그들 중 누구와도 사적인 친구가 되는 영광을 누려본 적도 없다.

이와 비슷하게, 예수님의 통치 아래 있는 크리스천들이 있다. 예수님은 그들의 리더이시기 때문에 그분의 결정은 그들의 삶에 영향을 미치고 그들은 그분을 '주님'이라 부른다. 하지만 그분을 보지 못하고 그분의 임재 안에 있지 못하다. 그럴 리가 있냐고 반문할지 모르겠지만 예수님은 분명 그렇게 말씀하셨다.

> 나의 계명을 지키는 자라야 나를 사랑하는 자니 나를 사랑하는 자는 내 아버지께 사랑을 받을 것이요 나도 그를 사랑하여 그에게 나를 나타내리라(요 14:21).

"나를 나타내리라"라는 대목을 보라. 예수님의 '계명'을 지키는 것은 곧 거룩한 행위를 추구하는 것이다. 이렇게 하는 자는 주님을 보게 된다. 주님이 그런 사람에게 자신을 나타내시기 때문이다. 주님은 그런 사람에게 그분의 '임재' 안으로 들어오는 문을 열어주신다. 그와 주님의 관계는 단순히 피통치자와 통치자의 관계를 넘어 친구 관계로 발전한다. 예수님의 말씀을 다시 들어보자.

너희는 내가 명하는 대로 행하면 곧 나의 친구라(요 15:14).

보다시피 이 구절은 조건절이다. 우리는 예수님이 우리의 친구라는 내용의 노래를 부르고 책을 쓰고 설교를 전한다. 하지만 그분의 우정은 '조건부' 우정이다. 그분과 친구가 되려면 진정한 거룩함을 갖춰야 하며, 그러기 위해 최선을 다하는 사람은 '종'에서 '친구'로 신분이 상승한다. 예수님은 그분께 끝까지 충성을 다하는 사람들에게 "이제부터는 너희를 종이라 하지 아니하리니"라고 말씀하신다(요 15:15). 여기서 "이제부터는"이란 표현은 한때는 그들이 친구가 아니라 종이었다는 뜻이다.

물론 하나님의 종은 전혀 나쁜 지위가 아니다. 사실, 그분과 전혀 관계가 없는 것보다 훨씬 더 좋은 상황이다. 하지만 종은 친구가 '무엇'을 하는지만 알 뿐 '왜' 하는지는 모른다. 반면, 친구는 대체로 그것을 안다.

"하지만 우리 모두는 하나님의 아들딸이지 않은가?"라고 반문할지도 모르겠다. 물론 그렇다. 그러나 "유업을 이을 자가 모든 것의 주인이나 어렸을 동안에는 종과 다름이 없어서"라는 바울의 말을 기억할 필요성이 있다(갈 4:1). 아들이나 딸이 어린아이일 때는 대개 하나님이 하시는 일만 볼 뿐 그 이면의 이유를 알지는 못한다.

그런데 아들이나 딸이 자라서 친구가 되는 것은 아이에게나 부모에게나 놀라운 경험이다. 하나님의 가족도 마찬가지다. 우리 아버지께서 우리에게 더 많은 비밀을 알려 주시면서 관계의 역학이 변한다. 나아가 우리 자신도 변한다. 이제 단순히 그분께 거역하지 않는 수준을 넘어 그분을 실망시키지 않기 위해 더욱 분발하게 된다. 물론 계속해서 순종하려고 노력하지만 이제는 억지로 순종하지 않고 그분을 실망시키지 않기 위해 순종한다.

예수님과의 참된 친밀함으로 가는 문

따라서 거룩함은 율법주의자들이 보여 주는 것과 달리 그 자체로서 목적이 아니다. 거룩함은 예수님과의 참된 친밀함 속으로 들어가는 입구다. 이제 예수님이 말씀하신 "문"의 정체가 드러난다. 문은 바로 신자의 마음이다. 우리가 거룩함을 추구하지 않으면 듣고 반응할 능력을 상실한다. 그리고 그렇게 되면 예수님과의 잔치를 놓치고 만다. 이것은 정말 중요한 사람이 현관을 두드리는데 집안이 너무 시끄러워서 그 소리를 듣지 못하는 상황과 비슷하다. 그 귀한 손님은 여러 번 문을 두드리고 심지어 우리의 이름까지 부르다가 결국 지쳐서 가버린다.

거룩함을 가르치지 않음으로써 우리가 한 짓은 모든 신자의 가장 큰 소원인 우리 왕과의 친밀함으로 가는 길을 막아버린 것이다! '죄를 덮어 주는 은혜'만 가르치고 '능력을 주는 은혜'에 관해서는 쉬쉬함으로써 우리는 문을 닫고 아예 자물쇠를 잠가버렸다. 은혜는 죄를 덮을 뿐 아니라 능력을 주는데 우리는 그 은혜의 가치를 반감시켜버렸다. 하지만 주님과 우정을 누리려면 능력 측면에 반드시 필요하다.

아내와 나는 인디애나 주에서 발급한 혼인증명서를 갖고 있다. 따라서 우리는 법적으로 확실한 부부다. 그런데 내가 아내의 면전에 혼인증명서를 흔들며 "보다시피 우린 법적 부부요. 그런데 미안하지만 나는 바람을 피우고 있소"라고 말한다면? 그래도 법적으로 우리는 아직 부부이지만 분명 아내는 더 이상 내게 속 깊은 이야기와 남모를 비밀을 털어놓지 않을 것이다. 사실상 친밀함은 끝날 것이다. 이제 우리는 더 이상 친구가 아니다. 그렇게 사는 것이 의미가 있을까? 한 지붕 아래서 남남처럼 살려고 결혼을 한 것인가? 만약 내가 계속해서 삐딱하게 굴면 결국 우리의 결혼생활도 종지부를 찍을 것이다.

혹시 우리가 교회에서 가르치는 것들이 이와 비슷한 행동을 조장하지는 않았는가? 우리가 부담스러운 내용은 모조리 가지치기한 반쪽짜리 성경책을 들고, 어떻게 행동해도 상관없다고 외치고 있지는 않은가? 우리가 "우리는 영접기도를 드리고 은혜로 구원을 받았으니 이제 무슨 짓을 해도 상관없이 당신께 속한 것 아닙니까?"라고 예수님께 주장하면서 세상과 한 침대에 누워 불륜을 저지르고 있지는 않은가? 과연 예수님이 이런 우리에게 그분의 깊은 속마음을 알려 주실까?

내가 외도를 저지르지 않는 것은 침대에 나란히 누워 아내가 세상 누구에도 말하지 않는 비밀을 내 귓가에 속삭이는 그 특별하고도 친밀한 시간을 절대 잃고 싶지 않기 때문이다. 이 귀한 여인과 은밀히 사랑을 속삭이는 즐거움을 절대 놓치고 싶지 않다.

예수님께 대해서도 마찬가지다. 내가 그분 앞에서 간음을 저지르지 않는 것은 그분과의 친밀한 우정을 잃고 싶지 않기 때문이다. 세상에 그분과의 친밀함보다 더 좋은 것은 없다. 그 어떤 지위나 부, 쾌락, 활동, 인기, 죄도 더 중요하지 않다.

"네가 알지 못하는 크고 은밀한 일을 네게 보이리라."(렘 33:3) "그는 깊고 은밀한 일을 나타내시고"(단 2:22). "다시는 비유로 너희에게 이르지 않고…밝히 이르리라"(요 16:25). 친밀함에 관한 이런 약속이 없는 삶은 상상도 하기 싫다. 물론 장래 일을 보여 주신다는 성령의 약속도 절대 놓칠 수 없다(요 16:13을 보라).

거룩함은 부정적인 것이 아니다. 오히려 신약에서 가장 긍정적인 진리 가운데 하나다. 그 잠재력을 인정으로 이해하면 누구나 온 동네가 떠나갈 듯 환호성을 지를 수밖에 없다!

○ 내 삶의 크립토나이트 제거하기 ○

거룩함은 부담스러운 단어가 아니다. 오히려 패스워드다. 거룩함은 하나님의 음성을 들을 수 있도록 우리 마음의 문을 열어주는 열쇠다. 거룩함이 없으면 하나님이 아무리 말씀하셔도 들을 수 없다. 이 거룩함은 예수님의 희생으로 인해 하나님이 주시는 것이 아니다. 이것은 우리가 우리의 생각과 말과 행동으로 실천해야 하는 거룩함이다.

그렇다고 해서 하나님이 우리 혼자 아등바등하도록 놔두시는 것은 아니다. 하나님은 우리에게 바로 은혜를 주신다! 구원하는 은혜도 놀랍고 감사하지만, 하나님의 은혜는 거기서 멈추지 않고 우리가 거룩한 삶으로 하나님을 기쁘시게 할 수 있는 능력을 준다.

지금 하나님을 찾으라. 더 이상 기다리지 말고 지금 당장 하나님께 은혜를 달라고 기도하라. 당신의 삶에서 하나님의 은혜가 가장 필요한 영역이 무엇인지 깊이 고민한 뒤에 그분의 음성을 차단하고 있는 모든 것을 극복할 은혜로 충만하게 해 달라고 기도하라.

하 나 님 의
수 퍼 영 웅 으 로 살 라

왜 슈퍼 영웅에 관한 영화의 인기가 절대 식지 않는지 아는가? 생각해 보라. 슈퍼 영웅 영화는 언제나 전쟁 영화나 서부 영화, 첩보 스릴러, 심지어 멜로 영화보다도 많은 관객을 끌어 모은다. 게다가 남자들만 열광하는 게 아니다. 나는 슈퍼 영웅 사랑을 공공연하게 떠들고 다니는 여성들을 심심치 않게 본다. 왜일까? 우리는 더 나은 세상을 갈망하도록 창조되었기 때문에 우리의 슈퍼 영웅들은 이런 내적 갈망을 대리만족시켜

준다.

슈퍼맨에 관해 생각해 보자. 도저히 극복할 수 없을 것만 같은 고난이 닥쳐 아무런 희망도 없어 보일 때 갑자기 기자 클라크 켄트가 신문사에서 몰래 빠져나와 공중전화박스로 들어간다. 그리고 잠시 후 하늘로 날아올라 사람들을 구하러 간다. 슈퍼맨이 무적처럼 보이는 악당들을 무찌를 때의 짜릿함과 통쾌함은 이루 말할 수 없다. 불의가 멈추고 희생자들이 풀려나고 질서가 다시 회복되는 모습에 우리도 모르게 환호성을 지른다.

이렇게 우리가 슈퍼 영웅들이 악을 무찌를 때 환호하는 것은 내면 깊은 곳의 갈망을 채워주기 때문이다. 알다시피 태초에 하나님은 "자기 형상 곧 하나님의 형상대로" 우리를 창조하셨다(창 1:27). 또한 성경은 "여호와는 용사시니"라고 말한다(출 15:3). 이 진리에 관해 생각해본 적이 있는가? 사실, 이것은 하나님의 본성 중에서 좀처럼 언급되지 않는 측면이다. 마치 우리는 이 진리로 무엇을 해야 할지 몰라 안절부절 못하는 모습이다. 하지만 이사야는 이 진리를 다시 선포한다.

> 여호와께서 용사 같이 나가시며 전사 같이 분발하여 외쳐 크게 부르시며 그 대적을 크게 치시리로다(사 42:13).

불의와 싸우는 용사는 바로 영웅이다. 예수님의 경우에는 '진정한' 슈퍼 영웅이시다. 그분은 정복자시다.

이사야가 펜을 들어 이 글을 쓰기 훨씬 전에 여호수아는 그분을 봤다. 우리의 왕은 어린양이 아닌 검을 들고 계셨으며 스스로를 "여호와의 군대 대장"으로 밝히셨다(수 5:14).

이사야가 펜을 들어 이 글을 쓰고 나서 오랜 뒤에 사도 요한도 그분을 보고 훨씬 더 놀랍게 묘사했다. "그 눈은 불꽃 같고." "그의 입에서 예리한 검이 나오니"(계 19:12-15).

그분은 용사시다! 알다시피 용사는 유약하고 나긋나긋하지 않다. 행동 중의 용사는 강한 집중력과 결단력을 발휘하며 범 같이 용맹스럽다.

이제 초점을 우리에게 맞춰보자. 예수님이 요한계시록의 일곱 교회 모두에 사실상 이런 말씀을 하셨다는 사실을 아는가? "승리하는 혹은 이기는 모든 이에게…" 그런데 승리할 것이 없다면 어떻게 우리가 승리자가 될 수 있겠는가? 전쟁이 없다면 어떻게 우리가 이길 수 있겠는가?

오늘날 이 소명을 가볍게 여기는 이들이 너무도 많다. 그들은 그리스도 안에서 우리의 정체성이 우리를 승리자로 만들어 준다고 말한다. 다시 말해, 예수님이 승리자이시기 때문에 그분 안에 있는 우리도 자동적으로 승리자가 된다는 것이다. 우리의 지위를 말하는 것이라면 맞는 말이다. 하지만 그것은 완전한 진리가 아니다. 구원만 받으면 자동적으로 승리하게 된다면 예수님이 일곱 교회 모두에게 "이기는 자"라고 말씀하셨을 리가 없다.

우주에도 악당이 있고, 그 악당의 이름은 사탄이다. 사탄은 절대 멍청하지 않은 졸개들의 군단을 거느리고 있고, 사탄 군대의 첫 번째 목표는 우리를 저지시키고 붙잡고 통제하는 것이다. 사탄은 이 목적을 위해 1년 365일 밤낮으로 일한다. 하지만 놈은 이미 무장해제 되었다. 당신과 나에 대한 놈의 권세와 힘은 이미 공중분해 되었다.

마찬가지로, 슈퍼맨의 악당도 슈퍼맨을 어쩔 수 없었다. 하지만 사악한 천재성으로 그는 슈퍼맨을 무력화할 크립토나이트를 찾아냈다. 덕분에 그는 슈퍼맨을 붙잡고 통제할 힘을 얻었다. 사탄도 자신을 파멸시켰던 그것을 우리에게 사용하고 있다. 그것은 바로 영적 크립토나이트다. 사탄은 기름부음을 받은 그룹이었을 당시에 하늘에서 그것을 형성시켰다(겔 28:14-16). 그는 그것이 우리를 약화시키고 우리의 하나님 나라 능력을 무력화시킨다는 사실을 잘 알고 있다.

우리의 진짜 악당 사탄은 우리가 영적 크립토나이트의 정체를 알면 멀리할 줄 알고서 그것을 교묘하게 포장한다. 그 속임수에 넘어가면 어떤 일이 일어나는지 경험해봤는가? 잠깐은 즐거울지 모르지만 속으로는 점점 약해질 뿐 아니라 불행과 불만족에 빠지고 만다. 승리자의 본성에서 분리되어 햇빛이나 물을 공급받지 못하는 풀처럼 변한다. 내면에서 시시각각 시들어간다.

당신은 진짜 수퍼 영웅!

사랑하는 하나님의 자녀여, 당신의 진정한 정체성으로 돌아가라. 당신은 우리 세대의 진짜 슈퍼 영웅으로 부름을 받았다. 당신 안에는 승리에 필요한 모든 것이 있다. 이것은 영화 속의 이야기가 아니다. 나는 온 세상을 돌면서 그리스도의 몸 전체를 자세히 만져보았다. 나는 교회 공동체 전체와 각 교인들에게 무엇이 가능한지를 분명히 엿보았다.

밤새도록 사례를 소개할 수 있지만 몇 가지 사례를 맛보기로 보여 줄까 한다. 나는 세계에서 인구가 가장 많은 이슬람 국가에 가서 14만 명 이상이 모인 교회에서 여러 번 설교를 했다. 그중 반 이상이 이슬람교도에서 회심한 사람들이었다. 그 교회의 본당 좌석은 3만5천 석밖에 되지 않아 주일 예배를 여러 번 나눠서 드려야 했다. 내가 직접 가서 보지 않았다면 도저히 믿지 못했을 것이다. 이 교회는 혹독한 환경 속에서도 나날이 성장하는 실로 강력한 교회다. 이 교회의 용사들은 영웅이요 승리자들이다.

이 교회 목사의 둘째 아들은 태어날 때 뇌 손상을 입어 말할 수도 걸을 수도 없다는 진단을 받았다. 의사들은 그 아이가 얼마나 살지 모르지만 그나마 식물인간으로 살아야 한다고 말했다.

하루는 하나님이 이 목사에게 말씀하셨다. "내가 어디에 있느냐?"

"하늘 보좌에 계십니다." 목사가 대답했다.

"아니다. 나는 네 안에 있다. 그러니 네 아들의 뇌를 향해 말해 새로운 뇌를 창조해라. 그 옛날 내가 네가 지금 보는 모든 것을 말씀으로 창조한 것처럼 말이다."

목사는 순종하는 마음으로 매일 예수님의 이름으로 아들의 뇌를 향해 선포했다. 그러자 놀랍게도 아들이 말하기 시작했다. 이번에는 하나님이 다리를 향해서도 선포하라고 명령하셨다. 감사하게도 아이는 여섯 살에 걷기 시작했다. 나는 그 아이와 골프도 함께 쳤는데 지금은 결혼해서 세 아이를 낳았다고 한다.

이 목사는 크립토나이트에 무릎을 꿇지 않은 승리자다.

최근에 한 국가를 방문해서 한 교회 운동의 목회자들과 리더들에게 메시지를 전했다. 주최 측에서 보내준 차를 타고 경기장으로 도착했을 때 눈앞에 펼쳐진 엄청난 광경에 벌린 입을 다물 수 없었다. 경기장에는 무려 12,500명의 리더들이 모여 있었다. 그들의 불같은 열정에 내 몸이 탈 것만 같았다.

이튿날 핵심 리더들과 점심식사를 함께 했는데, 알고 보니 그들의 네트워크에 속한 사람들이 30만 명이 넘는다고 했다. 나는 한두 세대 전이라는 답을 예상하며 그 운동이 언제 시작되었는지 물었다. 그런데 이럴 수가, 불과 16년 전에 시작되었다는 것이 아닌가.

나는 그야말로 기절하는 줄 알았다.

"이렇게 잘 사는 나라에서 어떻게 이런 일이 일어날 수 있는지, 도대체 비결이 뭡니까?"

그 중에서 영어를 가장 잘하는 리더가 주저 없이 대답했다.

"우리는 사람들에게 영원을 위해 살라고 가르칩니다."

나는 할 말을 잃었다.

그 리더가 계속해서 말했다.

"미국에서 여러 교회에 가봤는데 하나같이 칠십에서 팔십 년의 시각으로 살더군요. 하지만 저희는 영원한 시각으로 살아갑니다."

이런 시각 덕분에 그들은 영적 크립토나이트의 위험을 우리보다 더 잘 감지할 수 있다.

아내와 함께 아르메니아 예레반에서 3,500명의 목사들과 리더들 앞에서 메시지를 전했던 기억이 난다. 당시 이란에서도 많은 리더가 넘어왔다. 쉬는 시간에 한 젊은 여성과 이야기를 나누게 되었는데, 그녀는 이렇게 잠깐 나와 있는 사이에 벌써 이란 경찰에게서 소재를 확인하는 전화가 왔다고 말했다.

"그렇게 생명까지 위험한 곳으로 왜 돌아가려고 하시나요?"

나도 모르게 그렇게 불쑥 물었다.

"제가 돌아가지 않으면 누가 이란 사람들에게 예수님을 전하나요?"

그 말에 쥐구멍에라도 들어가고 싶은 심정이었다. 그 여성은 크립토나이트에서 멀찍이 떨어져 사는 사람이 분명했다.

몇 년 전, 한 교회가 두 달 넘게 매일 집회를 열었는데 매일 밤 4천 명이 예배당을 꽉 채웠다. 그때 수많은 사람이 구원을 받고 질병에서 고침을 받고 귀신에게서 해방되었다. 그러던 어느 날 밤, 예수님이 나타나셨다. 많은 사람이 그분을 목격하고서 울부짖었다. 비록 잠깐이었지만 예수님은 사라지면서 임재의 증거를 남기셨다. 예배당 벽에 가로 2미터 세로 2.5미터에 달하는 예수님 얼굴의 흔적이 남은 것이었다. 그 형상은 마치 토리노의 수의처럼 보였다. 그 흔적은 이후 18개월 동안 남아 있다가 서서히 희미해져서 나중에는 완전히 사라졌다.

또 다른 밤, 앰뷸런스 한 대가 교회 옆문 중 하나로 후진해서 들어왔다. 차가 서자마자 응급요원들이 한 남자를 들것에 실어 예배당 안으로 급히 후송했다. 남자의 생명은 24시간도 채 남지 않았을 정도로 위태위태했다. 그때 하나님의 능력이 지극히 강하게 임했다. 그 남자는 씻은 듯이 치유되어 그날 밤 안으로 직접 들것을 밀고 나갔다.

나는 그 현장에 있었을 뿐 아니라 그 교회 목사의 수석 비서였기 때문에 이 모든 기적을 직접 두 눈으로 목격했다.

나는 한 사역 기관의 사무실로 걷잡을 수 없이 돌진하던 화마가 기적적으로 멈추는 광경을 목격했다. 나는 태풍이 잠잠해지거나 방향을 바꾸는 것처럼 인간의 과학으로 설명할 수 없는 기적들을 목격했다. 나는 청각장애인이 듣고 시각 장애인이 보며 절뚝발이가 힘차게 걷는 광경도 보았다. 나와 절친한 한 사역자는 멕시코를 비롯한 중남미에서 죽은 사람을 되살리는 기적을 숱하게 행했다. 나는 하나님의 임재가 강하게 나타나, 8천 명이 넘는 사람들이 발 디딜 틈도 없이 메운 스타디움에서 기적들이 일어나고 인생들이 180도로 변화되는 현장에 있었다.

직접 보지는 못했지만 부족이나 공동체 전체가 구원을 받고 문화가 완전히 변했다는 실화들도 알고 있다. 요즘 세상에서 이런 사건은 극도로 드물지만, 나는 초대 교회에서처럼 이런 일이 흔해지고 오히려 더 놀랍게 나타나는 날이 급속도로 다가오고 있다고 믿는다.

예수님을 바로 아는 일

이 모든 사람들과 사건들의 중심에는 초대 교회에 있던 것이 있다. 이것은 복음서들과 사도행전에서 계속해서 언급되고 기록된 것이며, 우리도 이것을 가질 수 있다. 이것은 세 단어로 요약될 수 있다. 권세와 능력, 대담함.

성경에서 우리는 예수님의 등장만으로 온 마을과 도시가 완전히 변화되는 모습을 볼 수 있다. 일례로, 예수님이 회당에 들어가서 얼마 있지 않아 "뭇 사람이 그의 교훈에 놀라니 이는 그가 가르치시는 것이 권위 있는 자와 같고 서기관들과 같지 아니함일러라"(막 1:22).

잠시 후 "마침 그들의 회당에 더러운 귀신 들린 사람이 있어 소리 질러 이르되 나사렛 예수여, 우리가 당신과 무슨 상관이 있나이까? 우리를 멸하러 왔나이까?"(23-24절)

그러자 예수님은 "잠잠하고 그 사람에게서 나오라"라고 명령하셨다. 그 순간, 악한 영이 소리를 지르며 그 사람에게 발작을 일으킨 다음 떠나갔다. 회당 안에 극심한 놀라움이 가득했다. 모두가 예수님의 권세와 능력, 대담함을 두려워했다. 그 사건으로 온 동네가 발칵 뒤집혀, 이튿날 온 마을 사람들이 예수님을 찾아 나섰다(21-38절을 보라). 알다시피 복음서를 뒤져보면 이런 예가 꼬리를 문다.

이 땅에서의 마지막 순간 예수님은 진정으로 놀라운 선포를 하셨다. "아버지께서 나를 보내신 것 같이 나도 너희를 보내노라"(요 20:21). 아직도 놀랍지 않다면 더 기가 막힌 선포를 들어보라. "내가 진실로 진실로 너희에게 이르노니 나를 믿는 자는 내가 하는 일을 그도 할 것이요 또한 그보다 큰일도 하리니"(요 14:12).

예수님과 같은 일, 그리고 더 큰일? 과연 그것이 가능한가? 물론이다. 예수님이 말씀하셨으면 백 번 가능하고도 남는다! 초대 교회 교인들은 이 현실을 넘치도록 경험했다. 그들이 얼마나 놀라운 권세와 능력, 대담함을 발휘했던지 불과 며칠 만에 온 마을과 도시가 예수님 앞으로 나아올 정도였다. 그리고 내가 목격하거나 들은 현재의 사건들도 그에 못지않다.

초대 교회 시대에 예루살렘만 보더라도 온 도시에 영향을 받지 않은 사람이 단 한 명도 없었다. 불과 며칠 만에 모든 시민에게 세 가지 중 한 가지 일이 일어났다. 놀라운 사건들에 놀라거나, 예수님의 선포에 분노하거나, 하나님의 나라에 끌리거나. 초대 교회는 기하급수적으로 성장하여 큰 권능을 펼치며 온갖 놀라운 기적을 경험했다. 한번은 태어날 때부터 앉은뱅이였던 남자가 매일 남들의 도움으로 집회에 오다가 완전한 치유를 받았다. 그가 순식간에 일어나 펄쩍펄쩍 뛰며 소리를 지르자 수많은 구경꾼이 모여들어 놀라워했다!

당국은 이 운동의 상승세를 꺾기 위해 베드로와 요한을 체포했다. 그리하여 그들은 공의회 앞으로 불려갔는데, 거기서 다음과 같은 평을 들었다.

> 그들이 베드로와 요한이 담대하게 말함을 보고 그들을 본래 학문 없는 범인으로 알았다가 이상히 여기며 또 전에 예수와 함께 있던 줄도 알고(행 4:13).

'담대함'이 의원들의 관심을 끌었다. 보통 사람 같았으면 도시의 최고 실세들 앞에서 바로 꼬리를 내렸을 것이다. 최소한, 할 말을 다하지는 못했을 것이다. 하지만 베드로와 요한은 큰 위험 앞에서도 당당했다.

이 담대함, 이 능력이 도대체 어디에서 왔을까? "전에 예수와 함께 있던"이란 말에서 답을 발견할 수 있다. 그들은 전에 예수님과 함께 있었고 지금도 여전히 주님의 임재 안에 있었다. 그들은 주님이 하셨던 것과 똑같은 일을 했고, 그 결과 온 도시들이 변화되었다. 그들은 거룩한 사람들이었다. 초대 교회 교인들은 크립토나이트를 멀찍이 치워버리고 예수님 곁에 가까이 머무는 편을 선택했다. 그분에게서 직접 힘을 공급받으니 그토록 큰 담대함과 권세, 능력을 발휘할 수밖에.

불행히도 역사를 보면 고린도교회는 자신들의 도시에 영향을 미치지 못했다. 예루살렘, 그리고 나중에는 사마리아와 욥바, 룻다, 사론, 안디옥을 비롯한 유대와 아시아 전역에서 나타난 거대한 역사가 고린도교회에서는 나타나지 않았다. 고린도 교인들은 약해져서 주변 세상에 영향을 미칠 힘이 없었다. 놀라운 사실은 그들이 성령의 은사를 믿고 발휘했다는 것이다. 그래서 약간의 기적적인 일이 벌어지기도 했으나 도시 전체에 영향을 미칠 정도는 되지 못했다.

우리 세대에 어떤 일이 벌어지기를 원하는가? 도시들이 영향을 받고 변화되는 놀라운 역사가 다시 나타날 수 있을까? 내가 여러 도시의 여러 교회에서 초대를 받아 수많은 청중 앞에서 메시지를 전할 때가 많지만, 교회가 변화시키지 못하고 있는 사람들이 수없이 많다는 사실을 생각하면 한없이 슬퍼진다. 왜 현대 교회는 마을과 도시, 지역 전체에 영향을 미치지 못하고 있는 것일까? 크립토나이트에 당했기 때문이 아닐까?

하나님은 구약에 기록된 한 사사의 삶을 통해 우리의 운명을 밝혀주셨다. 그 사사의 이름은 바로 삼손이다. 삼손은 처음에는 불순종의 흙탕물에 한두 번 발을 담그다가 어느새 그 흙탕물에 온 몸을 담그고 뒹굴게 되었다. 결국 그는 크립토나이트에 온 힘을 빼앗겨 뼈저린 대가를 치르고 말았다. 더 이상 예전과 같은 초인적인 능력을 발휘할 수 없었다. 하지만 큰 고난을 겪은 뒤에는 회개하고 힘을 되찾았다. 마지막 순간에 그는 힘을 잃기 전에 이루었던 모든 업적보다도 훨씬 큰 업적은 단번에 이루었다.

다니엘 선지자는 마지막 날에 어떤 역경에도 굴복하지 않을 세대에 관한 예언을 했다.

> 자기의 하나님을 아는 백성은 강하여 용맹을 떨치리라(단 11:32).

이 군대의 힘의 원천은 친밀하게 "자기의 하나님을 아는" 것이다. 그리고 이 친밀함으로 가는 문의 열쇠는 바로 진정한 거룩함이다.

크립토나이트에 작은 틈조차 주지 마라

자 이제 선포한다. 당신은 자신의 삶에서 승리할 뿐 아니라 주변 세상을 변화시킬 영웅이요 용사로 하나님께 부름을 받았다. 강하고 담대하게 살라. 왕께서 당신을 원하시니 그분께 가까이 다가가라. 그분이 당신을 가까이 두고 능력주시기를 원하신다. 그분이 당신의 편이시다. 그분이 당신을 믿으시며, 돌보시며 무엇보다도 영원한 사랑으로 당신을 사랑하신다.

당신은 이 땅의 진정한 슈퍼 영웅 가운데 한 명이다. 당신 안에 계신 용사께서는 악당 사탄보다 크시다. 그분에게서 힘을 얻어 수많은 인생을 변화시키라. 크립토나이트에 굴복하지 않으면 왕의 보좌 앞에 서는 날,

당신이 이 땅에서 미친 모든 영향을 전부 확인하며 더없이 감격하게 될 것이다.

그러니 크립토나이트를 죽이라. 파괴하라. 크립토나이트에 당신 삶의 아주 작은 틈조차 열어 주지 마라. 당신은 큰 영광과 능력을 위해 지음을 받았다. 용사여, 당신은 위대한 운명을 타고 났다. 당신이 그 운명을 이루기를 온 세상이 간절히 기다리고 있다.

○ 내 삶의 크립토나이트 제거하기 ○

하나님은 용사이시며, 우리 모두는 그분을 닮도록 창조되었다. 이것이 우리가 슈퍼 영웅에 관한 영화에 그토록 끌리는 이유다. 슈퍼 영웅의 활약상은 우리 안의 뭔가를 건드린다. 우리는 우리가 위대한 일을 위해 태어났음을 본능적으로 알고 있다.

위대한 일. 바로 이것이 하나님이 당신을 창조하신 목적이다. 그 일을 이루기 위해서는 고의적인 죄라는 크립토나이트에 틈을 내어주지 말아야 한다. 역사 속에서 그런 결단으로 하나님을 위해 놀라운 일을 행한 사람들을 보라. 하나님의 능력과 그 백성들의 담대함으로 도시들이 불과 며칠 만에 완전히 변화되었다. 이제 하나님이 당신에게 나서서 다시 이런 일을 벌이라고 부르고 계신다.

하나님께 당신을 어떤 전투로 부르고 계신지 물으라. 하나님이 어떤 도시나 지역, 국가로 당신을 부르고 계신가? 그분의 답을 적고, 거기서 그분의 목적을 이룰 수 있도록 은혜를 충만히 부어달라고 기도하라. 그런 다음에는 영원한 보상에 시선을 고정하라. 크립토나이트를 이기고 끝까지 충성했을 때 얻게 될 모든 복의 약속을 바라보며 힘차게 전진하라. 하나님이 당신을 영웅으로 부르셨다!

에필로그

네가 만일 네 입으로 예수를 주로 시인하며 또 하나님께서 그를 죽은 자 가운데서 살리신 것을 네 마음에 믿으면 구원을 받으리라. 사람이 마음으로 믿어 의에 이르고 입으로 시인하여 구원에 이르느니라.
-로마서 10장 9-10절

하나님은 당신이 온전한 삶을 누리기를 원하신다. 하나님은 당신을 사랑하시며 당신의 삶을 위해 놀라운 계획을 세우셨다. 하지만 당신의 운명으로 가는 여행은 하나의 길로만 시작된다. 그것은 바로 하나님의 아들 예수 그리스도를 통해 구원을 받는 것이다.

예수님의 죽음과 부활을 통해 하나님은 당신이 사랑받는 아들 혹은 딸로서 그분의 나라에 들어올 수 있는 길을 마련하셨다. 예수님의 십자가 희생 덕분에 당신도 영원하고도 풍성한 삶을 값없이 받아 누릴 수 있다. 구원은 하나님의 선물이다. 그것을 얻기 위해 뭔가를 할 수도 없고 할 필요도 없다.

이 귀한 선물을 받기 위해서는 먼저 창조주를 떠난 삶의 죄를 인정해야만 한다. 그것이 당신이 지은 모든 죄의 뿌리이기 때문이다. 이 회개는 구원을 받기 위해 꼭 필요하다. 사도행전을 보면 베드로는 5천 명이 구원을 받던 날 이 점을 분명히 선포했다. "그러므로 너희가 회개하고 돌이켜 너희 죄 없이 함을 받으라"(행 3:19).

성경은 우리 모두가 죄의 종으로 태어난다고 말한다. 이 종 상태는 고의적인 불순종의 패턴을 시작한 아담의 죄로 거슬러 올라간다. 회개는 당신 자신과 거짓의 아비 사탄에게 순종하던 삶을 버리고 당신에게 생명을 내어주신 새 주인 예수 그리스도께 순종하는 삶으로 나아가겠다는 선택이다.

예수님을 당신 삶의 주인으로 삼아야 한다. 예수님이 당신의 영과 혼, 몸까지 모든 삶, 그리고 당신이 가진 모든 것의 주인이 되어야 한다. 그분의 권위에 절대적으로 복종해야 한다. 그렇게 결단하는 순간, 하나님은 당신을 어둠에서 건져내어 그분 나라의 빛과 영광으로 인도해 주신다. 한마디로, 죽음에서 생명으로 넘어와 그분의 자녀가 된다!

예수님을 통해 구원을 받고 싶다면 다음과 같이 기도하길 바란다.

하늘에 계신 하나님, 제가 당신의 의로운 기준에 못 미치는 죄인임을 인정합니다. 저는 죄로 인해 영원한 심판을 받아 마땅한 자입니다. 저를 이 상태로 내버려두지 않으신 하나님, 감사합니다. 당신이 동정 녀 마리아에게서 태어나 십자가 위에서 저를 위해 죽으심으로 저를 영벌에서 구해 주신 당신의 독생자 예수 그리스도를 보내 주셨다고 믿습니다. 예수 그리스도께서 사흘째 다시 살아나 지금은 제 구주로 당신의 우편에 앉아 계심을 믿습니다. 그래서 오늘 당신을 떠나 살던 삶을 회개하고 제 삶을 온전히 예수님께 바칩니다.

예수님, 당신을 제 구주로 고백합니다. 성령을 통해 제 삶 속으로 들 어오셔서 저를 하나님의 자녀로 변화시켜주십시오. 제가 여태껏 붙 잡고 살아온 어둠의 것들을 버리고, 오늘부터는 더 이상 제 자신을 위 해 살지 않겠습니다. 당신의 은혜로, 제가 영원히 살도록 자신을 내 어주신 당신을 위해 살겠습니다.

주님, 감사합니다. 이제 제 삶은 온전히 당신의 장중에 있습니다. 늘 당신의 말씀대로 살겠습니다. 이제 다시는 수치를 당하지 않을 줄 믿 습니다. 아멘.

하나님의 가족이 된 것을 환영한다! 이 기쁜 소식을 다른 신자와 나 누기를 권한다. 성경을 믿는 교회에 등록해서 믿음대로 살도록 격려해 줄 믿음의 형제자매와 교제하는 것도 중요하다. 언제든지 우리 사역 기관 (MessengerInternational.org)에 연락하면 근처의 좋은 교회를 소개해 주겠다.

지금 당신은 가장 놀라운 여행을 막 시작했다. 깨달음과 은혜, 하나 님과의 관계에서 매일 자라가기를 기도한다!

부록

토론을 위한 질문들

자신의 영적 크립토나이트를 죽이기 위해서 이 책을 읽고 있다면(정말 잘한 결정이다!), 그룹으로 모여 매주마다 아래 질문들로 토론을 하면 더 유익하다.

토론 주제 1 : 우리의 잠재력

PART 1
1-3장의 주제 탐구

1. 자신도 모르는 잠재력을 개발할 수는 없다. 삶 속에서 이 원칙의 실례를 본 적이 있는가? 당신의 삶을 개선해줄 잠재력을 보고서 받아들인 제품이나 신기술, 신념이 있는가? 그것이 이번 장에서 배운 내용과 어떤 연관성이 있는가?

2. 하나님 안에서 우리의 잠재력은 거의 무궁무진하다. 이번 레슨을 통해 그리스도 안에서 얻은 정체성의 잠재력을 탐구할 마음이 생겼는가?

3. 요즘 교회에서 그리스도 안에서의 잠재력을 잘 가르치지 않는 이유가 무엇이라고 생각하는가? 우리가 그리스도 안에서 모든 것이 가능하다는 사실을 믿게 되면 교회가 어떻게 변할까? 이 가능성에 관해 생각하면서 당신에게서 어떤 변화가 나타나기 시작했는가?

4. 크리스천으로서 우리의 잠재력에 훨씬 못 미친 삶을 살고 있다면 세상이 기독교와 하나님을 보는 시각에 악영향을 미친다. 우리가 잠재력을 보이면 세상이 크리스천들을 어떻게 다르게 볼까? 우리가 잠재력을 보이면 세상이 하나님을 어떻게 다르게 볼까?

토론 주제 2 : 하나의 힘

PART 1
4-7장 주제 탐구

1. 바울은 고린도 교인들이 그리스도의 몸을 존중하지 않아 많은 교인이 약해지고 아프고 심지어 일찍 죽기까지 했다고 말한다. 이것은 오늘날에도 똑같으며, 성경은 이렇게 된 교인이 '많이' 있었다고 말한다. 당신이 교회 곧 그리스도의 몸에 관해서 배운 것과 어떻게 다른가? 오늘날의 모든 신자가 이것을 이해하는 것이 왜 중요할까?

2. 교회 안의 고의적인 죄 때문에 많은 교인이 잠재력을 이루지 못하

고 있다. 하지만 모든 교인이 이런 이유로 아프거나 일찍 죽거나 약해진 것은 아니다. 이것을 구분하는 것이 왜 그토록 중요할까? 교회 안의 고통에 대한 다른 이유에는 무엇이 있을까?

3. 현대 사회는 매우 개인주의적이다. 하지만 성경을 보면 아간이 하나님께 죄를 지었을 때 온 이스라엘이 고통을 받았다. 그것은 그들 모두가 하나의 몸이었기 때문이다. 이것을 알고 나서 그리스도의 몸 안에서 당신의 역할을 바라보는 시각이 어떻게 달라졌는가?

4. 영적 크립토나이트는 고의적인 죄다. 아간은 사적으로 전리품을 챙기는 것이 잘못인 줄 알았고, 고린도 교인들도 성찬식 도중의 취함과 폭식, 이기주의가 잘못인 줄 알았다. 두 경우 모두, 무고한 사람들까지 약해지고 죽게 되었다. 하나님은 그분 몸 안의 죄를 왜 그렇게 심각하게 여기시는 것일까? 왜 하나님은 우리가 개인적인 신앙생활만이 아니라 몸 전체로서의 삶도 중요하게 여기기를 원하실까?

토론 주제 3: 크립토나이트

PART 2
1-3장 주제 탐구

1. 철수와 영희의 이야기와 같은 상황이 실제로 일어날 수 있을까? 물론 그렇지는 않다. 하지만 어떤 면에서 일부 신자들이 하나님과의

관계를 대하는 태도가 이 영희를 닮아 있을까? 당신이라면 배우자를 그런 식으로 대하는 사람에게 뭐라고 말하겠는가? 그렇다면 하나님을 그런 식으로 대하는 사람에게는 뭐라고 말하겠는가?

2. 고의적인 죄는 영적 크립토나이트이며 영적 크립토나이트는 우상 숭배다. 수많은 교인들이 실제로 우상을 숭배하고 있다는 것이 무슨 의미일까? 우상 앞에 절하지 않는 나라에서는 무엇이 우상 숭배일까?

3. 우상 숭배는 대부분의 교회에서 흔히 가르치는 주제가 아니다. 우상 숭배에 관한 이번 내용에서 무엇이 가장 눈에 들어왔는가? 그 이유는 무엇인가?

4. 하나님은 성경 곳곳에서 우상 숭배를 간음과 동일시하신다. 하나님이 왜 그렇게 하신다고 생각하는가? 이것이 그분이 우리에게 제시하시는 관계에 관해서 무엇을 말해 주는가?

5. 우상 숭배는 창조주가 아닌 피조물을 섬길 때 시작된다. 이런 행동에 대한 하나님의 반응은 무엇일까? 왜 하나님은 그분을 선택하지 않는 자들에게 거리를 두실까? 왜 동성애가 사회가 우상 숭배에 빠져 있다는 확실한 증거일까?

6. 우상 숭배를 알아보려면 참된 예배가 무엇인지를 이해해야만 한다. 참된 예배는 잔잔한 찬양을 부르는 것이 아니라 하나님의 명령에 순종하는 것이다. 예배를 이렇게 이해하면 크리스천 삶에 관한 생각

이 어떻게 바뀔까? 당신 주변에 하나님을 이렇게 예배하는 삶의 가장 좋은 본보기는 누구인가?

토론 주제 4 : 현대의 우상 숭배

PART 2

4-7장 주제 탐구

1. 아말렉의 씨앗을 완전히 말리지 않은 사울의 불순종에 관한 이야기는 교회 내 우상 숭배의 뿌리를 보여준다. 왜 사울의 탐욕이 우상 숭배일까?

2. 사무엘은 사울에게 고집이 곧 우상 숭배라고 말했다. 여기서 고집이란 하나님이 알려 주신 뜻보다 자신이 원하는 것을 고수하는 것을 말한다. 사울의 삶을 보면 그런 태도는 더 큰 죄로 가는 문을 열었다. 이것이 어째서 우상 숭배인가? 왜 이것이 더 큰 죄로 이어지는가?

3. 탐욕은 우리를 우상 숭배로 이끈다. 아니, 탐욕은 우상 숭배 자체다. 하지만 만족은 경건한 삶으로 이어진다. 당신의 목표와 우선순위, 습관을 볼 때 당신의 삶은 탐욕과 만족 중 어느 쪽에 더 가까운가? 어떻게 해야 만족의 삶으로 나아갈 수 있을까?

4. 모든 신자에게 만족이 필요하기는 하지만 만족을 안주함과 혼동해서는 곤란하다. 이 둘이 어떻게 다른지 설명해 보라. 상대방이 만족했지만 안주하지는 않은 사람인지 어떻게 알 수 있는가?

5. 또 하나 꼭 구분해야 할 점은 실수로 지은 죄는 우상 숭배가 아니라는 것이다. 죄의 습관에 빠졌을 때만 우상 숭배가 된다. 이번 장에서 배운 바에 따르면, 이 둘을 어떻게 구분할 수 있는가?

6. 고의적인 죄가 영적 크립토나이트라는 점을 이해하려면 하나님이 우리에게 새로운 본성 곧 그분의 본성으로 사는 완전히 새로운 삶을 주신다는 점도 이해해야 한다. 죄가 아닌 의에 끌리는 본성이 가능하다는 점을 깨달았는가? 이런 변화가 가능하고, 심지어 기대해도 좋다는 사실을 알고 나니 기분이 어떤가?

토론 주제 5 : 가짜 예수

PART 3
1-3장 주제 탐구

1. 하나님이 당신을 구원하신 목적은 그분 곁에 두시려는 것이다. 하나님은 당신과 친밀한 관계를 맺기 원하신다. 그러려면 당신이 이 세상의 때를 씻어내야 한다. 하나님은 언제나 진정한 관계를 원하시기 때문이다. 이것이 무슨 의미일까? 당신이 이 세상의 때를 씻어냈는

지 어떻게 아는가?

2. 가까이 하고 싶은 사람들이 그분께 구원을 받았다고 주장하면서도 가까이 오지 않으려고 할 때 하나님의 실망이 얼마나 클지 상상해 보라. 배우자가 당신과 같은 방에 있지 않으려고 하면 기분이 어떻겠는가? 배우자가 심지어 전화로도 당신과 말을 하지 않으려고 한다면? 배우자가 오직 다른 사람을 통해서만 당신과 소통하려고 한다면? 이것이 도대체 무슨 관계인가?

3. 아론은 진영에 머물렀다. 그렇다면 그가 산 위에서 하나님을 뵙는 것보다 사람들과 함께 있는 것을 더 편안해했다고 말할 수도 있다. 지금도 이런 사람들이 있다. 하나님의 임재 안에 있는 것보다 교회 안에 있는 것을 더 편안해하는 사람들이 있다. 당신은 하나님의 임재를 느낄 때 어떻게 반응하는가?

4. 이스라엘 백성들은 금송아지를 바라보며 '여호와'가 자신들을 애굽에서 구해내셨다고 선포하고 '여호와'께 제물을 바쳤다. 이것은 어디까지나 자신들의 욕심을 추구하기 위해 벌인 일이었다. 이스라엘 백성들은 비록 옳은 이름을 불렀지만 거짓되고도 혐오스러운 예배를 하고 있었다. 오늘날의 교회도 이렇게 할 수 있을까? 어떻게 하는 것이 이렇게 하는 것인가?

5. 이스라엘 백성들은 하나님의 명령 중 일부만 지키고 일부는 거역했다. 오늘날에도 수많은 교회가 이런 행동을 하고 있다. 하나님에 대한 진정한 헌신과 거룩한 삶을 촉구하는 구절들을 무시한 채 자기

입맛에 맞는 구절들을 취사선택하는 교회들이 너무도 많다. 우리가 가짜 예수가 아닌 진짜 예수님께 예배하고 있는지 어떻게 알 수 있을까?

토론 주제 6: 출발점

PART 3

4-7장 주제 탐구

이스라엘에서 가짜 '여호와'가 어떻게 나타났는가? 오늘날 교회에서는 가짜 예수가 어떻게 나타나고 있는가? 둘 다 참된 예배의 부재로 마음이 굳어진 결과다.

1. 이 레슨은 회개의 필요성, 복음에서 회개의 역할, 진정한 회개의 의미를 비롯해서 회개에 관한 많은 것을 다룬다. 이 레슨에서 제시하는 회개는 지금까지 당신이 생각하던 회개와 어떻게 같고 어떻게 다른가? 진정한 회개에 관해 알고 나서 복음에 관한 생각이 바뀌었는가? 그렇다면 어떻게 바뀌었는가?

2. 모든 복음은 죄에서의 회개를 촉구한 세례 요한의 이야기에서 시작된다. 이것은 예수님의 복음이 항상 회개에서 시작된다는 뜻이다. 이 말에 어떤 생각이 드는가? 복음에 회개가 왜 그토록 중요한가?

3. 고의적인 죄에 대한 회개 없이 진정한 믿음은 없다. 계속해서 죄를 지으면서 스스로 신자라고 주장하는 것은 자신을 속이는 짓이다. 왜 하나님이 우리가 어떻게 살아가는지에 그토록 큰 관심을 두신다고 생각하는가?

4. 철수와 영희의 이야기가 기억나는가? 이 이야기에서 영희는 결혼하기 전에 남자친구들을 떠나야 한다는 생각을 해본 적이 없다. 우리가 말해 주지 않으면 예수님을 모르는 사람들이 먼저 회개해야 한다는 사실을 어떻게 알 수 있겠는가? 우리가 사람들에게 죄를 그만 지으라고 말하면 어떤 일이 벌어질까? 복음을 온전히 전하지 않았을 때 따르는 대가를 따져보는 것이 왜 중요한가?

5. 의도가 아니라 행동을 보면 그 사람을 알 수 있다. 여기에 복음의 힘이 있다. 복음은 사람 전체를 변화시킬 수 있다. 이것이 회개가 좋은 것이라는 사실과 무슨 상관인가? 하나님이 회개를 요구하시는 것이 사실상 우리를 향한 긍휼인 이유를 나름대로 설명해 보라.

토론 주제 7 : 진리, 용납, 사랑

PART 4
1-4장 주제 탐구

1. 유다는 구원의 경이에 관해서만 쓰고 싶었다. 좋은 말만 하고 싶었

다. 하지만 하나님의 은혜를 죄의 면허로 변질시키는 사람들에 관해 경고할 수밖에 없었다. 혹시 당신은 지금까지 사람들에게 좋은 말만 하고 경고는 하지 않았는가? 경고할 책임을 무시하지 않는 것이 왜 중요한가?

2. 교회가 죄를 용납해온 것은 그것이 참된 사랑이라는 오해에서 비롯했다. 참된 사랑은 진리를 요구하며, 진리의 필수적인 요소는 영원한 시각이다. 영원한 시각을 품으면 인생의 우선순위가 어떻게 변할까?

3. 하나님의 사랑은 그분의 명령에 순종하는 것을 의미한다. 이것이 기독교의 사랑과 세상적인 사랑의 차이점이다. 하나님의 명령에 대한 순종을 빼면 하나님의 사랑과 세상적인 사랑 사이에 차이가 있을까?

4. 하나님의 진리가 빠진 사랑은 진정한 사랑이 아니다. 그것은 가짜일 뿐이다. 우리 문화는 이 사랑에서 멀어지고 있으며, 이것이 현대 교회가 가짜 예수에 끌리는 이유다. 사랑 안에서 진리를 말하는 것에 관한 당신의 생각은 어떠한가? 왜 진리를 부담스러워하는 사람이 그토록 많을까?

PART 4

5-7장 주제 탐구

1. 죄가 하나님의 마음을 아프시게 한다는 사실을 알지 못해서 죄를 무시하는 신자들이 있다. 그런가 하면 우리가 본질상 죄인이기 때문에 예수님의 보혈이 우리를 죄의 형벌에서는 해방시켜주지만 죄의 속박에서는 해방시켜주지 못한다는 거짓말에 현혹된 신자들도 있다. 그들은 크립토나이트 곧 고의적인 죄를 안고 살아가고 있다. 혹시 당신도 이런 오류에 빠져 있었는가? 그렇다면 그 오류가 어떤 모습으로 나타났는가? 이런 오류에 빠진 다른 신자들을 봤는가? 그들에게서는 그 오류가 어떤 모습으로 나타나고 있는가?

2. 신자들의 세 번째 그룹은 알고도 죄를 짓기는 하지만 그 죄와 계속해서 싸우는 참된 신자들이다. 그들은 해방을 원하지만 아직 죄에서 해방되어 사는 법을 하나님의 말씀에서 발견하지 못했다. 죄에 대한 수치심이 그들을 그 죄에 묶어두고 있다. 이런 신자에게 이번 레슨의 어떤 진리를 전해 주면 좋을까?

3. 이번 레슨에서 나는 하나님이 정욕과 포르노에서 해방시켜주신 간증을 했다. 이 간증에서 무엇이 가장 마음에 와 닿았는가? 이유는? 무엇이 가장 도전이 되었는가? 이유는?

4. 죄에서의 해방은 세상적인 근심이 아니라 경건한 근심에서 비롯한다. 경건한 근심은 우리의 죄로 인한 하나님의 아픔을 인식하는 것이다. 세상적인 근심은 죄가 자신과 자신의 미래에 미치는 악영향만을 걱정하는 것이다. 하나님이 둘 중 한 종류의 근심을 가진 사람에게만 해방의 은혜를 베풀어주시는 이유가 뭐라고 생각하는가? 당신의 삶 속에서 이 두 근심은 각각 어떤 모습으로 나타나는가?

5. 우리가 슈퍼 영웅 이야기에 끌리는 것은 모든 인간의 마음속에 있는 갈망을 건드리기 때문이다. 초대 교회 신자들은 당시의 슈퍼맨들이었다. 우리가 어떻게 해야 우리 시대의 슈퍼맨이 될 수 있을까? 그렇게 되면 하나님을 보는 세상의 시각이 어떻게 달라질까?

6. 하나님은 용사시며, 우리는 그분을 닮게 창조되었다. 예수님은 요한계시록의 일곱 교회에 이기라고 명령하셨다. 이는 우리가 승리로 부름을 받았고 이겨야 할 적이 있다는 뜻이다. 이 모든 레슨을 통해 하나님이 당신에게 이기라고 명령하신 것에 관한 생각이 어떻게 달라졌는가? 당신 자신과 다른 신자들, 교회 전체를 보는 시각이 어떻게 달라졌는가?